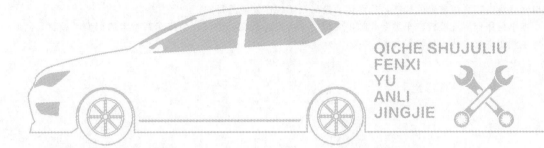

QICHE SHUJULIU
FENXI
YU
ANLI
JINGJIE

汽车数据流分析与案例精解

刘春晖　主编

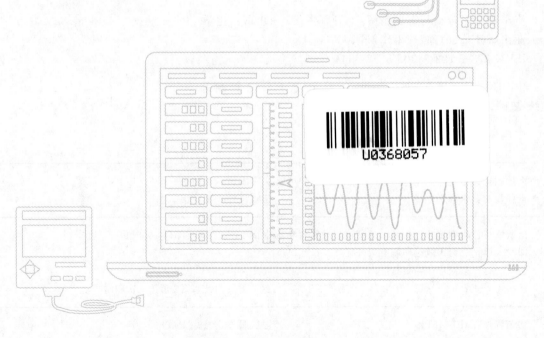

化学工业出版社

·北京·

本书系统介绍了汽车数据流及数据流分析的作用，在此基础上介绍了数据流的获取设备，同时对数据流获取方式以及分析方法进行了较为详细的讲解。另外，重点介绍了发动机及其他控制系统的数据流分析以及相关部件的波形分析，并列举了通过汽车数据流分析检修汽车故障的相应案例精解。本书可帮助读者认识及熟知汽车数据流，掌握汽车数据流的获取方法以及数据流的分析，最终能掌握通过汽车数据流分析来检修汽车电控系统故障的技能，从而达到提高汽车维修技能的目的。

本书可用作职业院校汽车类专业师生的相关学习参考教材，也可作为汽车新技术培训参考教材，同时还可供汽车维修一线人员学习参考。

图书在版编目（CIP）数据

汽车数据流分析与案例精解/刘春晖主编. —北京：化学工业出版社，2019.7（2021.4重印）
ISBN 978-7-122-34305-5

Ⅰ.①汽… Ⅱ.①刘… Ⅲ.①汽车-电子系统-控制系统-故障诊断-案例 Ⅳ.①U472.41

中国版本图书馆 CIP 数据核字（2019）第 069404 号

责任编辑：辛　田　　　　　　　　　文字编辑：冯国庆
责任校对：张雨彤　　　　　　　　　装帧设计：王晓宇

出版发行：化学工业出版社（北京市东城区青年湖南街 13 号　邮政编码 100011）
印　　刷：三河市航远印刷有限公司
装　　订：三河市宇新装订厂
787mm×1092mm　1/16　印张 14　字数 375 千字　2021 年 4 月北京第 1 版第 4 次印刷

购书咨询：010-64518888　　　　　　售后服务：010-64518899
网　　址：http://www.cip.com.cn
凡购买本书，如有缺损质量问题，本社销售中心负责调换。

定　　价：68.00 元

前 言

随着电子技术在汽车上使用的日益成熟，汽车电子控制装置的应用越来越多，这些电子控制装置的应用对降低汽车油耗和排放污染，提高汽车行驶安全性、舒适性和操控性等方面发挥着无可替代的作用。 与此同时，电子控制装置的日益增多对汽车维修及检测诊断技术的要求也提高了。 通过汽车电子控制系统的各项运行数据、波形和相应的故障信息，即所谓的数据流来诊断汽车的故障，越来越成为一线汽车维修人员及汽车类专业学生掌握汽车诊断知识的必备条件。

目前，汽车数据流的分析已逐渐成为现代汽车故障诊断检修中不可或缺的技术，熟悉汽车数据流信息，掌握数据流分析方法，以及掌握用数据流来诊断汽车的故障部位，是提高现代汽车综合故障诊断水平的必备条件。 可以说，汽车数据流分析水平的高低，已经成为衡量一线汽车维修人员技术水平高低的重要标志之一。

本书系统介绍了汽车数据流及数据流分析的作用，在此基础上介绍了数据流的获取设备，同时对数据流获取方式以及分析方法进行了较为详细的讲解。 本书重点介绍了发动机及其他控制系统的数据流分析以及相关控制元件的波形分析，并列举了通过汽车数据流分析检修汽车故障的相应案例精解，以帮助广大读者深刻理解数据流的相关知识。

本书可帮助读者认识及熟知汽车数据流，掌握汽车数据流的获取方法以及数据流的分析，最终能熟练掌握通过汽车数据流分析检修汽车电控系统故障的技能，从而达到提高汽车维修技能的目的。 全书包括数据流基本知识、数据流的获取方式、数据流的分析方法、发动机控制系统数据流分析与案例精解以及其他系统数据流分析与案例精解五个方面的内容。

本书由刘春晖主编，参加本书编写工作的还有张洪梅、陈明、刘凤阁、尹文荣、方玉娟、魏代礼、张文志、肖媛媛。

由于笔者水平所限，书中难免有不当之处，恳请广大读者批评指正。

编者

目录

第一章
数据流基本知识

第一节　汽车数据流概述

一、汽车数据流的基本概念

对"汽车数据流"这个名词，你也许会感到陌生，因为它是近年来才出现的新名词。汽车数据流是指用汽车故障诊断仪从汽车电控单元（ECU）的诊断接口读取的数据。这些数据包括汽车 ECU 从传感器信号及开关信号中获取的汽车工况与状态识别参数，以及 ECU 为实现设定的控制目标而向执行器输出的控制参数。由于数据的传输就像队伍排队一样，一个一个通过数据线流向诊断仪，因而称其为"数据流"。

汽车数据流是指汽车 ECU 用来判别被控对象工况与状态的数据，以及用来控制被控对象的控制数据。汽车数据流分析，就是根据所获取数据流的具体情况，分析与判断汽车电子控制系统及相关系统或部件的工作状态等。通过汽车数据流分析诊断故障，已经在现代汽车使用与维修中得到了很广泛的运用。

数据流是电控单元通过数据的方式将自身传感器或执行器状态的数据通过检测诊断设备输出的数据。数据流的输出方式包括电压、电流、频率、压力、开关状态、占空比等形式。数据流有一定的直观性，响应速度较快。数据流和真实状况相比有一定时间的滞后。

二、汽车数据流参数的类型

汽车数据流有很多种类型，下面以不同的分类方法，将这些数据流进行归类。

1. 按数据所显示的方式分

根据数据在检测仪上显示的方式不同分，数据流可分为数据参数和状态参数两大类。

（1）数据参数　数据参数是指有一定单位、一定变化范围的参数，它通常反映出电控装置工作中各部件的工作电压、温度、压力、时间、速度等。

（2）状态参数　状态参数是指只有两种工作状态的参数，如开或关、是或否、闭合或断开、高或低等，它通常表示电控装置中的开关和电磁阀等元件的工作状态。

2. 按数据流与电子控制器的输入与输出关系分

根据数据流与电子控制器的输入与输出关系分，数据流又可分为输入参数和输出参数两大类。

（1）输入参数　输入参数是指各传感器或开关信号输入给 ECU 的各个参数。输入参数可以是数值参数，也可以是状态参数。

（2）输出参数　输出参数是 ECU 输出给各执行器的输出指令。输出参数有状态参数，如电磁阀的开与关、警告灯的亮与灭、电动机的转与停等控制信号，也有数据参数，如喷油器的喷油时间、点火提前角等。

3. 按系统的工作状态分

按检测数据流时汽车电子控制系统的工作状态分，有静态数据流和动态数据流两大类。

（1）静态数据流　汽车电子控制系统接通电源，但未工作时所检测到的数据为静态数据流。例如接通点火开关但不启动发动机，这时利用故障诊断仪或其他测量仪器测得的汽车电子控制系统的数据即为静态数据流。

（2）动态数据流　汽车电子控制系统处于工作状态时检测到的数据为动态数据流。例如接通点火开关且启动发动机，此时用故障诊断仪或其他测量仪器所测得的发动机电子控制系统的数据即为动态数据流。动态数据流随电子控制系统工作状态的变化而改变。

4. 按数据所属的系统分

如果按数据流中的参数所属的系统分，则可以将数据分为电控发动机数据流、自动变速器数据流、ABS 数据流等。

不同类型或不同系统的参数分析方法会有所不同，不同品牌及同一品牌不同车型的汽车，其电控装置的数据流参数的名称和内容也不完全相同。因此，在进行电控装置故障诊断时还应当将几种不同类型或不同系统的参数进行综合对照分析。

三、汽车数据流的作用

汽车数据流主要是反映传感器和执行器工况的一系列数值所组成的数据块，其作用体现在如下几方面。

1. 维持电子控制系统正常工作

在汽车电子控制系统内部，数据流的作用是使系统保持正常工作。例如传感器流向信息控制器的数据流，控制器根据传感器输入的数据流计算和判断被控对象的物理变量及工作状态，并向执行器发出控制数据流，执行器在这些数据流的作用下工作，将被控对象控制在设定的目标范围之内。

2. 显示汽车工作状态

当汽车的行驶工况与状态有变化时，汽车数据流随即改变，一些汽车数据流通过汽车显示仪表显示出汽车的行驶状态以及发动机的状况，如车速、燃油液面、瞬时油耗、发动机转速、发动机温度等。这些数据流通过显示装置使驾驶人随时了解汽车的工作状况，及时发现异常情况。

3. 检测与诊断汽车电子控制系统的故障

在现代汽车上，电子控制系统的应用已十分普遍，一些高级轿车所装备的电子控制系统的数据传输线多达数百条，各电子控制系统的工作状态即使有最轻微的变化，都会在数据流上有所反映。因此，通过诊断接口或用其他检测手段获得相关的数据流（传感器的输入信号和控制器的输出信号），检修人员运用分析与比较的方法，就可以获得相关的系统工作正常与否，相关系统部件或线路是否有故障的诊断结果。

如果运用微机故障分析仪进行动态检测，就可将汽车运行中各种传感器和执行元件的输入与输出信号的瞬时数据直接以数据流的方式在显示屏上显示出来。这样，可以根据汽车工作过程中控制系统各种数据的变化情况来分析与判断电子控制系统的工作是否正常。

4. 实现汽车电子控制系统故障自诊断

汽车电子控制系统设有故障自诊断功能，在电子控制器的 ROM 存储器中，储存有传感器输入信号和执行器反馈信号的标准参数及故障自诊断程序。电子控制系统工作时，控制器通过调用故障自诊断程序，将输入的信号与标准参数进行比较。如果输入信号丢失或不在正常范围之内，就诊断为提供输入信号的线路和部件有故障，并将故障信息以代码的形式储存于 RAM 存储器中。

四、汽车数据流的表现形式

在汽车运行过程中，汽车数据流随时间和工况而变化。汽车数据流除了在进行故障检修时由诊断接口"流向"故障诊断仪外，在汽车电子控制系统工作过程中，其传感器、控制器及执行器之间时刻进行着数据的交流（信号传递）。汽车数据流的交换方式如图 1-1 所示。

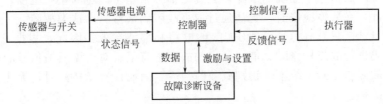

图 1-1　汽车数据流的交换方式

采用汽车故障诊断仪、万用表和示波器等检测工具，通过传感器、控制器或执行器的线路连接端子检测到的数据表现形式有多种。

（1）连续变化的模拟电压　以电压的高低表示数据，例如节气门位置传感器、各种温度传感器、叶片式空气流量传感器、电位计式转向盘转矩传感器等，向控制器传送的信号都是以信号电压值表示当时的节气门位置、温度、进气流量、转向盘转矩等参数。

（2）脉冲电压的幅值　以脉冲电压的幅值反映数据，例如电感式转向盘转矩传感器向控制器传送的就是此类信号。

（3）脉冲电压的频率　以脉冲电压的频率反映数据，例如发动机转速传感器、车轮转速传感器、车速传感器、涡流式空气流量传感器等向控制器传送的脉冲信号均属此类信号。

（4）脉冲电压的占空比　此类脉冲电压是一种脉冲频率固定、以脉宽变化来表示数据的变化（图 1-2）。在汽车电子控制系统中此类数据流不少，例如汽车电控单元（ECU）向转动式怠速控制电磁阀、变速器油压调节电磁阀、变矩器锁止电磁阀、脉动式怠速控制阀等输出的控制信号均为占空比脉冲信号。

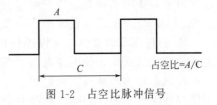

图 1-2　占空比脉冲信号

（5）高低电平　以电压的高低表示数据。在汽车电子控制系统中，此类信号也有很多，例如，节气门位置传感器中的怠速开关、自动变速器的挡位开关、制动系统中的制动灯开关等均是由各自的开关向电子控制器提供开关信号，以及电子控制器向继电器、指示灯、开关式电磁阀、电动机等输出的开关信号。

（6）故障码　汽车电子控制系统故障自诊断过程中所获得的故障码是反映汽车电子控制系统故障的数据流。当汽车电子控制系统的部件和线路出现故障时，自诊断系统就以二进制代码的形式，在指定的 RAM 存储器中储存故障信息，在故障检修时可通过扫描仪、汽车故障诊断仪或人工的方法读取故障信息。

在汽车电子控制系统中，还有其他形式的信号。例如，氧传感器以输出接近 1V 的信号电压表示混合气过浓，以 0.2V 以下的信号电压表示混合气过稀；爆震传感器则是以特定的脉冲电压波形（非共振型）或电压峰值（共振型）来反映发动机是否产生了爆震；曲轴位置传感器及凸轮轴位置传感器输出的脉冲信号表示的是曲轴或凸轮轴相对于活塞上止点的转角数据。

五、汽车数据流分析的意义

汽车数据流分析，是指用适当的方法获得汽车 ECU 输入与输出的数据，并通过数据分析，了解汽车的工作状态，诊断汽车电子控制系统的故障。汽车数据流分析弥补了汽车故障自诊断的不足，可提高汽车电子控制系统故障诊断的准确性和可靠性。

1. 弥补汽车故障自诊断的不足

由汽车故障自诊断的原理可知，汽车故障自诊断系统只能检测出电控系统电路和部件有无故障，并不能监测传感器的特性变化。如果传感器出现性能不良（工作不正常、偏差严重和灵敏度下降等）而信号不准确的故障，只要其信号未超出设定的正常范围，自诊断系统就不能识别。因此，在故障检修时，无法通过取得故障码来检测出这类故障。

汽车故障自诊断只对有信号输入 ECU 的电路和部件有效，因此，根据 ECU 内部存储器储存的故障码进行故障检修时，能检测出的故障很有限。对于无反馈信号的执行器和机械装置的故障，故障自诊断系统不能识别其故障与否，因而在故障检修时，无法通过取得故障码来确认这些故障。

2. 数据流分析故障的作用

在汽车电控系统故障检修时，读取数据流并对数据流进行综合分析，可有效地提高故障诊断效率。数据流分析的作用主要表现在以下几点。

① 通过对所获取的数据流的分析，可以实时了解汽车电子控制系统各传感器和执行器的工作状态信息，掌握汽车的运行状况，判断汽车各电子控制系统工作是否正常。

② 可以解决有故障而无故障码或误码等疑难故障问题。在使用故障诊断仪读取电控系统故障码并根据故障码进行检修时，大多数情况下都能判明故障发生的原因和具体的故障部位，但有时候仅仅靠故障码寻找故障，往往会出现判断上的失误。因为有很多故障是不能被 ECU 所记录的，并且有些显示的故障码也不一定是汽车真正的故障。在这种情况下，最为可行的办法就是使用故障诊断仪读取电控系统的数据流，动态分析电控系统的工作状况。通过对数据流中的各项参数进行数值分析并与标准数据参数进行综合比较，可以判断汽车电控系统的工作是否正常，从而准确、快速地排除故障。

③ 通过读取数据流，可以进行控制器编码、基本设定和自适应值清除等，对电控系统进行更精确的匹配，使电控发动机等各系统能在最佳的状态下工作。

在汽车检测与故障诊断过程中，当一些故障不能通过故障码反映，或通过简单的故障码不能寻找到真正的故障时，检测并分析数据流就显得很重要，利用数据流分析方法可以比较准确地判断故障的类型和发生部位。因此，数据流分析，已是现代汽车检测与维修所必须掌握的重要技能。可以说，对数据流分析能力的高低已经成为现代汽车维修人员水平高低的标志。

第二节　汽车数据流的测量方法

汽车电控系统测试方式分为通信式电脑诊断和在线式电路分析两种。前者是通过汽车上的电脑诊断座沟通汽车电脑与诊断仪之间的通信来完成测试工作的，而后者则是将分析仪的探头连接到传感器和执行器的电路上进行在线测试的。两种测试方式不同，使用的设备也不同，前者主要使用国内俗称"解码器"的汽车电脑诊断仪，后者主要使用通常称为"发动机分析仪"的汽车电路分析仪。

一、电脑通信方式

1. 专用诊断仪

专用诊断仪是各汽车厂家生产的专用测试设备，它除具有读码、解码、数据扫描等功能外，还具有传感器输入信号和执行器输出信号的参数修正实验、电脑控制系统参数调整、系统匹配和标定及防盗密码设定等专业功能。

专用汽车诊断仪的典型产品有丰田 IT-Ⅱ（图 1-3）、通用 TECH2（图 1-4）、大众 VAS 5053（图 1-5）、宝马 ISTA 诊断系统等。专用诊断仪是汽车生产厂家专门配备给其特约维修站的测试设备，它具有专业性强、测试功能完善等优点，是汽车专修厂的必备设备。

图 1-3　IT-Ⅱ 的外形

图 1-4　TECH2 的外形

图 1-5　VAS 5053 的外形

2. 通用诊断仪

通用诊断仪的主要功能有控制模块版本的识别、故障码读取和清除、动态数据参数显示、传感器和部分执行器的功能测试与调整、某些特殊参数的设定、维修资料及故障诊断提示及路试记录等。通用诊断仪可测试的车型较多，适用范围也较宽，因此被称为通用诊断仪，如汽柴两用博世 KT770 诊断仪（图 1-6）、金奔腾汽车故障诊断仪（图 1-7），但它与专用诊断仪相比，无法完成某些特殊功能，这也是大多数通用诊断仪的不足之处。

图 1-6　KT770 的外形　　　　　　图 1-7　金奔腾汽车故障诊断仪的外形

　　通用诊断仪和专用诊断仪的动态数据显示功能不仅能对控制系统的运行参数（最多可达上百个）进行数据分析，还能观察电子控制器（ECU）的动态控制过程。因此，它具备对 ECU 内部分析过程的诊断功能。在汽车故障诊断过程中，通用诊断仪或专用诊断仪是获取数据流的主要手段。

二、电路在线测量方式

　　电路在线测量方式是通过对控制模块电路的在线检测（主要指电脑的外部连接电路），将控制模块各输入、输出端的电信号直接传送给电路分析仪的测量方式。电路分析仪一般有两种：一种是汽车万用表；另一种是汽车示波器。

1. 汽车万用表

　　用于检测汽车电子控制系统相关数据的万用表为数字式多用途仪表（图 1-8）。它除具备袖珍数字万用表的功能外，通常还需要有汽车专用项目的测试功能。可测量交流电压与电流、直流电压与电流、电阻、频率、电容、占空比、温度、闭合角、发动机转速；还有一些其他功能，如自动断电、自动变换量程、模拟条形图显示、峰值保持、读数保持（数据锁定）、电池测试（低电压提示）等。

2. 汽车示波器

　　汽车示波器是用波形显示的方式表现电路中电参数的动态变化过程的专业仪器，它能够对电路上的电参数进行连续性图形显示，是分析复杂电路上电信号波形变化的专业仪器。汽车示波器通常用两个或两个以上的测试通道，同时对多路电信号进行同步显示，具有高速动态分析各信号间相互关系的优点。通常汽车示波器设有测试菜单，使用时无需像普通示波器那样烦琐地设定，只需点一下要测试的传感器或执行器的菜单就可以自动进行测量。电子存储示波器还具有连续记忆和重放功能，便于捕捉间歇性故障。同时也可以通过一定的软件与计算机连接，将采集的数据进行存储、打印及再现。汽车示波器以手持式居多，如图 1-9 所示。

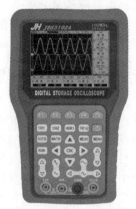

图 1-8　汽车专用万用表　　　　　图 1-9　手持式汽车示波器

三、元器件模拟方式

元器件模拟测量是通过向电子控制器（ECU）输送传感器的模拟信号，分析与比较控制电脑响应参数的测量方式。能输出类似于传感器信号的电路模块或装置被称为信号模拟器，大致可分为单路信号模拟器和同步信号模拟器两种。

1. 单路信号模拟器

单路信号模拟器是单一通道信号发生器。它只能输出一路信号，模拟一个传感器的动态变化信号。为了能模拟各种传感器的信号，单路信号模拟器的可变信号电压范围为 0～15V，可变交直流信号频率范围为 0～10Hz。通过单路信号模拟，可以判断被模拟传感器及其信号处理电路的好坏，并且能用可变模拟信号去动态分析电子控制系统的响应，进而分析 ECU 及电子控制系统的工作情况。

2. 同步信号模拟器

同步信号模拟器是两通道以上的信号发生器。它主要用于产生相互有逻辑关系的信号，如曲轴转角和凸轮轴传感器同步信号，用于模拟发动机运转工况，完成在发动机未转动的情况下对 ECU 进行动态响应数据分析的实验。同步信号模拟器也能用对比方式比较传感器品质的好坏，并能分析电子控制系统的响应数据参数。

第三节　汽车数据流分析的现状及应用

一、汽车数据流分析的必要性

随着电子技术在汽车上的广泛应用，汽车电子控制系统越来越复杂，汽车的维修工作变得更加专业化和复杂化。目前，大多数汽车维修人员主要是通过查阅故障码来检修汽车电子控制系统的故障。当汽车出现了某种故障但无故障码，或所获取的故障码未能反映真实的故障时，汽车电子控制系统的故障诊断及修复就成了难题。在这种情况下，维修人员通常的做法是盲目性地检测电路，试探性地更换总成或部件，而这种故障检修方法往往会造成汽车故障检修效率低，重复性劳动增加，汽车维修成本增加，给广大汽车维修人员带来困扰。

汽车数据流分析已逐渐成为现代汽车故障检修中不可或缺的技术。只有充分了解汽车电子控制系统的结构和控制原理，熟悉汽车数据流的作用与特点，掌握数据流获取和分析方法，才能提高现代汽车故障检修水平。可以说，能够读懂数据流，并能通过数据流进行一系列的分析，会给汽车电子控制系统的实际维修工作带来极大的帮助。换句话说，汽车数据流分析技术水平的高低，已经是衡量汽车维修人员技术水平的重要因素。

二、汽车维修行业数据流分析应用现状

随着汽车电子控制系统控制功能越来越复杂，数据流分析的作用和重要性逐渐被一些汽车维修人员所接受。但是，一些汽车维修企业虽然有可读数据流的故障诊断仪，很多修理工却不愿用、不常用或不能正确地运用从故障诊断仪获得的检测数据进行故障分析。在众多的汽车维修企业中，目前能够熟练掌握汽车数据流分析方法的维修人员还不是很多。

汽车维修过程中，不能充分利用数据流分析这种有效的故障检修方法，除了汽车维修企业员工对汽车电子控制系统还缺乏深入的了解，对数据流及数据流分析的作用及重要意义还认识不足之外，还有如下几点原因。

1. 诊断仪显示界面语言为英文

如丰田公司的IT-Ⅱ汽车故障诊断仪的界面显示为全英文，通用公司的TECH2专用解码器有些内容是中文和英文缩写结合，如IAC步数、TP角度度数等，这对英文基础薄弱甚至没有英文基础的汽车维修人员来说，往往会觉得难懂，又不好意思多请教，因而放弃使用。这实际上成为影响汽车数据流分析推广使用的一个因素。

其实，只需要稍做努力，掌握一些汽车方面的英文单词，就能很方便地运用数据流。今后会有越来越多的汽车维修人员来自大学本科、职业学校，有学校英语学习的基础，稍加努力，看懂英文界面将不成问题。此外，越来越多的进口专用故障诊断仪都进行了中文格式化，而国内生产的专用或通用型的故障诊断仪则完全是中文显示。

2. 数据流参数没有标准值

数据流参数没有标准值也是影响数据流分析应用的一个因素。例如，有些数据只有怠速时的标准范围，而没有其他工况的标准数据。如帕萨特轿车点火提前角数据，从维修手册上只能查到点火提前角怠速时为 $12.0°±4.5°$，而没有提供其他工况的数据。这些给通过数据流分析来准确判断故障造成了困难。

其实，对大多数常见的车型查得标准数据不是什么难事，首先可以从维修手册上查取或在介绍常见车型的数据流参数的书中找到。确实没有数据资料时，也会有一些弥补的措施。例如，可以通过比较法得出标准数据，将故障车与同车型正常车辆的对应参数做比较来发现不正常数据；也可以通过同一辆车的不同工作阶段做比较，如有的热车工作不正常，但冷车工作正常，可以用冷车和热车的数据做比较，发现不正常数据。

3. 数据流差异化明显

数据流随车型不同，相差甚远，掌握起来比较困难。一些汽车维修人员在缺乏相关维修资料的情况下，对获取数据和进行数据流分析的应用产生为难情绪。实际上，市面上已经有正式出版的多个版本的汽车数据流速查手册，这些书籍较全面地介绍了不同车系各种类型的汽车数据流，平时注意收集这些书籍资料就可以很好地解决这个问题。

4. 各传感器数据的表现形式不同

不同车型各传感器数据的表现形式不同，比如进气压力传感器，其显示数据的单位可能是 kPa，也可能是 mmHg，还可能是 mbar。很多维修人员就因为单位不同，数据值相差很大，就觉得记不住，太复杂。其实，弄清楚这些单位之间的换算关系，如一个标准大气压约等于 101kPa，约等于 760mmHg，就觉得没什么特别了。再如节气门位置传感器，其显示

数据的单位可能是角度，也可能是信号电压值，还可能是百分比，需要弄清楚这些数据的换算关系或表达方式。

上述几个原因导致一些汽车维修人员对数据流分析的应用有为难情绪或敬而远之，但随着汽车维修人员文化基础和专业知识水平的逐渐提高，汽车数据流分析方法一定会被更多的人重视和掌握。

三、汽车数据流分析应用前景

1. 汽车电控技术的发展对汽车故障诊断技术提出了更高的要求

随着汽车电子控制技术的进一步发展，汽车上使用的电子产品越来越多，汽车发动机、底盘和车身等电控系统中的电控单元数量不断增加。为使汽车各电子控制系统正常协调地工作，各控制器之间的通信也越来越重要。汽车上采用车载网络，大大提高了各电子控制系统之间信息传递的可靠性，同时可大幅度减少汽车的线束数量，降低汽车电气系统的成本。

近年来，控制器局域网（Controller Area Network，CAN）在汽车内的应用越来越广泛。面对日趋完善和复杂的汽车电子控制技术，过去那种光凭经验、拍脑袋换零件等旧的修车模式已不适应现代汽车检修的要求。现代汽车电子控制系统的故障检修，需要运用专用诊断设备来读取故障码、进行数据流分析及波形分析等现代化的检修方法。

2. 汽车维修从业人员素质的提高有利于汽车诊断水平的提高

如今，从事汽车维修行业的工人和技术人员，越来越多地来自汽车专业的大专院校和汽车维修职业学校的毕业生。这些汽车维修从业人员不仅具有较高的文化素质，还具备了较高的专业基础知识，特别是对汽车电子控制技术及计算机技术的了解，使得他们很容易认识到汽车数据流及数据流分析方法的作用与意义。因此，广大的汽车维修人员熟悉和掌握汽车数据流分析方法，使汽车数据流分析在汽车电子控制系统的故障检修中发挥重大的作用也就顺理成章、水到渠成了。

3. 汽车诊断设备的发展促进了汽车数据流分析的推广应用

专用型和通用型汽车诊断仪的不断更新换代，大大促进了汽车数据流分析方法在汽车维修企业的普及应用。各大汽车公司都有适用于本公司生产的各车型的专用诊断设备，这些专用诊断设备通常匹配笔记本电脑，充分利用笔记本电脑存储容量大、运算速度快的特点，使汽车故障诊断设备的功能进一步完善，性能不断提高。这些专用汽车诊断设备不仅可进行覆盖汽车所装备的各个电子控制系统的故障码读取和消除、动态和静态数据流的测量等普通操作，还包含电子控制系统相关参数修改和数据设定、信号模拟性能与状态测试、防盗密码设定与更改等特殊操作，设置了数据流分析与判断结果显示、波形显示与分析结果显示等功能，使诊断设备具有智能化。

第四节 汽车电子信号

一、汽车电子信号类型

汽车电子信号基本可分为模拟信号和数字信号两种。当今汽车系统中存在五种基本类型的电子信号，被称为"五要素"。"五要素"可以看成是控制系统中各个传感器、控制电脑和其他设备之间相互通信的基本语言，就像英语的字母一样，它们都有不同的"发音"。正是"五要素"各自不同的特点，构成了用于不同通信的目的。

1. 直流信号

直流信号是一种模拟信号，如图 1-10 所示。在汽车中产生直流（DC）信号的传感器或电源装置有蓄电池或控制模块（PCM）输出的传感器。

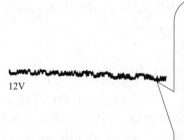

直流信号是一种模拟信号，汽车上产生直流信号的传感器元件包括发动机冷却水温度传感器、燃油温度传感器、进气温度传感器、节气门位置传感器、废气再循环压强和位置传感器、翼板式或热丝式空气流量计、真空和节气门开关，以及通用、克莱斯勒等公司生产的汽车进气压力传感器

图 1-10 直流信号

2. 交流信号

交流信号是一种模拟信号，如图 1-11 所示。

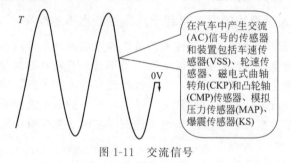

在汽车中产生交流(AC)信号的传感器和装置包括车速传感器(VSS)、轮速传感器、磁电式曲轴转角(CKP)和凸轮轴(CMP)传感器、模拟压力传感器(MAP)、爆震传感器(KS)

图 1-11 交流信号

3. 频率调制信号

频率调制信号如图 1-12 所示。

在汽车中产生可变频率信号的传感器和装置包括数字式空气流量计、数字式进气压力传感器、光电式车速传感器(VSS)、霍尔式车速传感器(VSS)、光电式凸轮轴转角(CAM)和曲轴转角(CKP)传感器、霍尔式凸轮轴转角(CAM)和曲轴转角(CKP)传感器

图 1-12 频率调制信号

4. 脉宽调制信号

脉宽调制信号如图 1-13 所示。

5. 串行数据（多路）信号

串行数据（多路）信号如图 1-14 所示。

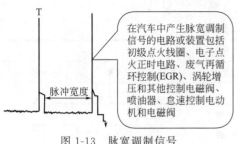

在汽车中产生脉宽调制信号的电路或装置包括初级点火线圈、电子点火正时电路、废气再循环控制(EGR)、涡轮增压和其他控制电磁阀、喷油器、怠速控制电动机和电磁阀

图 1-13　脉宽调制信号

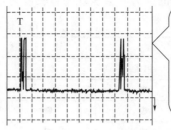

若汽车中配备有自诊断能力和其他串行数据送给能力的控制模块，则串行数据信号是由发动机控制模块(PCM)、车身控制模块(BCM)和防抱死制动系统(ABS)或其控制模块产生的

图 1-14　串行数据（多路）信号

二、汽车电子信号的五个判定依据

汽车电子信号的"五要素"是直流、交流、频率调制、脉宽调制和串行数据信号。现在再回头看一下汽车电子语言的难题——五个判定依据，即五种判定尺度。要从五种判定信号中得到只有五种判定特征的信息类型是重要的，因为发动机控制模块需要通过分辨这些特征来识别各个传感器提供的各种信息并依据这些特征来发出各种命令，指挥不同的执行器动作，这些特征就是汽车电子信号的五种判定依据。五个判定依据如下。

（1）幅值（图 1-15）——电子信号在一定点上的即时电压。

（2）频率（图 1-16）——电子信号在两个事件或循环之间的时间，一般指每秒的循环数（Hz）。

（3）脉冲宽度（图 1-17）——电子信号所占的时间或占空比。

（4）形状（图 1-18）——电子信号的外形特征，即它的曲线、轮廓和上升沿、下降沿等。

（5）阵列（图 1-19）——组成专门信息信号的重复方式。

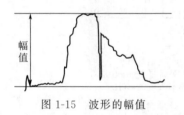

图 1-15　波形的幅值

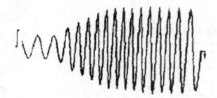

图 1-16　波形的频率

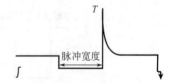

图 1-17　波形的脉冲宽度

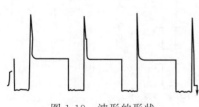

图 1-18　波形的形状

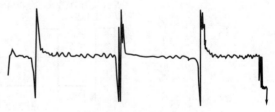

图 1-19　波形的阵列

电子信号的判断依据见表 1-1。

为了使汽车的计算机系统功能正常，必须去测量用于通信的电子信号，也就是必须能"读"与"写"计算机电子通信的通用语言，用汽车示波器就可以"截听"到汽车计算机中的电子对话。这既可以用来解决测试点问题，也可以用来验证修理工作完成后的工作是否正常。如果一个传感器、执行器或控制模块产生了不正确判定尺度的电子信号，则该电路可能

遭到"通信中断"的损失，会表现为行驶能力及排放等故障码（DTC）。

表 1-1　电子信号的判断依据

信号类型	判断依据				
	幅值	频率	形状	脉冲宽度	阵列
直流	●				
交流	●	●	●		
频率调制	●	●	●		
脉宽调制	●	●	●	●	
串行数据	●	●	●	●	●

每一个"五要素"电子信号都要用判定尺度依据来确定电子通信，五个基本类型中的任何一个必然有一个或多个判定依据尺度来通信。在汽车发动机控制模块（PCM）和其他电子智能设备中用来通信的串行数字信号是最复杂的信号，它是包含在汽车电子信号中最复杂的"电子句子"之一，在实际中，要用专门的解码器去读取。

三、汽车波形识别

1. 常见波形术语

常见的波形术语主要有幅值、频率、脉冲宽度以及占空比等，其含义如图 1-20～图 1-22 所示。

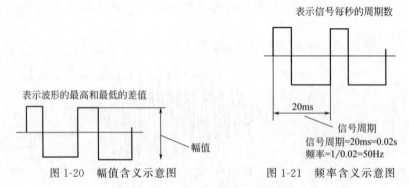

图 1-20　幅值含义示意图　　　　图 1-21　频率含义示意图

图 1-22　占空比、脉冲宽度含义示意图

2. 波形界面识别

① 单通道波形含义示意图如图 1-23 所示。

② 双通道波形含义示意图如图 1-24 所示。

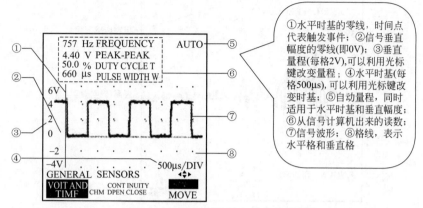

①水平时基的零线，时间点代表触发事件；②信号垂直幅度的零线(即0V)；③垂直量程(每格2V)，可以利用光标键改变量程；④水平时基(每格500μs)，可以利用光标键改变时基；⑤自动量程，同时适用于水平时基和垂直幅度；⑥从信号计算机出来的读数；⑦信号波形；⑧格线，表示水平格和垂直格

图 1-23　单通道波形含义示意图

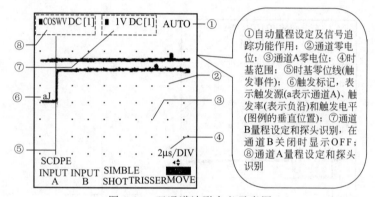

①自动量程设定及信号追踪功能作用；②通道零电位；③通道A零电位；④时基范围；⑤时基零位线(触发事件)；⑥触发标记，表示触发源(a表示通道A)、触发率(表示负沿)和触发电平(图例的垂直位置)；⑦通道B量程设定和探头识别，在通道B关闭时显示OFF；⑧通道A量程设定和探头识别

图 1-24　双通道波形含义示意图

3. 波形数据的识别

① 氧传感器波形如图 1-25 所示。

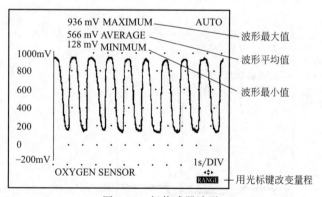

图 1-25　氧传感器波形

② 爆震传感器信号如图 1-26 所示。
③ 喷油器控制信号如图 1-27 所示。
④ 初级点火波形如图 1-28 所示。

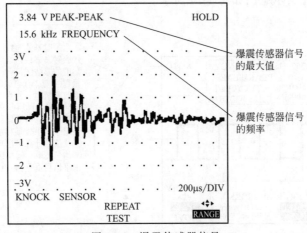

图 1-26　爆震传感器信号

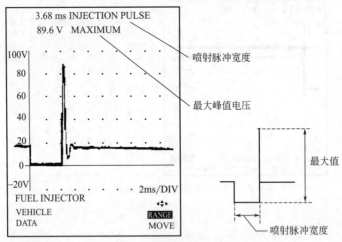

图 1-27　喷油器控制信号

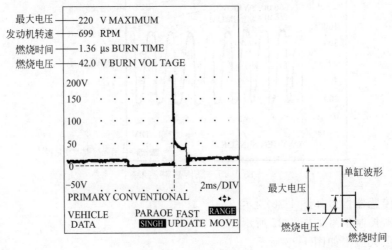

图 1-28　初级点火波形

⑤ 次级点火波形如图 1-29 所示。

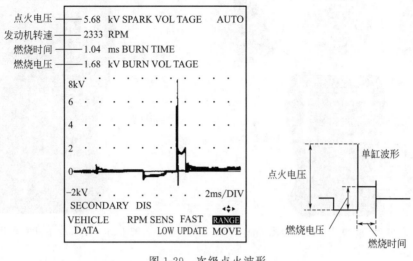

图 1-29　次级点火波形

第五节　KT600 汽车专用示波器

汽车示波器是用波形显示的方式表现电路参数的动态变化过程的专业仪器。它能够对电路上的电参数进行连续式图形显示，是分析复杂电路上电信号波形变化的专业仪器。汽车示波器通常有两个或两个以上的测试通道，它可以同时对多路电信号进行同步显示，具有高速、动态，方便分析各信号间相互关系的优点。下面以 KT600 汽车专用示波器为例，介绍其使用方法。

一、汽车专用示波器的基本功能及结构

KT600 汽车专用示波器可以实时采集点火、喷油、电控系统传感器的波形，通过对传感器波形的分析可以准确诊断传感器是否故障，通过对点火波形的分析不仅可以诊断各传感器和执行器的故障，还可以分析出进气和燃油控制系统的可能故障点，为汽车的运行技术状况和故障诊断提供科学的依据。

1. 基本功能

① 实现次级点火波形的实时显示。

② 可以进行参考波形存储。

③ 汽车初级、次级点火波形分析；有纵列、三维、阵列、单缸等多种次级波形显示方式，并显示点火击穿电压、闭合角、燃烧时间等。精确的点火同步，自动检测点火信号极性，无论是分电器点火、独立点火，还是双头点火都能可靠检测，相当于一台手持式发动机分析仪。

④ 通用示波器功能，记录仪功能，发动机分析仪功能（选配）。

2. 设备结构

（1）KT600 主机　KT600 主机的正面视图如图 1-30 所示，背面视图如图 1-31 所示，上接口视图如图 1-32 所示，下接口视图如图 1-33 所示。

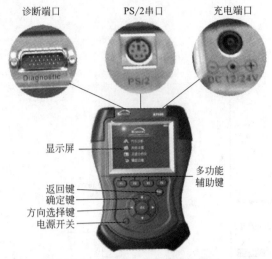

诊断端口　　PS/2串口　　充电端口

显示屏

多功能
辅助键

返回键
确定键
方向选择键
电源开关

图 1-30　KT600 主机的正面视图

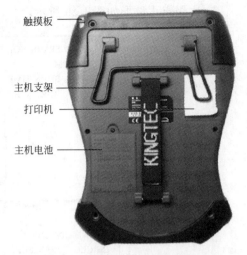

触摸板

主机支架
打印机

主机电池

图 1-31　KT600 主机的背面视图

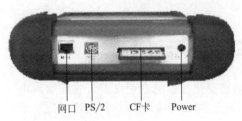

网口　　PS/2　　CF卡　　Power

网口　　直插网线可实现在线升级
PS/2　可外接键盘和鼠标，也可通过转接线
　　　转成串口和USB口
CF卡　CF卡插口
Power　接这个端口给主机供电

图 1-32　KT600 主机的上接口视图

CH1　CH2　CH5　CH3　CH4

示波通道1　示波通道2　触发通道　示波通道3　示波通道4

图 1-33　KT600 主机的下接口视图

（2）随机附件　如表 1-2 所示，KT600 汽车专用示波器的随机附件包括电源线延长线、汽车点烟器接头、汽车鳄鱼夹等。

表 1-2　KT600 汽车专用示波器的随机附件

图片	名称	功能
	电源线延长线	给主机提供电源，可以连接汽车点烟器接头或者汽车鳄鱼夹
	汽车点烟器接头	连接电源延长线和汽车点烟器给主机供电

图片	名称	功能
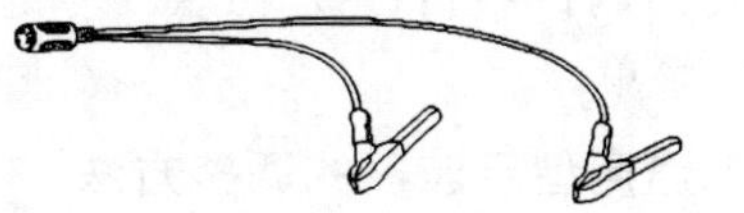	汽车鳄鱼夹	连接电源延长线和汽车蓄电池给主机供电
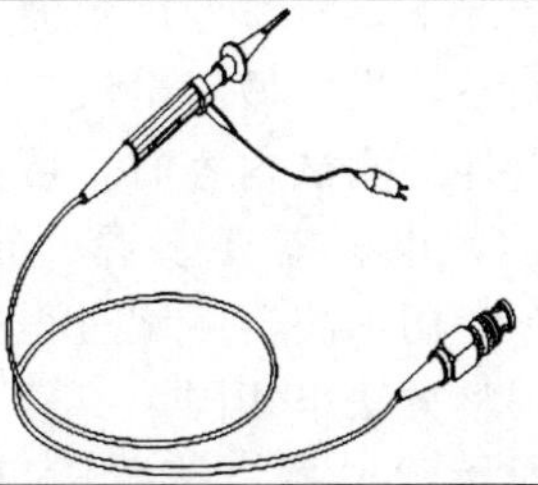	测试探针	连接到通道 CH1、CH2、CH3、CH4 输入,带接地线,可以×1 或者×10 衰减
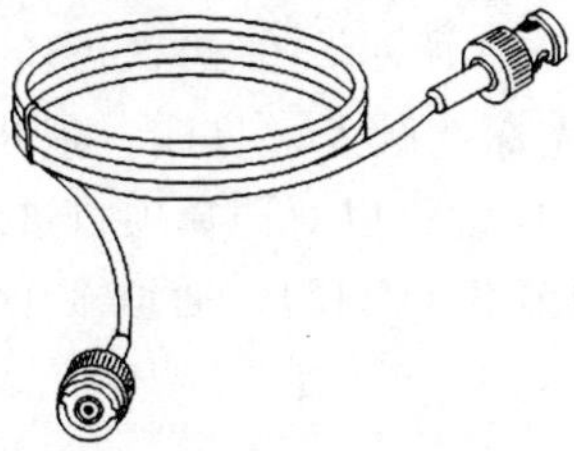	示波延长线	可以连接 CH1、CH2、CH3、CH4 通道,主要功能是延长输入信号线
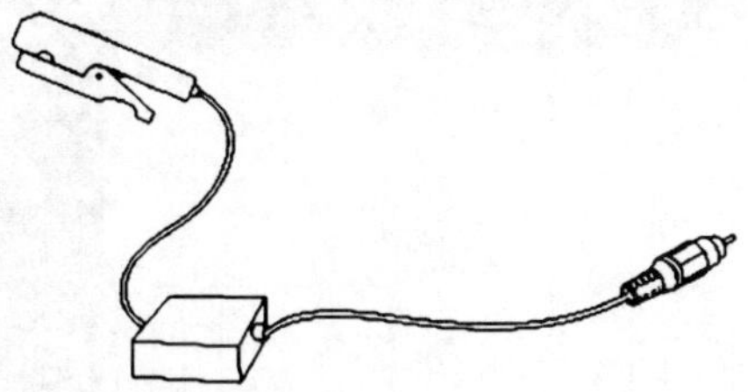	一缸信号夹	连接 CH5 通道,可以检测发动机转速,被夹高压线为第一缸高压线
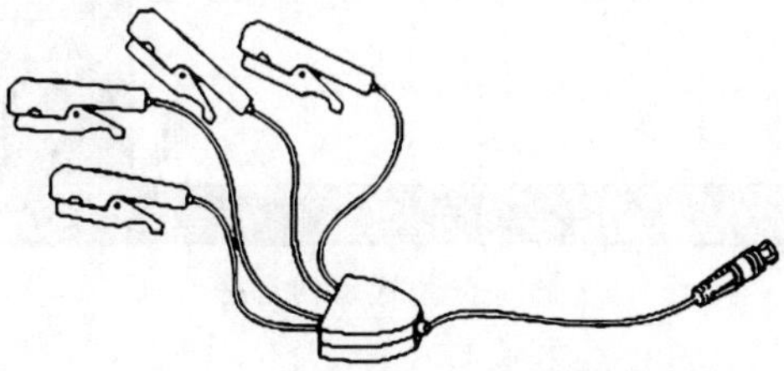	容性感应夹	可以连接 CH1、CH2 通道,感应次级点火信号
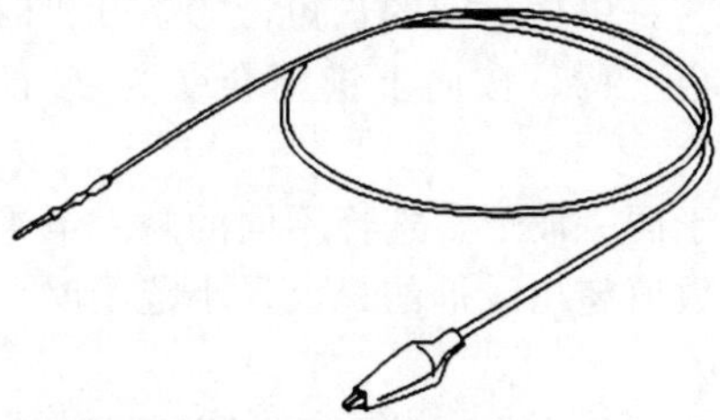	示波连接线	可以对接地线或者信号线进行延长,方便连接

二、汽车专用示波器的操作

1. 主菜单概述

在主界面上选择示波器分析仪,确认进入如图 1-34 所示的主菜单。只要在 KT600 的菜

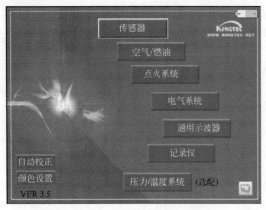

图 1-34　主菜单

单里按上下方向键选择需要检测项目，按〔ENTER〕键即可进入下一级菜单，直到选择需要的测试项目；按〔EXIT〕键可以返回上级菜单。

2. 通用型示波器的调整方法

一般情况下，汽车专用示波器的波形显示不需要调整，当要做超出汽车专用示波器标准菜单以外的测试内容时，可以选择通用示波器功能，也就需要掌握一定的调整方法，在汽车专用示波器测试过程中如果有相似菜单，调整方法也相同。

选择通用示波器，按〔ENTER〕键确认，如图 1-35 所示，在屏幕上有 12 个选项（通道、周期、电平、幅值、位置、停止、存储、载入、光标、触发、打印、退出）以及 3 个功能选项（通道设置、自动设置、配置取存），按左右方向键可以对选择项目进行调整。

（1）通道调整　按功能键可以选择通道 1（CH1）、通道 2（CH2）、通道 3（CH3）、通道 4（CH4）任意组合方式，如图 1-36 所示。

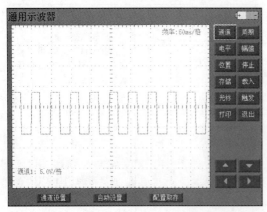

图 1-35　通用示波器的功能选择

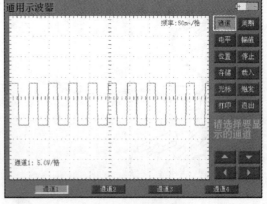

图 1-36　通道的选择

（2）周期调整　选择周期调整，按上下键可以改变每单格时间的长短，如果开机时设定的是 10ms/格，按向下键则会变为 5ms/格，波形就会变稀，按向上键则会变为 20ms/格，波形会变密。

（3）电平调整　对纵轴的触发电平进行调整。对于同一波形，选择不同的触发电平，波形在显示屏上的位置就会跟着变化，如果触发电平的数值超出波形的最大最小范围时，波形将产生游动，在屏幕上不能稳定住。

（4）幅值调整　按上下方向键可以调整纵向波形幅值的大小，KT600 可以选择 1：500、1：200、1：100、1：0.5、1：1.0、1：2.5、1：5、1：10 和 1：20。

（5）位置调整　选择位置调整时可以对波形的上下显示位置进行调整，按向上方向键，波形就会上移，按向下方向键，波形就会向下移动。

（6）触发方式调整　选择触发方式调整时在高频（＜50ms/格）可以对波形的触发起点进行调整，使用功能键可以选择触发的方式：上升沿出发，下降沿出发，电平触发，如图 1-37 所示。

（7）波形的存储和载入　在选择通用示波器时，如果要存储当前波形，则选择存储（如果是刷新频率≥50Hz/格，系统会等待采集完当前屏波形后自动冻结波形），弹出文件存储的人机界面，用户可以设定存储波形的名字，然后保存波形数据（最多支持保存64个文件），保存完以后系统会自动退出存储界面。

如果要载入已储存的波形，则选择载入，若波形文件存在，系统将会自动浏览到系统已保存的文件，用户可以根据自己的需要调出波形。点击"退出"/按"ESC"可以退出载入界面，如图1-38所示。

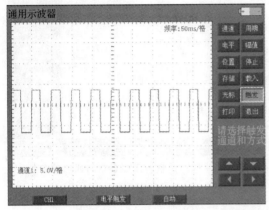

图1-37　触发方式调整

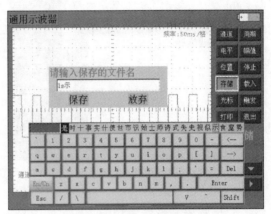

图1-38　波形的存储和载入

（8）配置取存　该功能主要是方便用户快捷地调整好波形的参数。例如用户同时测试了4个传感器的波形，使用了4个通道，CH1——200mV/div；CH2——1V/div；CH3——0.5V/div；CH4——5V/div；频率为20ms/格；调整好各个通道的位置，使波形清晰地显示到界面。

然后选择配置取存，可以保存当前配置到文件"4通道传感器测试"；若下次再测试4个通道的传感器的波形，用户就不需要再调节这些烦琐的参数，只需点击"配置取存"→"载入配置"，波形就可以快速、清晰地显示出来。依此例子，任意有"配置取存"的界面都可以做这一功能。这样的配置每个界面最多可以存64个配置文件。保存当前配置或载入配置如图1-39所示。

选择保存配置时，可以保存当前的配置参数，其文件名可以是字母、数字、中文字符，如图1-40所示。

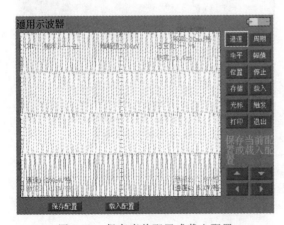

图1-39　保存当前配置或载入配置

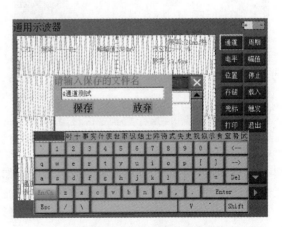

图1-40　可对保存的当前配置参数命名

选择载入配置，可将保存的配置参数载入到当前界面，如图 1-41 所示。

3. 传感器信源参数选择调整

在传感器菜单中可以通过信源参数选择调整所需要观察的通道的参数，如图 1-42 所示。

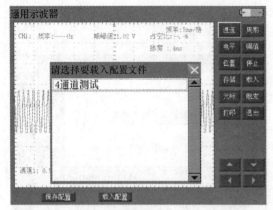

图 1-41　将保存的配置参数载入到当前界面

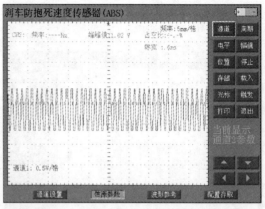

图 1-42　选择调整所需要观察的通道的参数

4. 传感器波形参考功能

该功能方便用户在测试传感器波形的时候，可以把标准的传感器波形和当前测试的传感器做比较，用户可以直观地看出当前传感器的好坏。为实现该功能，用户先要采集标准的传感器波形，存储到系统中，然后才可以做回放波形、波形比较。系统最多可以存储 64 个波形文件。波形参考有三种功能：采集波形、回放波形、波形比较，如图 1-43 所示。

选择采集波形，可将当前波形保存，其文件名可以是字母、数字、中文字符，如图 1-44 所示。

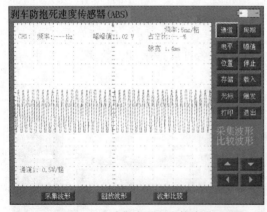

图 1-43　采集波形和比较波形

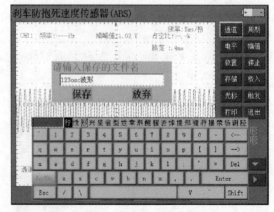

图 1-44　保存当前采集波形

选择回放波形，可将采集的波形回放，如图 1-45 所示。

选择波形比较，可将采集的波形与当前波形进行比较。载入采集波形后，会与当前波形放在同一位置，可以调整其位置来比较两波形，如图 1-46 所示。

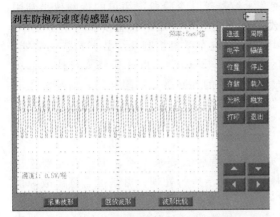

图 1-45　将当前采集的波形回放

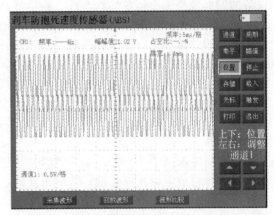

图 1-46　采集的波形与当前波形进行比较

5. 压力/温度系统选择调整（选配）

在压力/温度系统菜单中可以直接观察到转速和当前的波形，如图 1-47 所示。

在压力/温度系统菜单中可以选择数字显示直接观看到当前数值的显示，如图 1-48 所示。

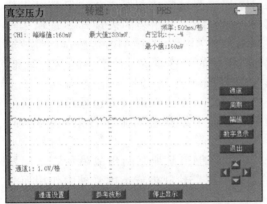

图 1-47　压力/温度系统菜单中可以直接
观察到转速和当前的波形

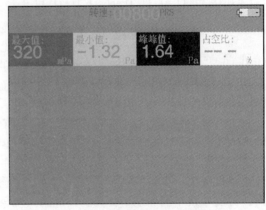

图 1-48　选择数字显示直接
观看到当前数值的显示

第六节　汽车专用示波器的应用

一、传统汽车维修诊断设备的诊断缺陷

汽车维修设备的发展与汽车整车技术的发展是息息相关的，电子技术在汽车上的广泛应用，从发动机、自动变速器、安全气囊，到牵引力控制、车速稳定电子装置、微处理器及网络技术，配以大量传感器、执行器，使得原本不可想象的功能成为现实。目前的汽车更安全、环保，动力性、操纵性更好。与此同时，对于维修工作也提出了新的要求，如何快速准确地确定故障部位、找出故障原因是汽车维修诊断技术发展的方向。

汽车诊断设备在这种强大的市场需求下得到了蓬勃的发展，汽车微机控制系统检测诊断设备的发展经历了由简单的诊断仪、扫描器到汽车示波器等几个阶段。简单的诊断仪是利用配套连线和车上的电子控制单元（ECU）进行数据交流的专用仪器，只能读取与清除 ECU 存储器内的故障信息（故障码及内容）。扫描器增加了对汽车微机控制系统数据扫描的功能，并能显示出微机控制系统传感器等元件的实际运行参数（数据流），以便检修人员快速分析问题，确定故障部位。但是对扫描工具来讲，对错误信号的判断是有局限性的，对超范围的信号往往会错误地认为是正确的，或者是由于"假信号"发生太快，扫描工具不能同步捕捉信号而无法显示。这也就是我们经常遇到的问题，汽车明明有故障，而用扫描工具检测却显示系统正常。

举个简单的例子，一辆轿车的 ABS 系统时好时坏，驾驶人要求维修，那么首先要连接诊断设备进行故障码读取，进行数据流分析，根据故障提示进行处理。可是没有读出故障信息，进行路试，也没有出现驾驶人反映的问题，检测一切正常。根据维修资料提示，连接万用表对 ABS 传感器进行电阻及电压测试，结果所显示的数值都在误差允许范围之内。按照维修流程对 ABS 控制单元供电及相关线路进行测试，结果均正常。出现这种情况的时候，制造商的诊断流程推荐更换 ABS 控制单元，但是因为 ABS 控制单元和 ABS 泵是一个整体，必须一起更换，更换完 ABS 控制单元以后，故障却没有排除。

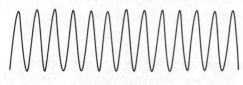

正常的ABS传感器信号

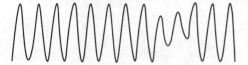

不正常的ABS传感器信号

图 1-49 两个 ABS 传感器信号波形的比较

出现这种故障的原因多半为传感器信号不良、接地不良、系统插接件连接不良等，控制单元出问题的概率相对较低。接地及插接件可以通过万用表测试完成判断工作，但是对于传感器信号的判断，万用表的表现却不是那么理想。如图 1-49 所示为两个 ABS 传感器信号波形的比较，下边的传感器信号波形中间存在瑕疵，而对于这种问题万用表是无能为力的，甚至 ABS 控制单元也无法识别该传感器是不是真的有故障，进而为维修检测工作带来一些麻烦。但是采用示波器测试，通过对传感器信号波形的分析，可以很容易地判断出故障所在，问题轻松得以解决。类似的例子还有很多，如曲轴转角传感器靶轮缺齿或齿因受外力作用而受损，可能导致车辆加速不良甚至出现熄火现象，有瑕疵的节气门位置传感器同样会影响车辆的动力性能。

二、汽车示波器的优势

汽车示波器是针对汽车故障维修，为快速、准确地判断故障部位与原因而开发的。它以普通示波器功能为核心，为适应汽车检测环境而预设多种专用测试模式，配以不同的辅助插头、线缆，完成对汽车上大量传感器和执行器的测试。大部分汽车专用示波器带有数字存储功能，可通过通信接口将所测试、存储的波形图上传至计算机，进行下一步的分析、存档。示波器显示的波形是对所测信号的实时显示，因为其取样的频率远远高于万用表，所以信号的每一个重要细节都被显示出来，这样快的速度可在发动机运转时识别出任何可造成故障的信号。而且如果需要，任何时间都可重看波形，因为这些波形都可保存在示波器中，并在需要的时候回放所保存的波形。

示波器具有双线或多线功能，即同时可在屏幕上看到两个或多个单独的信号，这样就可观察一个信号如何影响另一个信号。例如可将氧传感器电压信号输入到通道 1，将喷油器脉冲输入到通道 2，然后观察脉冲是否响应氧传感器信号的变化。也可将数字示波器看成一个高速可视电压表，能够看到清晰的信号波形，在图形上能捕捉到瞬间干扰、尖峰脉冲、噪声和所测部件的不正常波形。

三、点火系统次级点火波形分析

现代汽车由于环保和经济的要求，发动机采用了高压缩比和稀薄混合气燃烧技术，所以对点火系统的可靠性、准确性提出了更高的要求。足够能量的火花和正确的点火时间是保证发动机良好工作的重要条件之一。检测点火系统故障的有效手段，就是使用示波器分析点火波形。点火波形分析分为次级点火波形分析和初级点火波形分析，最常用的是次级点火波形分析。观察次级点火波形，使维修人员能从细微处分析车辆的运行状况，确定点火系统本身、发动机机械部分和燃油系统是否有故障，从而确定修理方向。

1. 标准点火波形分析

在进行故障波形分析之前，首先看一下标准的单缸次级点火波形，如图1-50所示。理想状态下，该波形非常稳定，每次点火燃烧过程的电压基本一致，各气缸的波形应该大体相仿。

单缸次级点火波形分为三段：闭合段、跳火段、衰减振荡段。

（1）闭合段 即电脑发出点火正时信号，点火功率管导通，点火线圈开始充磁。当点火功率管导通时，初级绕组电流产生，磁场开始建立，这个从无到有的磁场，与次级绕组感应出反向电动势，于是在闭合段的起始处（图1-50中A所指）形成一个向下的电压振荡波形，这

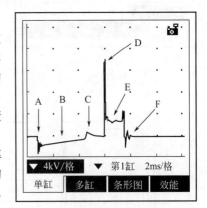

图1-50 标准点火波形

个波形可以反映出次级绕组是否有短路或断路现象。随着初级绕组电流和磁场的饱和，次级绕组中的感应电动势也趋于0（图1-50中B所指），直到开始跳火。图1-50是丰田汽车上测到的次级点火波形，由于丰田汽车点火模块电路设计的原因，使闭合段上产生一个向上突起的波形（图1-50中C所指），这是由点火模块的限流作用引起的，但在其他车型上不一定有。通过对每缸闭合时间的比较，可以看出各缸闭合角及点火正时是否精确。

（2）跳火段 此时点火模块切断初级绕组的电流，初级绕组产生的磁场急剧收缩消失，由于磁场的突变使次级绕组感应出高压电动势，电子在高压的推动下在火花塞电极间产生电离，击穿火花塞电极之间的混合气时，火花塞开始跳火。此时在波形中形成一条垂直的点火线（图1-50中D所指）。一个工作良好的点火线圈可以产生出50kV的高压电，正常的击穿电压是6~15kV。击穿电压的高低，可以反映出次级电路中的电阻情况。过高的击穿电压，说明次级电路中存在着高阻抗，包括高压线电阻过大、分电器盖和分火头间隙过大、火花塞间隙过大、混合气过稀。过低的击穿电压，可能是点火线圈绕组短路或断路、高压线漏电、分火头击穿、火花塞漏电或间隙过小。

当高压线路中的高压电能击穿火花塞电极间隙后，高压电能得以释放并在火花塞电极之间电压迅速下降，以等离子形式继续通过火花塞电极间隙，并持续一段时间，因此形成次级点火波形中的火花线（图1-50中E所指）。产生等离子时的电压值称作燃烧电压，正常的燃烧电压是1~4kV。持续的时间，也就是火花线的长短称作燃烧时间，正常的燃烧时间是0.8~2.4ms。正常时火花线平直，十分干净，没有杂波，过多的杂波表明气缸内燃烧不稳定。

（3）衰减振荡段 当点火线圈中的能量不足以维持火花塞跳火时，火花塞停止跳火。由

于火花塞电极间等离子减少，电阻增大，导致波形中火花线终了时电压轻微上升。当跳火停止后，点火线圈中的剩余能量会以逐渐衰减的振荡波释放出来（图1-50中F所指）。在次级点火波形中，火花线的后面最少有两个，最好多于三个振荡波形，这表明点火线圈和电容性能良好。

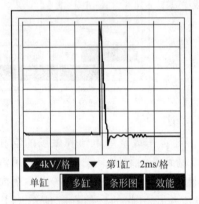

图1-51　火花塞电极间隙过大，高压线老化引起漏电的波形

2. 故障点火波形分析

如图1-51～图1-79所示是实际工作当中采集到的故障波形。

图1-51、图1-52两个波形，都是火花塞和高压线密封套之间漏电的波形。但是图1-51表示火花塞电极间隙过大，高压线老化引起的，图1-52表示不正确的火花塞型号与高压线密封套配合不紧密，造成加速时断火。

图1-53表示火花塞陶瓷体破裂引起漏电的波形，图1-54表示高压线电阻太大的波形，图1-55表示火花塞被机油污染的波形。

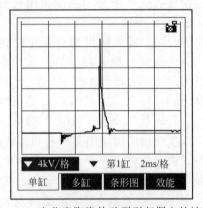

图1-52　不正确的火花塞型号引起漏电的波形　　图1-53　火花塞陶瓷体破裂引起漏电的波形

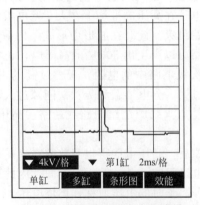

图1-54　高压线电阻太大的波形　　图1-55　火花塞被机油污染的波形

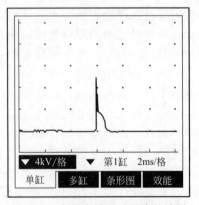

图1-56～图1-58表示的都是喷油器不喷油时的波形，由于气缸内缺少碳氢化合物导致燃烧电压陡然上升。

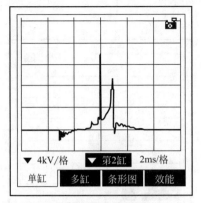

图 1-56　喷油器不喷油时的波形（一）

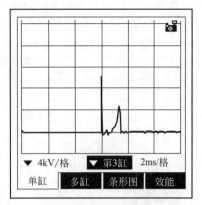

图 1-57　喷油器不喷油时的波形（二）

　　图 1-59、图 1-60 表示的是两个由于分电器调整不当，造成发动机在中速时，点火正时错乱的波形。这种现象在帕萨特 B4 和红旗 488 发动机上容易出现。由于分电器调整不当，导致在一定转速时，分火头与分电器两个电极间距离相等，火花会在两个电极间来回跳动，导致点火错乱。

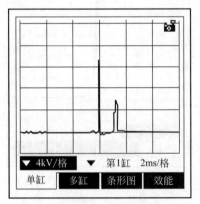

图 1-58　喷油器不喷油时的波形（三）

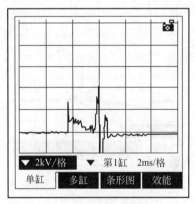

图 1-59　点火正时错乱的波形（一）

　　图 1-61、图 1-62 所示的波形都没有衰减振荡波，说明点火线圈储备能量不足，加速和大负荷时会出现断火，次级绕组短路。

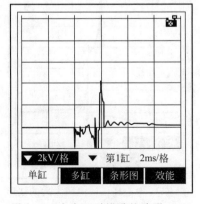

图 1-60　点火正时错乱的波形（二）

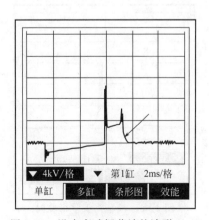

图 1-61　没有衰减振荡波的波形（一）

图 1-63 表示一个气门严重烧蚀的波形，图 1-64 表示气缸垫烧坏，3 缸和 4 缸串缸的波形，两个波形的火花线上都有严重的杂波。

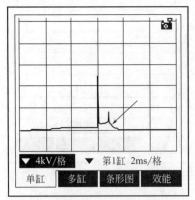

图 1-62　没有衰减振荡波的波形（二）

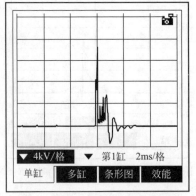

图 1-63　一个气门严重烧蚀的波形

图 1-65、图 1-66 表示的是火花塞型号不正确，导致汽车在正常行驶时间歇性失火的波形。

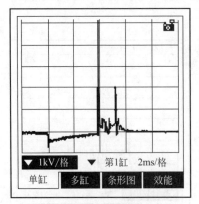

图 1-64　气缸垫烧坏 3 缸和
4 缸串缸的波形

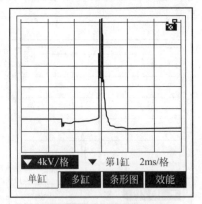

图 1-65　汽车在正常行驶时
间歇性失火的波形（一）

图 1-67 表示中心高压线电阻太大的波形，图 1-68、图 1-69 表示分电器盖与分火头间隙太大的波形，三个波形的燃烧电压都太高。

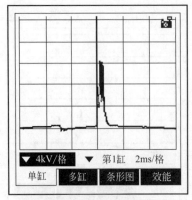

图 1-66　汽车在正常行驶时
间歇性失火的波形（二）

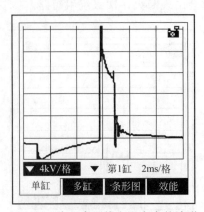

图 1-67　中心高压线电阻太大的波形

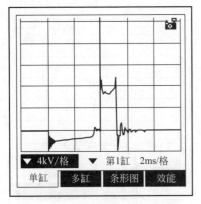

图 1-68　分电器盖与分火头间隙
太大的波形（一）

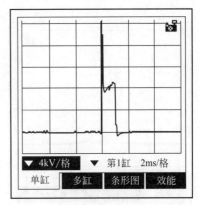

图 1-69　分电器盖与分火头间隙
太大的波形（二）

　　图 1-70、图 1-71 表示火花塞被劣质汽油污染的波形，图 1-72 表示加速时喷油器喷油量太小的波形。

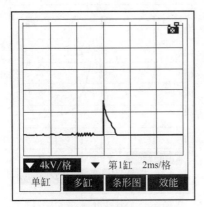

图 1-70　火花塞被劣质汽油
污染的波形（一）

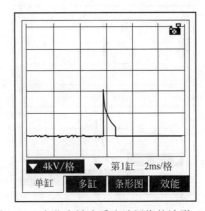

图 1-71　火花塞被劣质汽油污染的波形（二）

　　图 1-73 表示三维点火波形，显示 2、3 缸加速时漏电；图 1-74 表示火花塞中心电极漏电的波形；图 1-75 表示点火线圈漏电的波形。

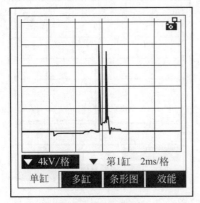

图 1-72　加速时喷油器喷油量太小的波形

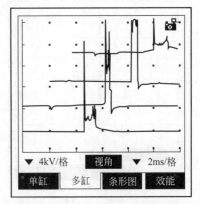

图 1-73　2、3 缸加速时漏电的三维点火波形

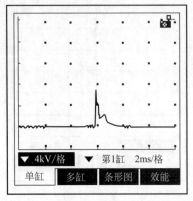

图 1-74　火花塞中心电极漏电的波形

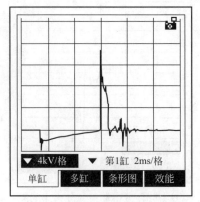

图 1-75　点火线圈漏电的波形

图 1-76 表示高压线电阻无穷大，击穿电压太大没有火花线的波形。图 1-77 表示高压线绝缘不好对示波器的干扰的波形。

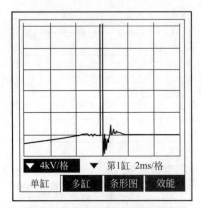

图 1-76　高压线电阻无穷大，
击穿电压太大没有火花线的波形

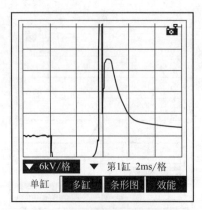

图 1-77　高压线绝缘不好对
示波器的干扰的波形

图 1-78 表示闭合角太小，点火能量不够的波形。图 1-79 表示高速时高压线漏电的波形。

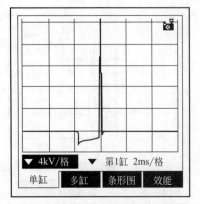

图 1-78　闭合角太小，点火能量不够的波形

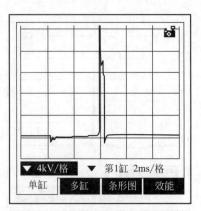

图 1-79　高速时高压线漏电的波形

四、示波器波形的案例分析

波形分析法就是利用示波器获得汽车电控系统中的传感器、执行器等电子设备的波形信号（即电压随时间变化的电信号），然后把这些实测信号与这些电子设备的正常波形信号进行对比，分析其中的差异，最后维修技术人员根据自己的理论知识找出故障发生部位的方法。汽车电控系统中的传感器和执行器在长时间使用过程中会发生磨损、腐蚀、老化、变形等，其性能也会随之变差，此时电控单元往往无法判定其有故障，其实，即使电控单元记录了相关的故障码，维修技术人员有时也很难判断一个复杂电控系统的故障部位，若利用示波器对所怀疑部件的信号或驱动波形进行测试，维修人员根据波形上的细微信息便可快速了解被检测部件的工作性能，从而快速找到故障零部件。

案例 1： 速腾车更换新发动机后发动机故障灯点亮

故障现象 一辆行驶里程约 18.6 万千米的速腾车（装备 CFB 发动机），因发动机损坏，在维修站更换一台新发动机总成，更换新发动机总成后启动发动机试车，发动机怠速运转正常，当把发动机转速提到 2000r/min 后，仪表盘上的发动机故障灯点亮，且发动机加速不良。

故障诊断 用故障检测仪 VAS 6150 检查该车各个控制单元的故障存储情况，在 01-发动机控制单元内存储有如图 1-80 所示的 3 个故障码。3 个故障码均是和失火有关的故障码，因此用故障检测仪 VAS 6150 检测发动机系统第 14 组、第 15 组和第 16 组的动态测量数据，发现第 15 组测量数据的第 2 区（2 缸）和第 3 区（3 缸）数据均显示这 2 个缸有失火情况（图 1-81），这与故障码指示的情况是吻合的。由于该发动机是新换上的全新发动机总成，因此发动机机械系统本身应该不会有什么问题，认为是发动机控制系统或者调节系统的问题。在怠速和加速状况下检查第 91 组测量数据（图 1-82），第 3 区和第 4 区显示的凸轮轴调节数据均正常；检查第 140 组测量数据（图 1-83），第 3 区显示的高压燃油压力数据正常。接着继续检查发动机系统其他相关传感器的动态数据和相关机械元件，均未发现明显异常。尝试将故障码指示有故障的第 2 缸和第 3 缸的点火线圈、火花塞、喷油器等与正常第 1 缸和第 4 缸进行对换试验，故障依旧。

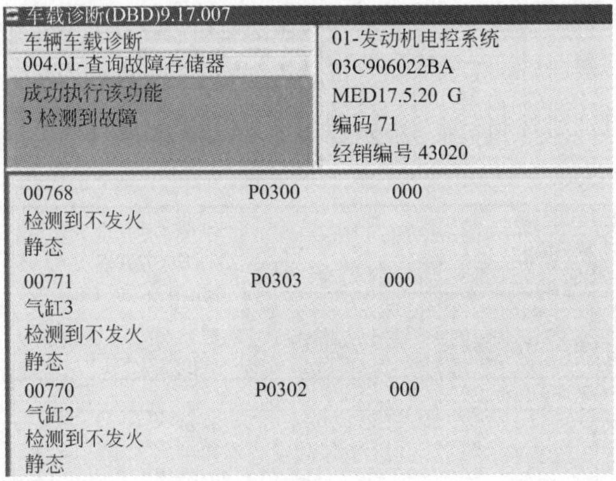

车载诊断(DBD)9.17.007	
车辆车载诊断	01-发动机电控系统
004.01-查询故障存储器	03C906022BA
成功执行该功能	MED17.5.20 G
3 检测到故障	编码 71
	经销编号 43020
00768　　　　　P0300　　　　000 检测到不发火 静态	
00771　　　　　P0303　　　　000 气缸3 检测到不发火 静态	
00770　　　　　P0302　　　　000 气缸2 检测到不发火 静态	

图 1-80　01-发动机控制单元中存储的故障码（截屏）

考虑到发动机转速传感器（G28）和凸轮轴位置传感器（G40）对发动机工作性能影响比较大，决定用示波器测试其信号波形，看是否能发现什么问题。如图 1-84 所示为用示波器测试的故障车和正常车的发动机转速传感器（G28）和凸轮轴位置传感器（G40）信号波

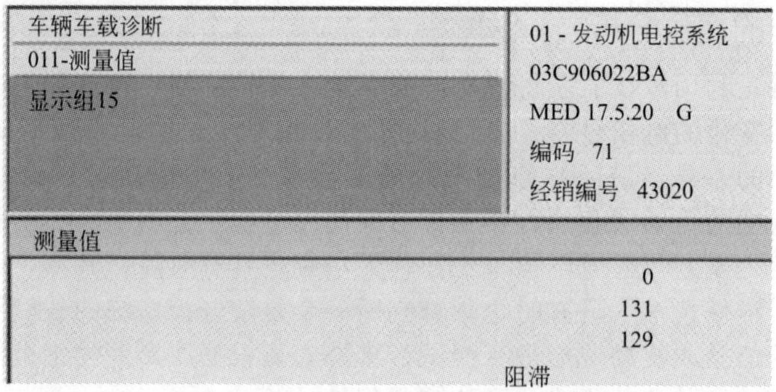

车辆车载诊断	01 - 发动机电控系统
011-测量值	03C906022BA
显示组15	MED 17.5.20　G
	编码 71
	经销编号　43020

测量值	
	0
	131
	129
	阻滞

图 1-81　发动机系统第 15 组测量数据

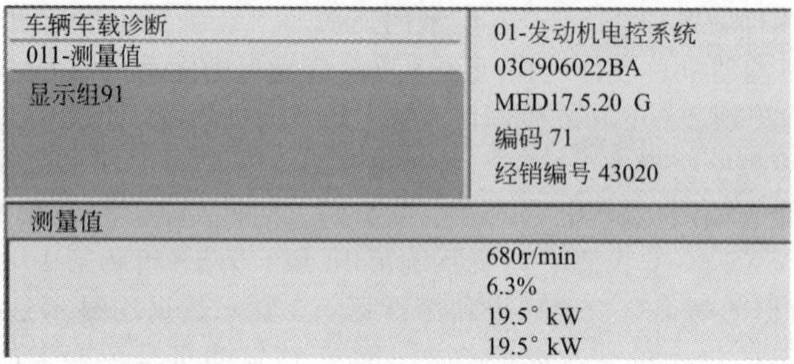

车辆车载诊断	01-发动机电控系统
011-测量值	03C906022BA
显示组91	MED17.5.20　G
	编码 71
	经销编号 43020

测量值	
	680r/min
	6.3%
	19.5° kW
	19.5° kW

(a) 怠速

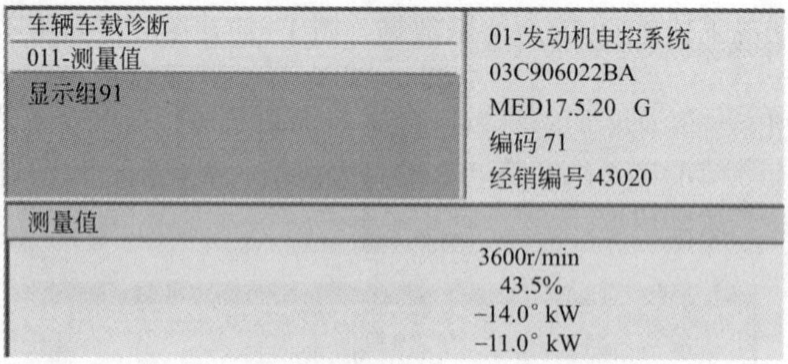

车辆车载诊断	01-发动机电控系统
011-测量值	03C906022BA
显示组91	MED17.5.20　G
	编码 71
	经销编号 43020

测量值	
	3600r/min
	43.5%
	−14.0° kW
	−11.0° kW

(b) 加速时

图 1-82　发动机系统第 91 组测量数据

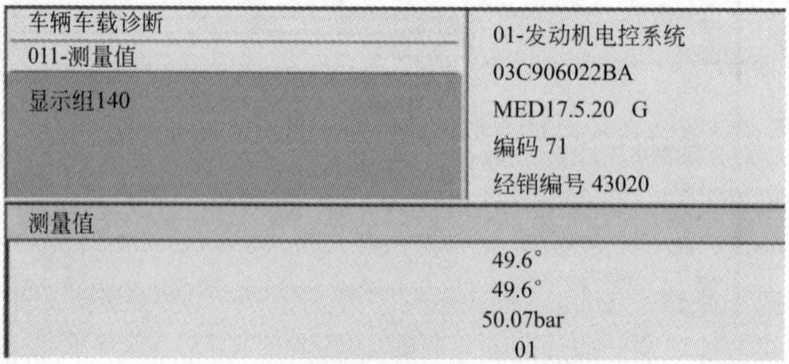

车辆车载诊断	01-发动机电控系统
011-测量值	03C906022BA
显示组140	MED17.5.20　G
	编码 71
	经销编号 43020

测量值	
	49.6°
	49.6°
	50.07bar
	01

图 1-83　发动机系统第 140 组测量数据

$1bar=10^5 Pa$

形，从测试的信号波形来看，大致差不多，但是仔细分析发现发动机转速传感器信号波形的幅值和形状还是不完全一样的，难道是换上的新发动机总成的发动机转速传感器靶轮和原发动机不一样？为了确认上述疑问，决定拆检发动机转速传感器靶轮进行对比分析。拆下新旧发动机的发动机转速传感器靶轮进行对比分析，发现新旧发动机的发动机转速传感器靶轮的确不一样（图 1-85）。由此可见故障就是由于新换上的发动机总成发动机转速传感器和原车的发动机控制单元的控制程序不匹配导致的。

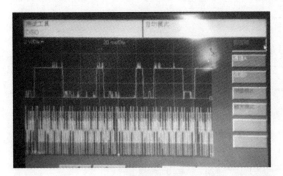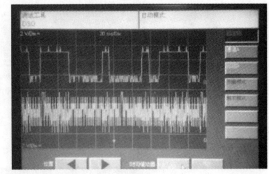

(a) 故障车　　　　　　　　　　　　　　　　(b) 正常车

图 1-84　发动机转速传感器（G28）和凸轮轴位置传感器（G40）信号波形

(a) 新件　　　　　　　　　　　　　　　　(b) 旧件

图 1-85　新旧发动机的发动机转速传感器（G28）对比分析

故障排除　刷新原车发动机控制单元的程序、更换相匹配的发动机转速传感器靶轮或发动机控制单元。征求驾驶人意见后更换和新发动机总成相匹配的发动机控制单元后试车，故障排除。

案例 2：迈腾车怠速不稳

故障现象　一辆行驶里程约 10.4 万千米的迈腾轿车（装备 BYJ 发动机），行驶途中曾经磕碰过油底壳，在某修理厂修复过油底壳之后，便出现怠速时"游车"的故障现象，在排气管尾部还能明显听到类似缺缸发出的"突突"声。

故障诊断　接车后，首先验证故障现象，确如驾驶人所述。用 VAS 6150 读取发动机控制单元的故障存储，读得故障码为 00022　P0016　000——气缸列 1 凸轮轴位置传感器（G40）/发动机转速传感器（G28）布置错误（图 1-86）；读取怠速状态下发动机系统第 91 组测量数据，发现凸轮轴调节数据已经调节至极限（图 1-87），无法再调节；检查该发动机的正时机构安装状况，正常；使用示波器检查发动机转速传感器（G28）和凸轮轴位置传感器（G40）的信号波形（图 1-88），根据两者信号波形的对应关系，可以看出凸轮轴位置传感器（G40）信号波形反应滞缓，且有一个明显的信号杂波；用示波器检查凸轮轴位置传感器（G40）信号波形和凸轮轴调节电磁阀（N205）驱动波形（图 1-89），根据凸轮轴位置传感器（G40）信号波形和凸轮轴调节电磁阀（N205）驱动波形的对应状态，可以看出凸轮轴调节电磁阀（N205）驱动波形正常，凸轮轴位置传感器（G40）信号波形上信号杂波对应的凸轮轴调节电磁阀（N205）驱动波形没有变化，这说明凸轮轴位置传感器（G40）信号波形上的信号杂波是由机械部件故障导致的。由于凸轮轴调节机构是由润滑系统的机油来驱动的，因此决定检查机油状况及机油压力，检查显示该发动机机油状况和机油压力均正常。根据上述检查结果，决定拆检凸轮轴调节阀，拆检发现凸轮轴调节阀机械严重卡滞（图1-90）。

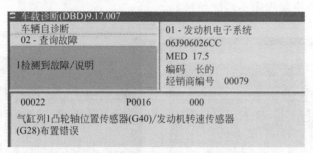

图 1-86　01-发动机控制单元中存储的故障码

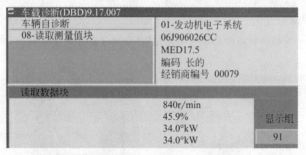

图 1-87　发动机系统第 91 组测量数据

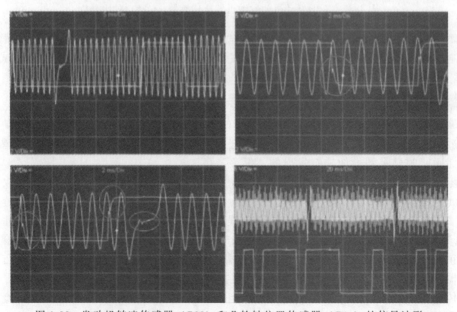

图 1-88　发动机转速传感器（G28）和凸轮轴位置传感器（G40）的信号波形

　　故障排除　更换凸轮轴调节阀后试车，故障排除。

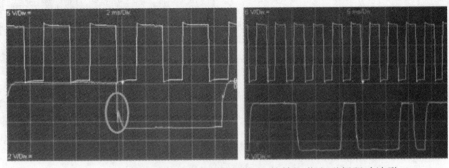

图 1-89　凸轮轴位置传感器信号波形和凸轮轴调节电磁阀驱动波形

(a) 故障阀　　　　　(b) 新阀

图 1-90　凸轮轴调节阀

案例 3: 2015 年款路虎揽胜极光车怠速转速忽高忽低

故障现象　一辆 2015 年款路虎揽胜极光车,搭载 2.0T 汽油发动机,行驶里程约 3.2 万千米。驾驶人反映,该车怠速转速忽高忽低,很不稳定。

故障诊断　接车后试车验证故障,发现无论冷机还是热机,发动机怠速转速均忽高忽低,十分不稳定,但发动机故障灯未点亮。与驾驶人沟通得知,该故障是在其他修理厂更换进气凸轮轴后出现的,为此更换了点火线圈和火花塞,并清洗了节气门、进气管路及燃油系统,但故障依旧。

用故障检测仪 SDD 检测,发现发动机控制单元中存储了故障码 P0505-27——怠速控制系统故障。查看维修手册,得知引起该故障码的原因有:发动机转速信号变化太快;进气系统堵塞;前端辅助驱动过载、故障或部件卡滞。由于故障是在更换进气凸轮轴后出现的,因此怀疑发动机正时有偏差。

检查发动机正时,无异常。连接示波器 Pico Scope,读取故障车发动机正时波形(图 1-91)和正常车发动机正时波形(图 1-92),经对比,发现故障车与正常车的凸轮轴位置传感器波形一致,而曲轴位置传感器波形有偏差,怀疑曲轴位置传感器信号盘损坏。

拆下故障车曲轴位置传感器信号盘,与正常车曲轴位置传感器信号盘对比,发现故障车曲轴位置传感器信号盘发生扭转(图 1-93),推断之前的维修人员未按照标准流程紧固曲轴位置传感器信号盘螺栓,导致瞬时大转矩使曲轴位置传感器信号盘发生扭转。

故障排除　更换曲轴位置传感器并按标准流程紧固曲轴位置传感器信号盘螺栓后试车,发动机怠速转速稳定,故障排除。

汽车数据流分析与案例精解

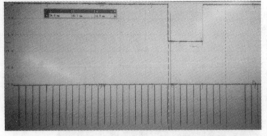

图 1-91　故障车发动机正时波形（截屏）

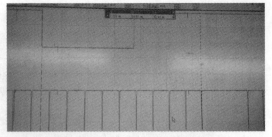

图 1-92　正常车发动机正时波形（截屏）

图 1-93　曲轴位置传感器信号盘发生扭转

案例 4：丰田 RAV4 车动力不足

故障现象　2013 年款丰田 RAV4 车，搭载自动挡变速器，车辆加速无力。

故障诊断与排除　接上检测仪读取车辆故障信息，系统正常。做常规检测，油压为 250～320kPa。更换火花塞，用内窥镜检测三元催化器，发现堵塞，接上检测仪获取车辆数据相关信息，如图 1-94 所示。

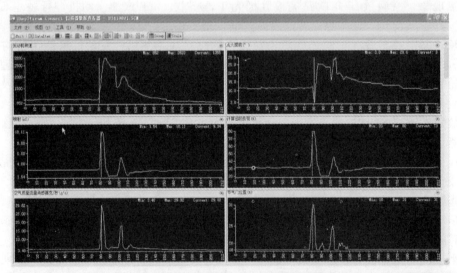

图 1-94　丰田 RAV4 车加速工况数据流

经过数据分析，发现在 80 帧左右喷油脉宽为 9.34ms，低于正常值（急加速正常值为 12ms），计算出的负荷为 76%，引起喷油脉宽低于正常值，负荷量增大的根本原因是进气量偏低。经过排查发现空气流量计脏污，清洁空气流量计后采集数据流，如图 1-95 所示，喷油脉宽明显增加，燃油修正值明显变小，故障彻底排除。

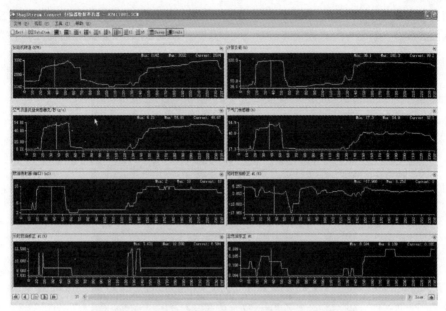

图 1-95　丰田 RAV4 车清洁空气流量计后的数据流

案例 5： 日产逍客车行驶中车辆耸动

故障现象　一辆 2012 年款日产逍客车，搭载 HR16 发动机、CVT 变速器。车辆在行驶过程中换挡不平稳，车辆耸动。

故障诊断与排除　根据故障现象读取车辆 CVT 变速器的故障信息，发现系统正常。做常规检测，更换 CVT 变速器专用油，清洗阀体、油路板，用检测仪做车辆 CVT 匹配，故障均未得到解决，接上检测仪获取车辆 CVT 变速器数据信息，如图 1-96 所示。

分析图 1-96 后发现发动机转速信号的波动引起车辆耸动，故障点来源于发动机，而非 CVT 变速器，进一步检测发动机发现火花塞有漏电现象，更换火花塞后故障排除。

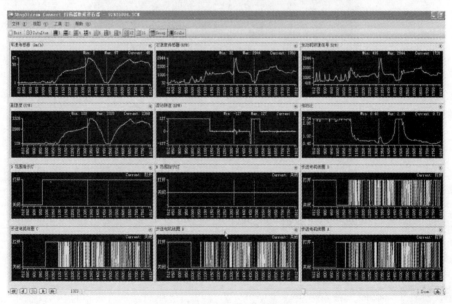

图 1-96　日产逍客数据流

案例6: 捷达车无法启动

一辆捷达车,无法启动,无故障码,在同一温度下,与正常车(图1-97)对比,发现故障车(图1-98)启动喷油脉宽为4ms,水温信号有较大波动,更换喷油器之后故障排除。

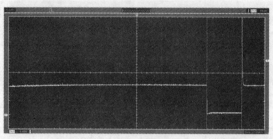

图1-97 喷油脉宽23.7ms

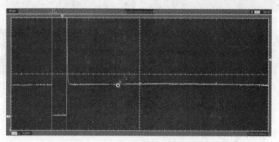

图1-98 喷油脉宽17.3ms

案例7: 宝来车加速不良

一辆宝来车加速不良,用氧传感器与空气流量计组合做急加速实验,发现混合气过稀,如图1-99所示。最后发现流量计有脏物,清洗后,故障排除,如图1-100所示。

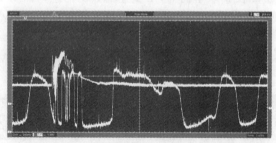

图1-99 氧传感器与空气流量计故障

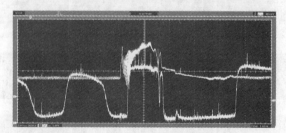

图1-100 氧传感器与空气流量计正常

案例8: 一辆微型车怠速高

此车在修理厂换过怠速电动机，依然未能排除故障。用电脑检测，无通信，检查有无漏气，最后用示波器测量怠速电动机信号（图 1-101），发现有一个控制线不工作，查找外围线路，最后更换发动机电脑，故障排除。

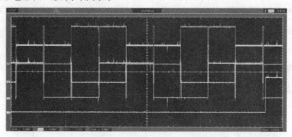

图 1-101　怠速电动机故障的波形

案例 9： 奥迪 A6 车机油油位报警

一辆奥迪 A6 车机油油位报警，用示波器采集油位信号，发现油位信号（图 1-102）不随温度变化，更换机油油位传感器后故障排除。

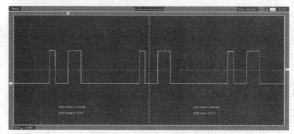

图 1-102　奥迪 A6 车机油油位传感器的波形

案例 10： 帕萨特 B5 车加速不良

一辆帕萨特 B5 车加速不良，换了很多原件依然未解决故障，用示波器测量信号，发现空气流量计信号波形异常（图 1-103），更换空气流量计后故障排除（图 1-104）。

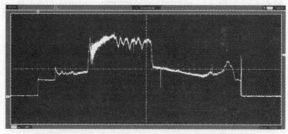

图 1-103　故障车空气流量计的波形

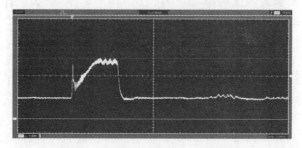

图 1-104　更换空气流量计后的波形

第二章
数据流的获取方式

第一节　用电脑通信方式获得汽车数据流

一、汽车数据流的获取过程

1. 汽车电子控制器内部的数据流

根据数据流的功能不同，控制器数据流大致可分为输入数据流、输出数据流和通信数据流三类，汽车电子控制器（ECU）内部的数据流如图 2-1 所示。

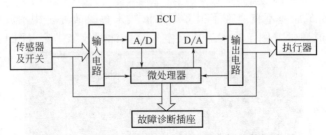

图 2-1　汽车电子控制器（ECU）内部的数据流

（1）控制器输入数据流　如图 2-2 所示，传感器及开关输入控制器的信号有脉冲式、模拟式和开关式等不同形式，这些信号均不能被计算机接收。脉冲与开关输入信号需要通过输入电路的信号处理，模拟信号需经模/数（A/D）转换，变为相应的二进制代码才能通过微处理器的输入/输出（I/O）接口输入到微处理器内部。

（2）控制器输出数据流　微处理器运行控制程序，并根据输入数据流进行计算与分析后，输出相应的控制信号。从微处理器输

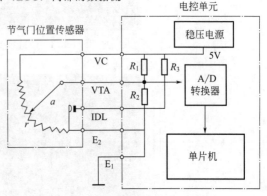

图 2-2　控制器输入数据流
（节气门位置和怠速开关信号输入）

出的各种控制信号是二进制代码，需经数/模（D/A）转换，或经译码器译码，转变为相应的控制脉冲或开关信号，再由相应的驱动电路控制执行器工作（图2-3）。

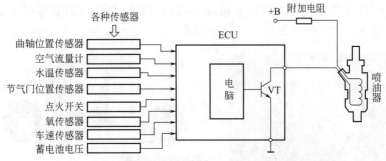

图 2-3　控制器输出数据流控制执行器（喷油器）工作

（3）控制器通信数据流　控制器通信数据流主要是指通过数据线以二进制代码的方式与外部进行通信的数据流。通信数据流有两种：一种是与其他汽车控制器的通信（如图2-4中发动机 ECU 与自动变速器 ECU 之间的通信），以实现各控制系统控制的协调性；另一种是通过故障诊断插座连接汽车故障诊断仪（图2-5），输出微处理器内部存储器所储存的性能参数、工作状态信息及故障信息。

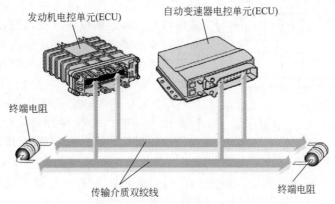

图 2-4　发动机 ECU 与自动变速器 ECU 之间的通信

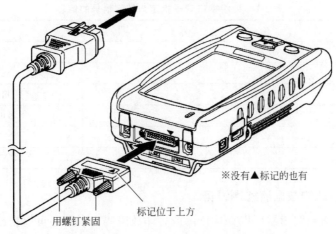

图 2-5　故障诊断仪 IT-Ⅱ与车辆间的通信

2. 电脑通信获取数据流方式

电脑通信方式获取数据流，就是用通用型或专用型汽车诊断仪通过连接汽车电子控制系统的故障诊断接口（图2-6），由数据通信线将微处理器内部的实时数据以串行的方式发送给汽车故障诊断仪，经解码后显示相应的数据流。

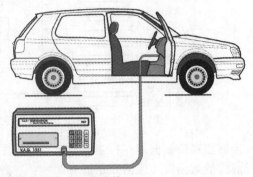

图 2-6　故障诊断接口及与车上的连接

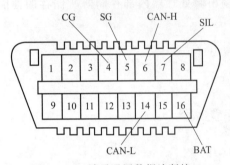

图 2-7　16 端子通用数据诊断接口

1993 年以前，不同的车系，其汽车电子控制系统的自诊断系统一般都自成体系，数据流输出接口（故障诊断插座）也不统一。因此，用于读取数据流的汽车故障诊断设备（故障阅读器、专用故障诊断等）适用的车种单一，这给汽车的故障诊断与维修带来不便。这种自诊断系统被称为第一代随车自诊断系统（OBD-Ⅰ）。美国汽车工程师学会（SAE）提出了新一代车载自诊断系统（OBD-Ⅱ）标准规范，并于 1993 年开始试行。OBD-Ⅱ采用统一的诊断模式，统一的 16 端子诊断插座（图2-7），这使汽车诊断设备硬件具有通用性成为可能，给汽车电控系统的故障诊断带来了很大的便利。诊断接口的某些端子，指定为特定的信号（表2-1），而其他端子则可让制造商使用，或在当前型号的车上尚未使用。因此，OBD-Ⅱ得到了世界各大汽车公司的响应，自 1996 年起 OBD-Ⅱ已得到了全面实施。

表 2-1　诊断接口端子指定为特定信号的信息

符号	端子	编号名称
SIL	7	总线"＋"
CG	4	底盘接地
SG	5	信号接地
BAT	16	蓄电池正极
CAN-H	6	CAN"高"线
CAN-L	14	CAN"低"线

3. 电脑通信方式的数据流检测设备

较早出现的故障码阅读器可以直接显示或打印故障码，有的还可以把故障码转换为相应的文字信息（解码）。通用性较强的故障码阅读器，可以通过换上不同的卡（图2-8）来适应不同的车系或同一车系不同年代生产的车型。

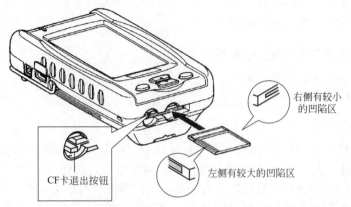

图 2-8　不同年代的车型可以换用不同的 CF 卡

现在，应用于汽车电子控制系统故障诊断的专用设备通常是由微处理器控制的，有台式和手持便携式两种，可适应多种车型，能检测汽车上不同的电子控制系统。这种具有多项功能的检测设备可通过设备上的按键来选择所要检测的系统和所要进行的项目。比如，车辆诊断系统 VAS 5053（图 2-9）外形小巧，适合在接车、修车和移动的场合使用。车辆诊断系统 VAS 5053有下述功能：车辆自诊断；OBD；故障导航；管理及应用。

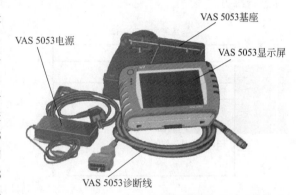

图 2-9　VAS 5053 的组成

注意： VAS 5053 软件的安装和升级必须通过 VAS 5051B、VAS 5052 或标准计算机及随带的 USB 电缆来完成。

值得注意的是，VAS 505X 系列通过数据总线诊断接口来进行诊断通信（图 2-10）。

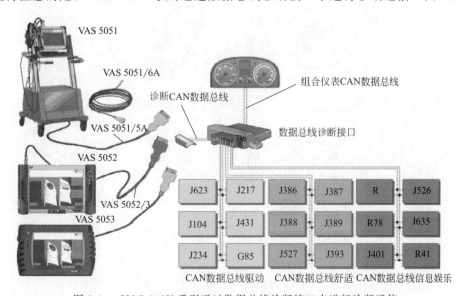

图 2-10　VAS 505X 系列通过数据总线诊断接口来进行诊断通信

VAS 5054A 是德国大众和奥迪公司为其特约服务站指定的必备汽车检测仪，其功能是其他任何诊断仪器都不能替代的。VAS 5054A 采用通用的诊断接口线，主要用于大众集团的车辆和来自其他工厂的汽车 OBD 系统。

二、电脑通信方式获取数据流示例

各种通用或专用汽车故障诊断仪，其具体功能的设置及操作过程会有所不同，现以通用车系 TECH2 汽车专用故障诊断仪为例，介绍电脑通信方式获取数据流的方法。

1. TECH2 的使用

（1）启用　TECH2 有一个特殊的应用程序称为"启用"。该应用程序是 TECH2 在交货后安装的唯一软件。图 2-11 显示的是 TECH2 在编程前后，位于标题栏屏幕之后的屏幕显示。TECH2 一旦完成编程，"启用"作为一条应用程序将显示在主菜单上。

"TECH2 特征"选项包括模拟检测数据，这样可以在没有车辆的情况下使用该检测工具进行练习。

编程前的TECH2	编程后的TECH2
启用菜单	主菜单
F0：工具控制	F0：诊断
F1：硬件	F1：维修编程
F2：TECH2特性	F2：查看已获取的数据
F3：TECH2编程	F3：工具选项
	F4：启用

编程

图 2-11　启用应用程序

（2）连接　使用 TECH2 时，必须进行正确的连接（图 2-12）。这些连接包括电源和

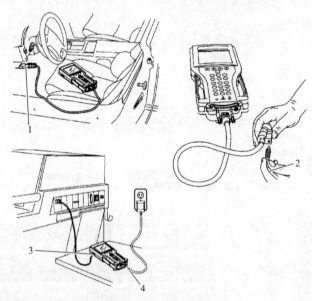

图 2-12　连接 TECH2

1—16 针 DLC 导线与车辆的连接；2—TECH2 DLC 插头上的电源插孔；
3—RS-232 通信导线连接；4—电源插孔［交流（AC）供电］

DLC，在装备第 2 代车载诊断仪（OBD-Ⅱ）的车辆上，只需将 DLC 导线与汽车直接连接即可为 TECH2 提供电源。对于未装备第 2 代车载诊断仪（non-OBD-Ⅱ）的车辆，或车外使用 TECH2 时，应使用另外的电源供电。车用电源连接也可来自点烟器适配器或蓄电池夹适配器。使用以上任何一种适配器时，均与 DLC 导线插头后面的插孔相连接。12V 适配器内有熔丝，用来保护 TECH2 导线。

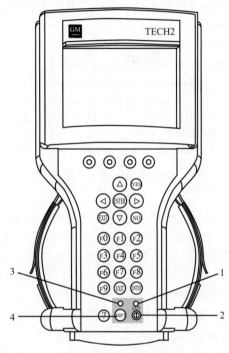

图 2-13　控制键位置
1—电源指示灯；2—电源开关键；
3—变换状态指示灯；4—变换键

不要使用 TECH2 110V 适配器，否则 TECH2 与车辆连接后，可能会出现数据错误；相反，在车外使用时，如与 Techline 终端相连接时，应使用 AC 电源适配器。为 Techline 终端提供的电源，并不适用于为 TECH2 提供电源。因此，在与 Techline 终端相连接时，不要使用点烟器适配器。TECH2 的正常工作电压为 8～20V，正常工作电流为 0.75A。使用正确的适配器，与车辆上的 DLC 相连接。

（3）在车辆上使用 TECH2　按电源开关键开机（图 2-13），绿灯显示该工具已接通电源，这时维修人员应看到通电自检测正在运行。

POST 用来诊断 TECH2 最常见的系统故障。它在每次接通电源时都要运行以确保工具的正常运转。自检运行完毕后，TECH2 将简要显示自检结果。自检通过后，工具进入到标题屏幕，使用者必须按"ENTER"（确定）键才能继续操作。如果自检未通过，检测结果将显示检测到的故障。

自检故障可分为严重的和非严重的两类。严重的故障不允许使用者继续使用该工具，而应打电话通知"Techline 用户支持中心"。键盘故障就是一个典型的严重故障。自检过程中发现的非严重故障将会限制 TECH2 的使用。这种情况下也应打电话以便排除故障。

2. 主菜单功能

如前面所提到的那样，本装置首次更新后，可得到显示的附加菜单选择条目，如图 2-14 所示。

（1）诊断　通常有动力系统、车身、底盘三个诊断项目。

① 动力系统项目包括发动机/变速箱的诊断功能（如读取发动机和变速箱数据参数的能力），控制某些输出（如电磁阀的操作）。

② 车身项目所包括的功能与动力系统项目近似。不过，就"车身"而言，其功能设

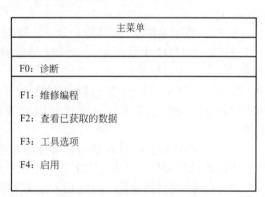

图 2-14　附加主菜单选择条目

计是为了支持某些系统的功能，如安全气囊辅助保护系统（SIR）、HVAC 和一些音响诊断。

③ 底盘项目包括的功能，除了与防抱死制动和牵引力控制有关的功能外，也与动力系统项目近似。

（2）车辆识别码（VIN） 所有依法出售的车辆都有车辆识别码。每辆车均有其专用的车辆识别码，因而这是识别车辆的一种可靠的方式。对于有效操作 TECH2 而言，VIN 中第 3、4、8 和 10 位数字等，是重要的车辆识别标志。

（3）诊断故障码（DTC） 每一个诊断应用项目均包括一个用于 DTC 的菜单选择条目。DTC 菜单选择条目可以供维修人员分析与被检测系统控制器相关的故障码信息。如图 2-15 所示的屏幕显示是诊断装备 OBD-Ⅱ 车辆时常见的屏幕显示例样。请注意，并不是在所有的车辆或系统中都可以看到所有的菜单选择条目。

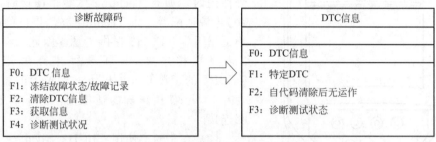

图 2-15 诊断故障码（DTC）信息

① F0：DTC 信息。该信息表示基于所显示状态的诊断故障码。每一个代码均有属于自己的一页信息。如果同时设置多个代码，必须逐页查看代码显示。

这里对每个诊断故障码（DTC）信息菜单选择条目做个简要解释。如果需要了解详细的解释，请参加 OBD-Ⅱ 培训课程。

F0：历史代码。显示作为有效故障储存在控制模块储存器中的 DTC。

F1：故障指示灯（MIL）需求。该项 DTC 的搜寻仅限于显示要求 MIL 打开的 DTC。

F2：最后检测未通过。该项 DTC 的搜寻仅限于显示最后检测运行时未通过的 DTC。

F3：清除代码后检测未通过。该显示的 DTC 为自上次自动或手动清除 DTC 后未能通过检测的 DTC。

F4：清除代码后不运行。显示自上次清除 DTC 后未运行的 DTC。未运行 DTC 的状态（通过或未通过）未知。

F5：本次点火未通过。该项 DTC 的搜寻显示，在当前点火循环过程中至少未通过一次的所有 DTC。

② F1：冻结故障状态/故障记录。冻结数据和故障记录仅限于装备 OBD-Ⅱ 的车辆，表示当设置一个 DTC 并储存在发动机控制器的储存器中时，对冻结数据和故障记录进行的快检。

③ F2：清除 DTC 信息。清除储存在发动机控制器中所有的 DTC 信息，包括冻结数据和故障记录。进行诊断时，通常比较明智的做法是在清除代码之前把信息储存在检测工具中。

④ F3：获取信息。从车辆中调取冻结数据/故障记录信息，并储存在 TECH2 中。该项菜单选择条目只能见于装备 OBD-Ⅱ 的车辆上。

⑤ F4：诊断测试状况。仅适用于装备 OBD-Ⅱ 的车辆。该选项显示所有的 DTC 的检测状况（图 2-16）。无论检测运行与否，无论是通过/未通过状态，它都显示 DTC 数码。

（4）数据显示 如图 2-17 所示为一个典型的数据显示。数据参数可拆分为许多数据表，因此使用维修手册确定哪些数据表将显示所需信息。

进行数据显示时，使用箭头键显示全部的数据参数表。挑选表单显示缩减为 23 个字符长度，为了能看到全部的正文显示内容，将光标选中需要了解的参数上并查看正文区的显示。

诊断测试状态	
DTC#	
P0101	不开动
P0102	不开动
P0103	不开动
P0121	不开动
P0130	不开动
P0477	不开动
P0478	不开动
P1445	不开动
P1610	通过及失败
MAF系统效能	

图 2-16　主菜单/诊断/动力系统/
DTC/诊断检测状况

发动机数据1		
氧传感器	××××××××	YYYYYYY
节气门位置传感器	××××××××	Volts
发动机运行时间	××××××××	Minutes
环路状态	Closed	
进气歧管绝对压力	××××××××	Volts
水温传感器	××××××××	Deg C
水温传感器	××××××××	Volts
怠速空气控制阀	××××××	Counts
选择项目	DTC	快检　　更多

图 2-17　主菜单/诊断/动力系统/数据显示/
发动机数据显示/发动机数据 1

　　进行数据显示时,可以在显示区内锁定 5 个参数。当显示滚动时,这 5 个锁定的参数将停留在屏幕上方。

　　锁定参数如下。

　　① 按压选择项目按键。

　　② 移动光标,从挑选表单中选择要锁定的条目,并按下 Enter(确定)键。

　　③ 所需要的锁定条目选定后,按压接受按键返回到数据显示。

　　④ 如变更锁定表单,选择选择项目按键,并再次选择参数,从而将其清除。

　　⑤ 使用 Clear All(全部清除)按键清除所有锁定参数,然后再按接受按键。

　　在数据显示功能中,使用者可以通过按压 DTC 按键直接从数据显示中显示代码。TECH2 可以让使用者在数据显示功能下进行快检。该操作通过选择快检按键来完成,快检从触发点开始。如果储存两组捕捉数据,它将记录完一组后再记录另一组。

　　通过选择更多按键,可获得附加的功能。单位按键允许在英制和公制单位之间转换。其他有用的功能是"前列表"和"下列表"按键。这些按键可以让使用者在所得到的数据条目之间转换,而不需退出并重新选择不同的表单。

　　(5) 工具选项　TECH2 主菜单最后一个选择条目是工具选项(图 2-18)。

　　① 设置时钟。对比度和单位等的选择将会为 TECH2 设置新的缺省值。TECH2 每次开机时将使用新缺省值。"设置时钟"的功能可以重新设置 TECH2 的日期和时间。如果在退出该项功能之前不按"设置时钟"按键,设置内容将不会被保存。

　　② 设置屏幕对比度。"设置屏幕对比度"可以改变屏幕的对比度,当关闭 TECH2 电源后仍将保持该对比度。根据 TECH2 屏幕指令设置对比度的缺省值。TECH2 每次单独重新供电后,对比度仍可能要设置。

　　③ 设置单位。"设置单位"菜单选择可以使维修人员将单位设置成英制或公制。

　　④ 自检。"自检测"可以使维修人员进行检测,以帮助诊断 TECH2 自身可能存在的故障。由于 TECH2 每次接通电源后进行自检测,通常不必使用"自检测"功能。如果发现故障,维修人员应到"自检测"菜单下查看结果。

工具选项
F0: 设置时钟
F1: 设置屏幕对比度
F2: 设置单位
F3: 自检
F4: 设置培训中心模式
F5: TECH2编程
F6: 设置通信解除方式
F7: 复制PCMCIA卡

图 2-18　主菜单/工具选项

⑤ 设置培训中心模式。"设置培训中心模式"是一项功能，仅用于通用汽车培训中心与 TECH2 相关的培训。

⑥ TECH2 编程。"TECH2 编程"可以使维修人员对 TECH2 诊断程序卡进行程序的更新。

⑦ 设置通信解除方式。"设置通信解除方式"可以使维修人员在没有车辆的情况下使用 TECH2 进行自学练习。

⑧ 复制 PCMCIA 卡。"复制 PCMCIA 卡"可以使维修人员方便地将一块 PCMCIA 卡中的程序复制到另外一块 PCMCIA 卡上去。

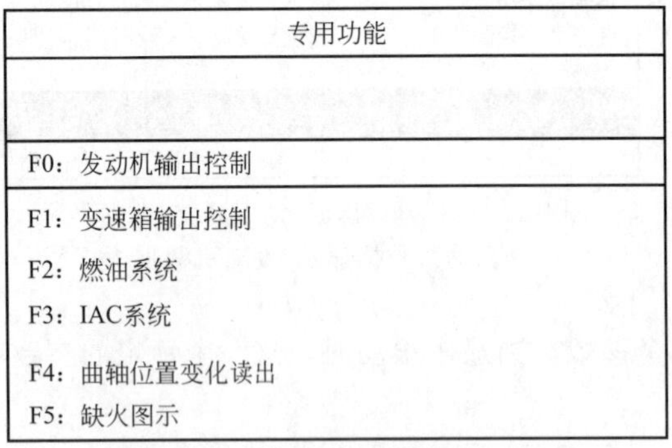

专用功能
F0: 发动机输出控制
F1: 变速箱输出控制
F2: 燃油系统
F3: IAC系统
F4: 曲轴位置变化读出
F5: 缺火图示

图 2-19　主菜单/诊断/动力
系统/特殊功能

3. 特殊功能

如图 2-19 所示，特殊功能菜单选项可以调取输出控制和其他特殊检测两类功能。其他特殊检测包括进行系统再设置（如换挡设定值），或执行防抱死制动系统自动排气程序等功能。

选定特殊功能后，对于已编程的车辆，将会显示一个检测表。其中一个检测项被选中后，所有与该检测有关的特定说明都将被显示。接下来显示带有按键的一系列数据参数，按键将控制特殊检测功能。

特殊检测功能可以控制电磁阀或其他装置，这些装置通常由车辆车载计算机控制。当维修人员给予电磁阀指令时，车辆计算机接受指令并执行该功能，而不管输入指示进行什么样的操作，这样有助于确定系统当前出现的故障位置在哪里。

（1）快检　如图 2-20 所示，快检是在进行捕捉数据时对控制器接收到信息进行记录。快检可用来分析与车辆症状有关的数据，这就可以使检测人员将注意力集中在故障发生时的状况上，而不必查看故障发生前的数据。

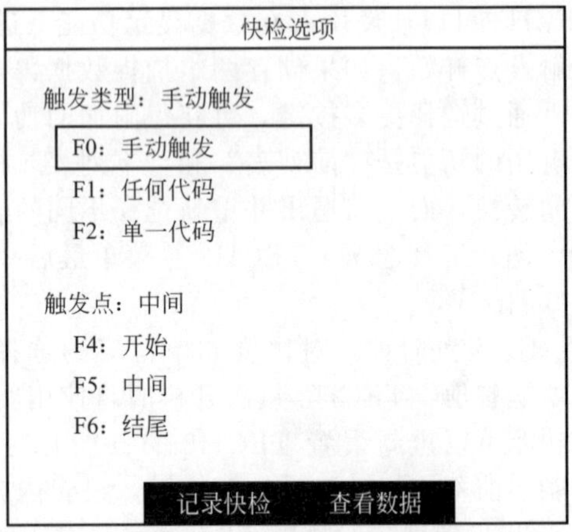

TECH2 可储存两组快检，用来对比不同的车辆状况。例如，可以对比热启动与冷启动，车辆的良好状况与不良状况。

快检数据储存在 PCMCIA 储存卡中，该卡不是无电源信息消失型。快检基于"先入先出"（FIFO）的原则进行储存，因此第三组快检覆盖第一组的快检数据，依次类推。

快检可以从快检菜单选择条目中进行或从数据显示按键选择条目中进行。

快检菜单选择条目选定后，可出现一些触发类型、触发点、数据收集速度设置的选择。

快检选项
触发类型: 手动触发
F0: 手动触发
F1: 任何代码
F2: 单一代码
触发点: 中间
F4: 开始
F5: 中间
F6: 结尾
记录快检　　查看数据

图 2-20　动力系统应用项目菜单/
快检/发动机快检/快检选项

（2）触发类型　触发类型选择决定着如何引起快检。快检对象可以从任何代码、单一代码、手动触发三项中选择。

任何代码模式将由第一个储存的 DTC 触发快检。只要 DTC 存在，触发总会发生。

单一代码模式将触发这样的快检，即当使用者储存特定的故障码时。

手动触发是当使用者按压按键触发快检时进行的一种模式。当使用任何代码或单一代码模式时也可以用手动触发。

（3）触发点　触发点是指触发事项在快检中数据的位置。这可以帮助使用者在快检过程中确定数据参数变化的位置。如图 2-21 所示，触发点可设置于开始、中间、结尾三个位置。

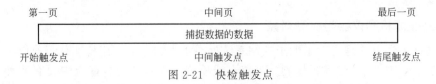

图 2-21　快检触发点

开始触发点可使 TECH2 从触发事项发生点位开始记录信息，并持续到快检储存区存满为止。这种选择对于希望捕捉的有关故障是可以推测的非常有帮助。

中间触发点是一个缺省值选择，并被普遍应用，因为它储存触发前后同等的时间范围的数据。这样可以进行触发事项发生前、发生中、发生后的数据比较。

如果想用触发事项停止快检可求助于结尾触发点，它适用于当发生故障时，维修人员忙于其他事情而想在发生故障后使快检停止。结尾触发点只包括快检触发前的信息。

（4）快检记录　确定选择后，选择记录快检。各选项均有一个相关的数据表，以此显示当前车辆存储的数据。数据表的操作控制与在数据显示菜单选择中一样。

如图 2-22 所示，TECH2 获取了捕捉的数据后，将显示快检为 0 范围。如果退出数据重现，可以进行另一组快检、退出，或重新显示以前保存的快检等操作。如果选定重现数据，可以从两组现有的快检记录中选择。以前记录的快检以从其显示的日期和时间上来识别。因此在 TECH2 中正确设置时钟，对于正确标识时间很重要。

重新显示快检时，使用正常的数据显示控制功能，从某一个特定的时间点查看数据。在不同的时间段查看数据时，必须使用按键。使用按键时，可得到许多移动功能。这种或一段一段地移动，或向前或向后移动的功能，是快检中移动的方法之一，"更多"按键给出如下的附加功能。

① 自动向前——逐页向前移动。

② 自动后退——逐页向后移动。

③ 标绘——用选定数据标绘图表。

如图 2-23 所示为快检标绘，可选定图表中所呈现的项目。图表中一次只能显示三条项目，在绘制部分移动时应使用按键。

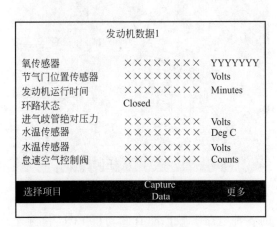

图 2-22　重现快检

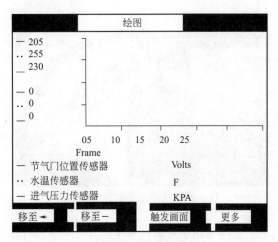

图 2-23　快检标绘

第二节　用电路在线检测方式获得汽车数据流

一、概述

1. 电路在线检测仪器与检测对象

电路在线检测方式是指汽车电子控制系统处在工作状态下，用检测仪器对电子控制单元（ECU）的输入与输出信号进行检测。电路在线检测方式获得的数据流主要有两种，一种是传感器流向 ECU 的数据流，另一种是 ECU 输送到执行器的数据流。

目前，电路在线检测方式所用检测仪器主要有汽车万用表和汽车示波器。在线检测方式检测的位置主要是 ECU 的输入（传感器信号与执行器反馈信号输入）端子和输出（控制执行器信号输出）端子；检测的对象是传感器及其电路、执行器及其电路、ECU 的输入与输出电路及 ECU 本身等。获得信号的形式主要有电压值、电流值、脉冲频率、脉冲幅值、占空比、波形等。在断电状态下，还可检测电阻、电容、温度、通断状态等参数。

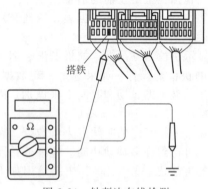

搭铁

图 2-24　针刺法在线检测

2. 电路在线检测方法

在线检测 ECU 输入与输出端信号，目前常用针刺和接线盒两种方法。针刺法所用检测仪表为尖形探针（图 2-24），从 ECU 插接器导线侧将表笔沿导线插入并与端子接触，即可测量该端子的电压值、脉冲频率、脉冲幅值、波形、电阻（断电时）等参数。

3. 适配器的使用

为方便在线检测 ECU 的输入与输出信号，一些汽车公司开发了适用于本公司车系各电子控制系统检测用的故障检测盒。例如，奥迪汽车公司为其轿车电子控制系统配备的适配器，就车检测总线系统时，一定要使用适配器。VAG1598/30（图 2-25）适用于检测驱动（动力）CAN 总线波形，VAG1598/11（图 2-26）适用于检测舒适和信息 CAN 总线波形。

图 2-25　适配器 VAG1598/30

图 2-26　适配器 VAG1598/11

适配器用于检测汽车 ECU 和连接部件端子的各种电路参数，配有发动机 ECU 检测连接线束。适配器使用方法：断开 ECU 插接器，将故障检测盒的连接线束的连接 ECU 插头与插座分别与 ECU 插接器的插座（ECU 侧）和插头（线束侧）相连，再将连接线束另一端插头连接检测盒，就可使检测盒的各个插孔与 ECU 的各个端子相连接，通过检测盒上相应的插孔就可直接检测 ECU 和连接部件的电压、电阻等参数，无需拔开计算机插接器罩盖或断开被测件插接器，可直接测量有关的端子，使检测变得方便和快捷。

要检测自动变速器、ABS 等其他电子控制系统电路参数，只需连接与之匹配的连接线束即可。

二、汽车万用表检测获取数据流

1. 汽车万用表的使用

汽车万用表与普通指针式万用表相比，读数直观、方便，通过液晶显示器可直接读出被测量的数值，而且还具有测量精度高、测量范围宽、输入阻抗大、全功能过载保护电路等优点，因此其使用已越来越普及，成为常用的测量仪表。

图 2-27　多一 DY2201 型汽车万用表

汽车万用表是在直流数字电压表的基础上扩展而成的，主要由模拟量/数字量（A/D）转换器、计数器、译码显示器和控制器等组成。多一 DY2201 型汽车万用表的外形及面板分布如图 2-27 所示。面板上装有液晶显示屏、电源开关、转换开关、输入插孔、温度插孔、晶体管插孔和数据保持键等操作装置。

（1）电源开关和显示屏

① 数字式万用表设有电源开关，控制万用表的电源状态，有"ON"和"OFF"两种状态。使用时将开关置于"ON"状态，以接通电源；使用完毕置于"OFF"状态，关闭电源。

② 接通电源后，显示屏应有数字显示，如果没有或有数字显示同时显示"[＋ －]"符号，则说明表内电池电压已不足，应予以更换。测量时，对四位半数字式万用表，显示屏最大显示值为 19999 或－19999，对三位半数字式万用表，最大显示值为 1999 或－1999。当被测量超过最大显示值，则显示屏显示数字"1"，表示过量程或溢出，此时应换用更高量程进行测量。过量程符号"1"还会出现在其他场合，如在测电阻时，若表笔开路，则显示屏也会显示"1"；又如，测二极管反向状态时，也会显示过量程符号，表示反向电阻很高。因此，测量时应注意区分，不能混淆。有时显示值中带负号"－"，这表示表笔的极性与被测点的极性相反。有时显示值中带有小数点，读数时必须注意。另外读数时，要等到显示值稳定后才能读取。如果显示值一直不能稳定，则读取平均值或者最大值。

图 2-28　转换开关和插孔区域

（2）转换开关　与指针式万用表一样，首先是选择挡位和量程。如图 2-28 所示，测量之前，将转换开关拨到合适的挡位和量程上。因为数字式万用表有测量保护装置，因此测量时可转动开关转换量程。

（3）插孔

① 如图 2-28 所示，数字式万用表在面板的最下方布置了四个输入插孔。其中"COM"是公共插孔，

作为各种测量的公共端使用；"VΩ"孔用于电压和电阻的测量；"mA"和"20A"分别用于小于2A和小于20A电流的测量。测量时，"COM"孔插入黑表笔，其他孔插入红表笔，不能用错。

② 如图2-28所示，为了测出晶体管的β值，面板上设有"NPN"和"PNP"插孔，测量时，转换开关转到h_{FE}挡，将晶体管三个电极分别插入对应的E、B、C插孔中，显示屏的读数即为β值。这个β是近似值，不是精确值，故该值在判断晶体管性能时，只起参考作用。

（4）数据保持"DATA HOLD"键　在测量过程中，若看不清屏幕，无法读数时，可以锁定显示。这时只要按数据保持"DATA HOLD"键（图2-27）即可。

2. 汽车万用表的测量

（1）各种参数的测量

① 直流电压（DCV）和交流电压（ACV）的测量。电源开关置于"ON"位置，测直流电压时，应将量程开关拨至DCV合适量程；测交流电压时，将量程开关拨至ACV合适量程，红表笔插入V/Ω孔，黑表笔插入COM孔，并将测试笔连接到测试电源或负载上，读数即显示测量值。若被测电压超过所选挡位量程，则显示器显示过量程"1"，此时应将挡位改为高一挡量程，直至显示正常的数值。在测量直流电压时，汽车万用表能自动显示极性。在测量仪器仪表的交流电压时，应当用黑表笔去接触被测电压的低电位端（如信号发生器的公共端或机壳），以消除仪表对地分布电容的影响，减小测量误差。

② 直流电流（DCA）和交流电流（ACA）的测量。将量程开关拨至DCA或ACA的合适量程，红表笔插入mA孔或20A孔，黑表笔插入COM孔，并通过表笔将万用表串联在被测电路中即可。在测量直流电流时，汽车万用表能自动显示极性。

③ 电阻的测量。将量程开关拨至Ω（欧姆）的合适量程，红表笔插入V/Ω孔，黑表笔插入COM孔。如果被测电阻超出所选择量程的最大值，万用表将显示过量程"1"，这时应选择更高的量程。对于大于1MΩ的电阻，要几秒钟后读数才能稳定，这是正常的。当检查电路中的电阻时，应先切断被测线路的电源，并将所有电容放电。

图2-29　二极管挡、通断挡

④ 二极管的测量。如图2-29所示，将量程开关拨至"▸⊢"挡，将黑表笔插入COM插孔，红表笔插入V/Ω插孔（注意红表笔极性为正）。测量时，万用表将显示二极管的正向压降。通常好的硅二极管正向压降显示值为0.4～0.7V，好的锗二极管正向压降显示值为0.15～0.30V，若被测二极管是坏的，将显示"000"（短路）或"1"（开路）。进行反向检查时，如果被测二极管是好的，将显示过量程"1"；若损坏，将显示"000"或其他值。

注意：汽车万用表电阻挡所能提供的测试电流很小。因此，对二极管、三极管等非线性元件，通常不测正向电阻而测正向压降。

⑤ 电路通断测量。该量程还可以利用蜂鸣器做连续检查，如果所测电路的电阻在30Ω以下，表内的蜂鸣器有声响，表示电路导通。

应该注意的是，在汽车电器及电子控制系统中测量同一导线两端间的通断时，不建议使用此挡位，因为只要是30Ω以下的电阻，其蜂鸣器便会鸣响，使人误认为此导线导通良好。

汽车电子控制系统中一般要求其导线的电阻小于 $0.5\sim1.5\Omega$。为避免出现这样的情况，测量同一根导线的通断时，一般使用万用表的 200Ω 挡，测量时能够直接显示出所测导线的电阻值。

⑥ 三极管放大倍数 h_{FE} 的测量。将量程开关拨至 "h_{FE}" 挡，根据被测三极管的类型，将其插入 NPN 型或 PNP 型对应的插口中，这时显示器上将显示 h_{FE} 的近似值。应该注意的是，使用 h_{FE} 插口测量晶体三极管时，由于测试电压较低，向被测管提供的基极电流很小，集电极电流也很小，使被测管在低电压、小电流状态下工作，测出的 h_{FE} 仅供参考。

（2）汽车万用表使用注意事项

① 如果预先无法估计被测电压或电流大小，则应先拨至最高量程挡测量一次，再视情况逐渐把量程减小到合适位置。测量完毕，应将量程开关拨到最高电压挡，并关闭电源。

② 测量电压时，应将汽车万用表与被测电路并联，汽车万用表具有自动转换功能，测直流电压时不必考虑正、负极性。但是，如果误用交流电压挡去测量直流电压，或误用直流电压挡去测量交流电压，将显示 "000"，或在低位上出现跳数。测试表笔插孔旁边的 "⚠" 符号，表示输入电压或电流不应超过指示值，这是为了保护内部线路免受损伤。

③ 严禁在测高电压（220V 以上）或大电流（0.5A 以上）时拨动量程开关，以防止产生电弧，烧毁开关触点。

④ 汽车万用表本身具有自动调零功能，在使用时不需手工调零。

3. 汽车万用表的使用方法及检查电控系统的注意事项

如图 2-30 所示，汽车万用表主要由 4 位数字及模拟量显示器、功能按钮、测试项目选择开关、温度测量座孔、公用座孔（用于测量电压、电阻、频率、闭合角、频宽比和转速等）、公共接地座孔、电流测量座孔等构成。另外，为了实现某些功能，例如测量温度、转速等，汽车万用表还配有一些配套件，如热电偶适配器、热电偶探头、电感式拾取器以及 AC/DC 感应式电流夹钳（5～2000A 等）。

（1）汽车万用表的使用方法

① 信号频率测试。测试项目选择开关置于频率（Freq）挡，黑线（自汽车万用表搭铁座孔引出）搭铁，红线（自汽车万用表公用座孔引出）接被测信号线，显示屏即显示被测频率。

② 温度检测。测试项目选择开关置于温度（Temp）挡，按下功能按钮（℃/℉），将黑线搭铁，探针线插头端插入汽车万用表温度测量座孔，探针端接触被测物体，显示屏即显示被测温度。

③ 点火线圈一次侧电路闭合角检测。测试项目选择开关置于闭合角（Dwell）挡，黑线搭铁，红线接点火线圈负接线柱，发动机运转，显示屏即显示点火线圈一次侧电路闭合角。

④ 频宽比测量。测试项目选择开关置于频宽比（Duty Cycle）挡，红线接电路信号，黑线搭铁，发动机运转，显示屏即显示脉冲信号的频宽比。

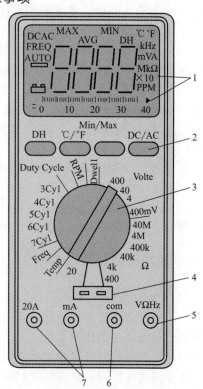

图 2-30 汽车数字式万用表

1—4 位数字及模拟量（棒形图）显示器；
2—功能按钮；3—测试项目（功能）选择开关；
4—温度测量座孔；5—测量电压、电阻、频率、
闭合角、频宽比（占空比）及转速的公用座孔；
6—公共接地座孔；7—电流测量座孔

⑤ 转速测量。测试项目选择开关置于转速（RPM）挡，转速测量专用插头插入搭铁座孔与公用座孔中，感应式转速传感器（汽车万用表附件）夹在某一缸高压点火线上，在发动机工作时，显示屏即显示发动机转速。

⑥ 起动机启动电流测量。测试项目选择开关置于"400mV"挡（1mV相当于1A的电流，即用测量电流传感器电压的方法来测量起动机启动电流），把霍尔式电流传感夹夹到蓄电池电源线上，其引线插头插入电流测量座孔，按下最小/最大功能按钮，然后拆下点火高压线，用起动机转动曲轴2～3s，显示屏即显示启动电流。

⑦ 氧传感器测试。拆下氧传感器线束连接器，将测试项目选择开关置于"4V"挡，按下DC功能按钮，使显示屏显示"DC"，再按下最小/最大功能按钮，将黑线搭铁，红线与氧传感器相连；然后以快怠速（2000r/min）运转发动机，使氧传感器工作温度达360℃以上。此时，如可燃混合气浓，则氧传感器输出电压约为0.8V；如可燃混合气稀，则氧传感器输出电压为0.1～0.2V。当氧传感器工作温度低于360℃时（发动机处于开环工作状态），氧传感器无电压输出。

（2）汽车万用表检查电控系统的注意事项

① 除在测试过程中特殊指明者外，不能用指针式万用表测试ECU和传感器，应使用高阻抗数字式万用表，万用表内阻应不低于10MΩ。

② 首先检查熔丝、易熔线和接线端子的状况，在排除这些地方的故障后再用万用表进行检查。

③ 在测量电压时，点火开关应接通（ON），蓄电池电压应不低于11V。

④ 测量电阻时要在垂直和水平方向轻轻摇动导线，以提高准确性。

⑤ 检查线路断路故障时，应先脱开ECU和相应传感器的连接器，然后测量连接器相应端子间的电阻，以确定是否有断路或接触不良故障。

⑥ 检查线路搭铁短路故障时，应拆开线路两端的连接器，然后测量连接器被测端子与车身（搭铁）之间的电阻值。电阻值大于1MΩ为无故障。

⑦ 在拆卸发动机电子控制系统线路之前，应首先切断电源，即将点火开关断开（OFF），拆下蓄电池极柱上的接线。

⑧ 测量电子控制器各个端子的电阻时，不要直接用普通万用表的电阻挡测量，尤其要注意不要将较高电压引入电子控制器内部，以免损坏电子控制器内部的元件。

⑨ 所有传感器、继电器等装置都是和ECU连接的，而ECU又通过导线和执行部件连接，所以在检查故障时，可以在ECU连接器的相应端子上进行测试。

三、示波器检测获取数据流

1. 汽车示波器的特点

汽车电子语言的基本是脉冲，或者说是随时间变化的电子，并且主要是指电压在振幅上的变化。示波器是功能强大的工具，它可以翻译并帮助维修人员理解汽车的"电子语言"，随着时间的变化，电压振幅也在变化。示波器可将这种随着时间变化的电压显示在屏幕上，形成形象的曲线图形，也就是我们说的波形。这些电压波形蕴涵着车辆的故障信息，反映着影响车辆系统运行状态的电器电路工作是否正常。

诊断汽车的故障时，动力控制模块指挥着发动机正常运行，每个缸的工作都井然有序，但发生故障时运行平稳的发动机开始抖动起来，是什么原因呢？从诸多的可能性当中，如何找到问题呢？需要了解汽车电子控制电路的工作原理。电子在电路中流动，这些电路有许多逻辑电路或电子元器件用来调节电子的流动，每一个逻辑电路都由一个内部的时序电路来调节，这样电子以准确的时间间隔在电路中流动，所需的时间间隔由逻辑电路和微处理器中的操作程序控制。

示波器能显示电路中电子运动的轨迹，其方法是将电压随时间的变化以曲线的方式显示出来，所显示的电压大小取决于电路中的电流和电阻，如果维修人员在示波器上看到随时间变化的电压，就可以判断出电路到底出了什么问题。要使示波器发挥出最大的功效，就需将采集到的波形组合进行分析，若想确切地诊断出故障的原因，就需要将所采集到的波形进行对比，也就是说维修人员必须找出哪里首先出现了故障，才会引起最终的故障。

2. 汽车示波器检测示例

（1）检测周期性脉冲信号　对于呈周期性变化的脉冲信号，示波器通过显示其波形，可获得被测信号的幅值、脉宽、频率、相位、占空比、形状等相关信息。根据所测得的脉冲信号，可分析与判断被测对象的性能状态。

① 检测周期信号的幅值。根据示波器所显示波形的幅值获取被测对象的状态信息。例如，检测磁感应式转速与曲轴传感器的电压波形（图2-31），根据电压波形的幅值分析其性能好坏。正常情况下，发动机启动转速时的波形幅值一般不低于0.5V，随发动机转速的升高，电压幅值应随之增大。

图2-31　磁感应式传感器信号电压波形

② 检测周期信号的脉宽。图2-32所示的是用示波器从喷油器控制端测得的电压脉冲，根据该电压波形脉宽可获得喷油器的喷油时间信息。

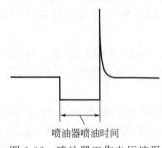

图2-32　喷油器工作电压波形

③ 检测脉冲信号的频率。从示波器显示的周期信号电压波形中，可获得周期参数，周期的倒数即为信号的频率。涡旋式空气流量传感器、各转速传感器等均以信号的频率高低来反映空气流量的大小和转速的高低。

④ 检测周期信号的相位。有些检测需要从示波器显示的电压波形中获取相位信息。例如，通过检测点火线圈控制端的点火电压脉冲，并与曲轴位置传感器的信号电压脉冲进行比较，就可获取当前的点火提前角参数。

⑤ 检测周期信号的占空比。汽车电子控制系统中，转动式怠速控制电磁阀、变速器油压调节电磁阀、变矩器锁止电磁阀、脉动式怠速控制阀等均通过占空比信号对其进行控制（图2-33）。因此，检测这些执行器及电子控制器的工作情况，可用示波器检测相应的控制信号电压波形，通过周期信号的脉宽与周期比即可得到所需的占空比参数（图2-34）。

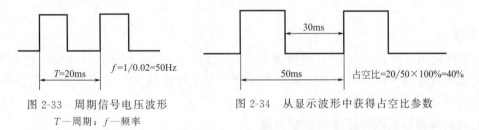

图2-33　周期信号电压波形　　　　图2-34　从显示波形中获得占空比参数
　　　　 T—周期；f—频率

（2）检测非周期变化信号　非周期变化波形有两种类型：一种是呈非周期变化的脉冲信

号，例如，氧传感器和爆震传感器的信号电压就属于非周期变化的脉冲信号；另一种是在被测对象的某个工作状态改变时产生的信号电压波形，该电压波形反映了被测参数的瞬间变化过程，例如，进气管压力传感器和节气门位置传感器在加、减速时的信号电压波形。

① 检测非周期变化的脉冲信号。检测爆震传感器信号端子的电压波形（图 2-35），可根据电压波形的幅值与频率获得发动机是否产生爆震的信息。

② 检测瞬间变化的信号。加减速时进气压力传感器的信号电压波形如图 2-36 所示。根据所测信号电压波形与标准电压波形比较，即可准确判断传感器及电路是否有故障。

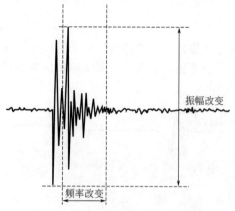

图 2-35 爆震传感器信号电压波形

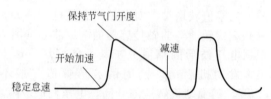

图 2-36 加减速时进气压力传感器的信号电压波形

例如，信号电压波形出现了断点和杂波，说明传感器内部电路或连接线路有接触不良之处；又如，在加速和减速时传感器信号波形始终为一条直线，或信号电压过高或过低，则说明传感器电源、传感器本身或传感器真空管等有异常。

（3）检测稳定或变化缓慢信号 对于在一段时间内不变或变化缓慢的 ECU 输入或输出信号，示波器检测到的是一条水平直线。从水平直线波形的高度可获得被测信号的电压值，从直线波形有无缺损和杂波则可诊断被测对象及电路是否有故障。

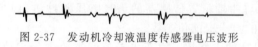

图 2-37 发动机冷却液温度传感器电压波形

如图 2-37 所示为发动机冷却液温度传感器电压波形，可以看到有杂波出现，说明传感器搭铁不良或传感器线路连接点有接触不良之处。当发动机温度变化时，水平直线波的高度应该有相应的改变，否则说明传感器性能不良。

第三节　元器件模拟方式获取汽车数据流

一、概述

元器件模拟式测量是用信号模拟器替代传感器，产生相关的信号并输入控制电脑，通过对电子控制器（ECU）的响应参数进行测量和分析比较，以获取实测对象正常与否的信息。

1. 元器件模拟的测量环境与检测对象

通常在如下情况需要采用元器件模拟方式获取汽车数据流。

（1）被控对象因故障而不工作时 被测的电子控制系统因故障不工作，但又需要获取相关动态数据流时，就需要用模拟传感器信号的方法。例如，在发动机因故障不能启动的情况下，要检测喷油器喷油电压波形或点火控制信号时，就需要将发动机转速与曲轴位置传感器等相关的模拟信号输入控制电脑来完成检测。

（2）检测环境使电子控制系统不能工作时　在一些检测环境下，电子控制系统不能工作，但又需要检测其动态响应参数时，也需要通过模拟传感器信号的方式来模拟电子控制系统的工作状态。例如，在车辆停驶状态下检测防抱死制动系统（ABS）执行器的动态响应参数时，就需要通过模拟传感器信号的方式来模拟汽车制动环境。

（3）传感器性能不良或损坏时　与电子控制系统动态检测参数相关的传感器损坏，但又需要进行与该传感器信号相关的动态检测时，就需要通过元器件模拟器来输入传感器的模拟信号。例如，在氧传感器信号不良的情况下，检测燃油喷射闭环控制是否正常，则需要通过模拟电路在发动机 ECU 的氧传感器的信号输入端子施加高电平（0.8～1.0V）来模拟混合气过浓状态，输入低电平（0.0～0.3V）来模拟混合气过稀状态。

（4）需要模拟发动机特定工作状态时　工作中的发动机状态不能人为地简单控制，但需要检测发动机特定工作状态下的动态响应参数时，也要用到元器件模拟方法。例如，用模拟器产生爆震传感器信号，以检测点火控制动态响应情况。

2. 元器件模拟方式与测量仪器

（1）元器件模拟信号的方式　元器件模拟有单路信号模拟和同步信号模拟两种。单路信号模拟只输出一个传感器模拟信号，同步信号模拟则同时输出两个或两个以上的传感器模拟信号。

（2）元器件模拟器的电路形式　元器件模拟器有模拟电路和数字电路两种。模拟电路信号发生器用晶体管、集成电路、电阻、电容等电子元器件组成的振荡电路产生各种波形、不同频率的脉冲信号；数字电路信号发生器用单片机作信号发生器的硬件，通过编程实现各种波形、不同频率的脉冲信号。

（3）元器件模拟器的结构形式　有专用的信号发生器用作元器件模拟信号源，一些专用汽车故障诊断仪具有模拟测试功能，其内部设置了传感器信号模拟功能电路，可以向被测汽车 ECU 输出所需的单路或多路模拟信号。

（4）元器件模拟方式数据流检测仪器　元器件模拟方式获取汽车数据流可以采用专用或通用汽车故障诊断仪，也可以采用汽车万用表或汽车示波器。

二、单路信号模拟器

单路信号模拟器只有一个通道，在元器件模拟检测过程中信号发生器只能输出一路信号，模拟一个传感器的动态变化信号。单路信号模拟器可模拟节气门位置传感器、压敏电阻式进气压力传感器、各种热敏电阻式温度传感器等传感器的信号，输出的是连续可变的电压信号（图 2-38）。为了能模拟此类传感器不同的状态，信号模拟器输出的可变信号电压范围通常为 0～15V。单路信号模拟器也可模拟车速传感器、涡旋式空气流量传感器等产生脉冲信号的传感器，通常要求单路信号模拟器能输出不同的波形和频率，信号频率范围通常为 0～10Hz（图 2-39）。

单路信号模拟器应用于只需模拟单个传感器信号的数据流检测。通过检测与该传感器信号相关的被测对象状态数据流，可分析该传感器及其信号处理电路是否正常；通过检测与该传感器信号相关的控制系统输出响应数据流，可分析控制系统的工作情况，分析与判断控制系统工作不正常的可能原因或故障的具体部位。

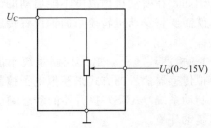

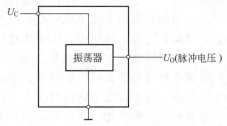

图 2-38　连续变化信号模拟电路示意图　　　　图 2-39　脉冲信号模拟电路示意图

三、同步信号模拟器

同步信号模拟器具有两个以上的通道，可以同时模拟两个及两个以上的传感器信号。同步信号模拟器用于需要有两个或两个以上传感器信号输入的检测环境。例如，发动机转速与曲轴位置这两个脉冲信号为同步信号，控制器需要根据这两个同步信号来计算发动机的转速，判断曲轴的位置，确定点火和喷油时间。这两个信号就需要用同步信号模拟器输出的两个同步电压脉冲来模拟。发动机转速与曲轴位置传感器模拟信号如图 2-40 所示。

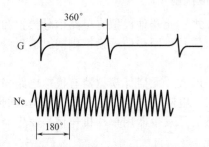

图 2-40　发动机转速与曲轴位置传感器模拟信号
G—曲轴位置模拟信号；Ne—发动机转速模拟信号

用同步信号模拟器模拟传感器信号，通过检测与模拟传感器信号相关的被测对象状态数据流，用对比方式比较传感器品质的好坏；检测控制系统输出响应数据流，通过分析电子控制系统的响应数据参数，可判断控制系统的工作状态，分析可能的故障原因或可能的故障部位。

第三章
汽车数据流的分析方法

第一节 常用汽车数据流的分析方法

汽车数据流的表现形式不同，其分析方法也有所不同。常用的数据分析方法有数值分析法、时间分析法、因果分析法、关联分析法及比较分析法等。

一、数值分析法

数值分析法是对所获取的数据流数值变化规律和数值变化范围进行分析，通过测得的数值与正常情况的标准值进行比较，得到被测对象正常与否的数据流分析方法。

汽车电子控制系统在工作过程中，电子控制器（ECU）对传感器的输入信号进行分析与处理，并向各执行器发出控制指令，使被控对象工作在设定目标范围。闭环控制还将被控对象的工作状态信息通过相关传感器反馈给 ECU，ECU 根据相应传感器的反馈信号对控制信号再加以修正。在这些输入与输出信号中，一些信号以数据大小反映被控对象的工况与状态。因此，用诊断仪器读取这些信号参数后，需要通过所测得的数据流的数值来分析被控对象的状态和系统的工作情况。下面举几个实例来说明数值分析法。

1. 利用系统的电压值分析故障

正常情况下，未启动发动机时，系统的电压为蓄电池电压，发动机启动后应等于该车充电系统的电压。如果测得的系统电压数值不正常，则表示充电系统有故障。有些汽车的充电系统受发动机 ECU 控制，若发动机启动后的系统电压不正常，也有可能是发动机控制系统出现了故障。

2. 利用发动机转速信号的数值分析故障

起动机转速正常，但发动机不能启动，通过读取发动机的转速信号（正常转速数据为 $150 \sim 300 \text{r/min}$），如果数据很小或接近于零，则说明是转速信号过弱引起发动机不能启动。因为发动机转速信号是发动机控制系统进行点火控制和喷油控制必不可少的信号，如果发动机的转速参数过小，ECU 则不能进行正常的点火和喷油控制，发动机也就不能启动。

3. 利用发动机温度参数值分析故障

有些汽车发动机的冷却风扇由发动机 ECU 控制，ECU 根据发动机冷却液温度传感器的电压信号来判断发动机冷却液温度，当温度达到极限值时 ECU 输出控制信号，通过控制风扇继电器使风扇工作。例如，一辆本田雅阁 2.3 轿车，发动机启动不久，发动机温度还未达到正常工作温度时冷却风扇就开始工作，这说明冷却风扇控制不正常。连接故障诊断仪，未能读取故障信息；读取数据流，发动机冷却液温度是 112℃，而该车发动机电动风扇的工作温度为 91～95℃（开关 A 低速挡）和 103～109℃（开关 B 高速挡）。分析发动机冷却液温度数据流的数值和冷却风扇能转动的实际情况，可以确定 ECU 对冷却风扇的控制及控制电路电路正常，问题出在 ECU 得到的温度信号不正确。温度信号不正常的可能原因是冷却液温度传感器、线束接头或 ECU 内部的输出信号处理电路等有异常。经检查发现，冷却液温度传感器的阻值不正确，更换后一切正常。

二、时间分析法

时间分析法是通过对所获取的数据流数值随时间的变化进行分析，从中得到被测对象正常与否的数据流分析方法。

进行数据流分析时，某些数据参数不仅要考虑其数值大小，而且需要看其工作时限是否超越正常的范围。时限是指在一定单位时间内应发生的次数，或应达到的状态。通过工作时限判断是否有故障的传感器主要有冷却液温度传感器、发动机爆震传感器和氧传感器等。

1. 冷却液温度传感器

正常情况下，发动机启动后几分钟，冷却液温度就可以达到正常的工作温度。如果发动机启动 10min 后，发动机电子控制器检测到的冷却液温度还未达到 60℃，ECU 就会诊断为冷却液温传感器有故障，并储存故障码。

2. 发动机爆震传感器

迅速踩下加速踏板，在发动机转速为 1500～4500r/min 时，发动机电子控制器至少应收到爆震传感器 2 次大于或等于 3kHz 的信号。如果 ECU 未能接收到应有的信号，就会认为爆震传感器可能有故障，并储存故障码。如果没能及时给出故障码，需运用数据流分析，判断传感器的信号是否过弱。

3. 氧传感器

氧传感器的信号不仅要求有信号电压值的变化，而且信号电压值的变化频率在一定时间内要超过一定的次数（如某些车要求大于 6～10 次/10s），当小于此值时，就会产生故障码，表示氧传感器响应过慢。如果氧传感器信号电压变化的频率在限定值内，但反应较迟缓时，并不会产生故障码。此时，应接上汽车故障诊断仪观察氧传感器数据的变化状态以判断传感器的好坏。对采用催化转化器前后均有氧传感器的，前后氧传感器的信号变化频率是不一样的。通常后氧传感器的信号变化频率至少应低于前氧传感器的一半，否则可能是催化转化效率已降低了。

三、因果分析法

因果分析法是对相互联系（有因果关系）的数据间响应情况和响应速度的分析，从中获得被测对象状态和故障信息。汽车电子控制系统在控制过程中，许多参数具有因果关系。氧传感器的混合气过浓或过稀信号输入 ECU，必然会使 ECU 输出的喷油脉冲信号有所改变。ECU 根据一个输入对应一个输出，当某个控制过程出现异常时，将这些有因果关系的输入与输出参数连贯起来观察，就可以分析与判断控制系统的故障出现在何处。

1. 废气再循环（EGR）控制系统的因果分析

对于降低氮氧化物（NO_x）排放的废气再循环（EGR）控制系统，ECU 根据发动机转速传感器、进气流量传感器（或进气压力传感器）、发动机温度传感器、节气门位置传感器等确定是否废气再循环及再循环流量，输出相应的控制信号控制 EGR 电磁阀工作，并根据 EGR 位置传感器的反馈信号来判断 EGR 阀的工作状态。当出现 EGR 系统未工作的故障码时，可在相应工况（非禁止废气循环工况）下检查 ECU 输出的 EGR 电磁阀控制信号和 EGR 位置传感器的反馈信号。如果 ECU 无控制信号输出，可能是反映发动机工况与状态的相关传感器有故障，或是 ECU 本身有故障；如果 ECU 输出的 EGR 电磁阀控制信号变化正常，而 EGR 位置传感器反馈信号值没有变化，则可能是 EGR 位置传感器、传感器线路或 EGR 阀（包括废气通道）有问题。

判别 EGR 阀本身和废气通道有无问题，可在发动机怠速运转的情况下，直接将一定的真空施加于 EGR 阀上，使 EGR 阀打开。如果这时发动机出现明显的抖动或熄火，说明 EGR 阀本身和废气循环通道无问题，可能是 EGR 位置传感器及线路或 ECU 有故障；如果无明显抖动，则可能是 EGR 阀或废气循环通道有异常。

2. 自动空调系统的因果分析

在自动空调系统中，当按下空调开关（A/C）时，该开关并不是直接接通空调压缩机电磁离合器，而是将该开关信号作为空调制冷请求信号发送给发动机 ECU。ECU 接收到此信号后，检查是否满足设定的条件，若满足，就会向空调继电器发出控制指令，接通继电器线圈，继电器触点闭合，接通压缩机电磁离合器，使压缩机工作。因此，当空调系统不工作时，可观察在按下空调开关后，空调请求（选择）、空调允许、空调继电器等这些有因果关系的参数的状态变化，据此来判断故障出自何处。

四、关联分析法

关联分析法是对彼此有关联的数据流进行分析，通过相互关联数据流的分析比较，找到故障的真正原因。

电子控制系统在工作时，ECU 对几个相关传感器信号进行比较，当发现它们之间的关系出现不合理的状况时，就会做出有故障的判断，并会给出一个或几个故障码，或指出某个信号不合理。在这种情况下，不能轻易断定是某个传感器不良，应根据它们之间的相互关系做进一步的检测和分析，以便得到正确的诊断结果。

1. 转速信号与节气门位置信号相关联

例如，一辆本田轿车，发动机 ECU 自诊断系统给出了节气门位置传感器信号不正确的故障码，但实际检测结果表明节气门位置传感器及其设定值都无问题。在这种情况下，就需要注意检查相关联的传感器。通过检测发动机转速信号，发现发动机转速信号不正确，更换曲轴上的曲轴位置传感器（CKP 传感器）后，故障排除。故障原因是 ECU 接收到不正确的发动机转速信号后，不能判断转速信号是否正确（因 CKP 信号并未超出规定的正常范围），而是比较此时的节气门位置传感器信号，认为其信号与接收到的错误转速信号不相符，故给出节气门位置传感器的故障。

2. 空气流量与节气门开度关联

例如，空气流量与节气门开度关联，节气门开度增加，空气流量随之变大；反之变小。如果空气流量信号与节气门开度信号的关联系统出现矛盾，但两个信号都没有超过正常的电压范围时，通常情况下 ECU 会判定喷油的主信号异常，并记忆该传感器的故障码。因此，当空气流量与节气门开度两关联信号出现矛盾时，电控单元会存储空气流量传感器的故障码。鉴于此，当有空气流量传感器故障码，但检查结果又正常时，要注意检查节气门位置传感器的数据流，看节气门位置传感器的信号与节气门的实际开度变化是否相符。

又如，一辆捷达轿车，在故障检修时发现有"空气流量传感器信号不合理"的故障信息。如果简单地更换空气流量传感器，可能导致错误的修理，故障并不能被排除。故障信息并非是"空气流量传感器开路或短路（与地或 B＋）"，而是"空气流量传感器信号不合理"，这不仅仅是空气流量传感器有故障可能，其他相关联的传感器也有故障的可能。因为 ECU 是根据相关联的发动机转速信号、节气门位置信号与空气流量信号的比较，当节气门开度信号与空气流量信号出现了矛盾时，就判断为空气流量传感器信号（主信号）不正常，并储存相应的故障码。在进一步的检查中发现，节气门位置传感器的最大和最小学习值与规定值不符，且无法正确完成基本设定（始终输出错误信号），故基本确定是节气门位置传感器故障。更换节气门体总成并进行基本设定后，故障排除。

五、比较分析法

比较分析法是对相同车种及系统在相同条件下的相同数据组进行分析比较，以确定被测对象是否正常。

在很多时候，没有足够详细的技术资料和详尽的标准数据，则无法正确地断定某个器件的好坏。此时可与同类车型或同类系统的数据加以比较。当然在修理中，很多人会使用替换实验进行判断，这也是一种简单的方法，但在进行时应注意首先做一定的基本诊断，在基本确定故障趋势后，再替换被怀疑有问题的器件，不能一上来就换这换那，其结果可能是换了所有的器件，仍未发现问题。另一个需要注意的问题是用于替换的器件一定要确认是良好的，而不一定是新的，因为新的未必是良好的，这是做替换实验的基本原则。

比较分析法还可以应用于同一车不同工作状态下的相关数据流的比较。例如，车辆出现冷车无故障而热车工作不良，或者热车正常而冷车工作不良时，可通过分析比较冷车或热车正常时的相关数据，找出不正常数据，并确定故障的原因。

第二节　数据流分析的步骤

随着电控燃油喷射技术的发展和维修认识水平的不断提高，在对装有电控燃油喷射发动机的汽车进行维修时，使用故障诊断仪对发动机电控单元（ECU）进行检测，并根据 ECU 存储的故障码进行检修，大多数都能判明故障可能发生的原因和部位，会给维修人员的工作带来很大的方便。

然而，在对汽车进行维修时，若仅仅靠故障码寻找故障，往往会出现判断上的失误。实际上，故障码仅仅是 ECU 认可的一个是或否的界定结论，不一定是汽车真正的故障部位，因此，在对汽车进行维修时应综合分析判断，结合汽车故障的现象来寻找故障部位。并且有很多故障是不被 ECU 所记录的，也就不会有故障码输出，遇到这种情况时，最为可行的办法就是使用故障诊断仪进行数据流的检测，研究发动机静态或动态数据状况，从而找出故障所在。

运用数据流进行电控发动机故障的诊断，首先要打好理论基础，掌握电控发动机的基本原理、各传感器和执行器的作用原理、各元件之间的相互影响等，有了这些理论基础，在查找故障时就会找出问题的主要根源并进行分析，然后要了解各传感器数据的表现形式，比如进气压力传感器，其显示数据的单位可能是 kPa，也可能是 mmHg，还可能是 mbar，要弄清楚这些单位之间的换算关系，即一个标准大气压约等于101kPa，约等于760mmHg，1mbar等于100Pa；再如节气门位置传感器，其显示数据的单位可能是角度，也可能是信号电压值，还可能是百分比，要弄清楚正常工况下这些数据的正常值才行。

一、利用"静态数据流"分析故障

静态数据流是指接通点火开关，不启动发动机时，利用故障诊断仪读取的发动机电控系统的数据。例如进气压力传感器的静态数据应接近标准大气压力（100~102kPa）；冷车时冷却液温度传感器的静态数据应接近环境温度等。下面是利用"静态数据流"进行诊断的一个实例。

故障现象　一辆捷达王轿车，在入冬后的一天早晨无法启动。

故障诊断与排除　首先进行问诊，驾驶人反映：前几天早晨启动很困难，有时经很长时间也能启动，启动起来后再启动则一切正常。

该车在别的修理厂修理过，对发动机的燃油压力和气缸压力、喷油嘴、配气相位、点火正时以及火花塞的跳火情况都做了检查，没有解决问题。维修人员对以上项目重新进行仔细检查，同样没发现问题，发动机不缺燃油、有高压电，就是不能启动，到底是什么原因呢？

后来发现，虽经多次启动，可火花塞却没有被"淹"的迹象，这说明故障原因是冷启动加浓不够。如果冷启动加浓不够，又是什么原因造成的呢？冷却液温度传感器是否正常呢？

用故障诊断仪检测发动机ECU，无故障码输出。通过读取该车发动机静态数据流发现，发动机ECU输出的冷却液温度为105℃，而此时发动机的实际温度只有2~3℃，很明显，发动机ECU所收到的水温信号是错误的，说明冷却液温度传感器出现了问题。为进一步确认，用万用表测量冷却液温度传感器与电脑之间的线束，既没有断路，也没有短路，电脑给冷却液温度传感器的5V参考电压也正常，于是更换冷却液温度传感器，再启动，正常，故障排除。

这起故障案例实际并不复杂，对于有经验的维修人员，可能会直接从冷却液温度传感器着手，找到问题的症结。但它说明一个问题，那就是电控燃油喷射发动机系统的ECU对于某些故障是不进行记忆存储的，比如该车的冷却液温度传感器，既没有断路，也没有短路，只是信号失真，ECU的自诊断功能就不会认为是故障。再比如氧传感器反馈信号失真，空气流量计电压信号漂移造成空气流量计所检测到的进气量与实际进气量出现差异等，都不能被ECU认可为故障。在这种情况下，阅读控制单元数据成为解决问题的关键。

二、利用"动态数据流"分析故障

动态数据流是指接通点火开关，启动发动机时，利用故障诊断仪读取的发动机电控系统的数据。这些数据随发动机工况的变化而不断变化，如进气压力传感器的动态数据随节气门开度的变化而变化，氧传感器的信号应在0.1~0.9V之间不断变化等。通过阅读控制单元的动态数据，能够了解各传感器输送到ECU的信号值，通过与真实值的比较，能快速找出确切的故障部位。

利用动态数据流分析进行故障诊断时会有两种情况：一种是电子控制系统已存储了故障码；另一种是无故障码。

1. 有故障码时的分析步骤

可重点针对与故障码相关的传感器的数据进行，分析是什么因素导致数据的变化，以找出故障原因所在。先查看记录故障码时的冻结数据帧，然后确认故障码产生时车辆的运行工况，并且可以使车辆在冻结数据帧提示的工况下进行故障验证，利用故障码快速、准确地确定故障部位。确认有故障码时，也可以直接找出与该故障码相关的各组数据进行分析，并根据其所设定的条件来分析其产生的原因，进而对数据的数值波形进行分析，最终找出故障点。

案例 1： 奔驰 S350 发动机故障灯异常点亮

故障现象　一辆 2012 年产奔驰 S350 轿车，搭载 276 发动机，发动机故障灯异常点亮。

故障诊断　用故障诊断仪（DAS）对车辆进行快速检测，发动机控制单元（ME）中存储了故障码 P008792——系统中的燃油压力过低（功能或说明有错误），如图 3-1 所示。分析故障码，推断该车燃油供给系统有故障。

MED17.7-发动机电控直喷系统17.7				- f -
MB号码	HW版本	SW版本	诊断版本	插针
2769010600	10.12.00	11.32.00	021E49	101
FW号码		FW号码"数据"		FW号码"Boot-SW"
0009040300 2769024400 2769031001				
编码		文本		状态
P008792 系统中的燃油压力过低，功能或说明有错误				已存储的

图 3-1　发动机控制单元中存储的故障码（截屏）

对高低压燃油管路进行目视检查，未见外部泄漏，且未闻到燃油味。用故障诊断仪读取低压燃油管路中燃油压力的实际值（由低压燃油压力传感器监测），为 5.1bar（标准值为4.5～6.7bar，1bar＝100kPa），且发动机熄火一段时间后，该压力未出现明显下降；用燃油压力表测试低压燃油管路中的燃油压力，与故障检测诊断测的实际值基本一致，由此推断低压燃油供给系统工作正常。用故障诊断仪读取高压燃油管路中燃油压力的实际值（即油轨压力，该值由高压燃油压力传感器监测），怠速时为 150.1bar，正常，但发动机熄火约 2min后，该值下降至 82.9bar，压力下降过快，说明高压燃油供给系统中存在泄压故障，推断可能的故障原因有：喷油器泄漏；高压燃油管路泄漏；高压燃油泵损坏。

故障排除　由于目视检查时未见高压燃油管路存在泄漏现象，决定重点检查喷油器。发动机熄火后快速拆下火花塞，用内窥镜观察各气缸，发现 1 缸喷油器存在泄漏。更换 1 缸喷油器后试车，发动机能顺利启动着机，且发动机故障灯不再异常点亮，故障排除。

案例 2： 桑塔纳 1.6L 油耗增加

故障现象　一辆桑塔纳 1.6L 轿车（出租车），百公里油耗增加 1L。

故障诊断　驾驶人反映：前几天换了火花塞，调整了点火正时，但油耗还是高，通过与车主交流确认不是油品的问题。于是连接故障诊断仪，进入"发动机系统"，读取故障码为"氧传感器信号超差"。进入"读测数据块"，读取 16 通道"氧传感器"的数据，显示为0.01V 不变。

氧传感器长时间显示低于 0.45V 的数值，说明两点：一是混合气稀；二是氧传感器自身信号错误。通过发动机的动力表现来看，不应是混合气稀，因此重点检查氧传感器，方法是人为给混合气加浓（连踩几下油门踏板），同时观察氧传感器的数据变化情况。通过观察，在连踩几下油门踏板的情况下，氧传感器的数据由"0.01V"微变为"0.03V"，也就是说几乎不变，进一步检查氧传感器的加热线电压，正常，说明氧传感器损坏。

故障排除 更换氧传感器，再用诊断仪读其数据，显示 0.1～0.9V，变化正常，至此维修过程结束。第二天，车主反映油耗恢复正常，故障排除。这是一起典型的由氧传感器损坏引起的油耗高的故障。

2. 无故障码时的分析步骤

在汽车电子控制系统故障检修过程中，确认无故障码时，数据流分析的一般步骤如下：首先从故障现象入手，根据控制系统的工作原理和结构来推断相关数据参数，然后再用数据流分析的方法对相关数据参数进行观察和全面分析。

在进行数据流分析时，需要知道所修车辆控制系统的基本原理和结构、基本的控制参数及其在不同工况条件下的正确读数值，在此基础上，经过认真细致的数据流分析，才有可能得出准确的判断结果。

案例 1： 长安马自达 CX-5 车发动机无法启动

故障现象 一辆长安马自达 CX-5 车，搭载 2.0L 发动机和自动变速器，行驶里程约为 8 万千米，因发动机无法启动而拖车进厂检修。

故障诊断 接车后，试车验证故障，按下启动按钮，接通点火开关，仪表显示正常；踩下制动踏板，再次按下启动按钮，发动机启动着车，转速接近 1500r/min，但仅维持约 2s 后就自动熄火。经询问驾驶人得知，该车前一天晚上还能够正常使用，今天早上出现故障。

连接马自达专用检测仪（MMDS）读取故障码，无故障码存储。对车辆进行常规检查，未见异常。分析可知，该车故障的特殊性在于发动机能够启动着车，只是启动后会自动熄火。如果 MAF 有故障，不能正常监测进气量，则可能导致喷油不正常，造成发动机启动着车后又熄火的故障现象。

接通点火开关至"ON"位置，用 MMDS 查看 MAF 的数据，显示为 268.85g/s（图 3-2），远大于维修资料规定的正常数据（约 0.59g/s），怀疑 MAF 及其相关线路存在故障。查阅相关电路图（图 3-3），对 MAF 的相关线束进行仔细检查和测量，线束导通情况良好，且未发现短路、断路和虚接等异常。人为断开 MAF 的导线连接器，发现 MMDS 上的 MAF 数据变为 0，说明 MAF 的异常数据应该不是发动机控制模块造成的，初步可以排除发动机控制模块故障的可能，判断为 MAF 故障。

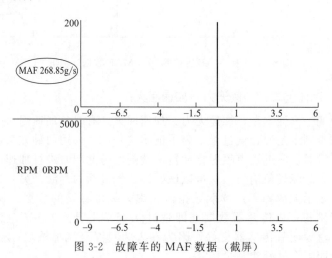

图 3-2 故障车的 MAF 数据（截屏）

故障排除 更换 MAF 后试车，接通点火开关至"ON"位置，用 MMDS 查看 MAF 数据，显示为 0.58g/s（图 3-4），踩住制动踏板，尝试启动发动机，发动机顺利启动且能维持正常运转，故障排除。

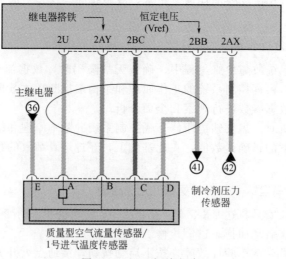

图 3-3　MAF 相关电路

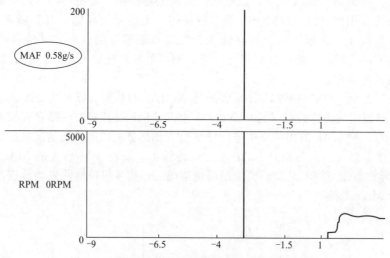

图 3-4　更换 MAF 后检测到的 MAF 数据（截屏）

案例 2： 一汽佳宝车，加速无力、加速回火

故障现象　一辆一汽佳宝车，加速无力、加速回火，有时急加速熄火。

故障诊断　初步判定是混合气过稀，为了证明这一点，采用两种方法进行了验证。一种方法是拆下空气滤清器，向进气道喷射化油器清洗剂，与此同时进行加速试验，明显感到加速有力，也不回火，故障现象消失，这可以证明混合气过稀的判断。另一种方法是连接诊断仪，读取故障码，显示无故障码；读取数据流，观察氧传感器的数据，显示在 0.3～0.4V 徘徊，踩几下油门踏板，氧传感器数据立即越过 0.45V 上升到 0.9V，然后其数据又回到 0.3～0.4V 徘徊，这说明氧传感器良好，因为在人为对混合气加浓后，数据反应及时，变化正常，同时也证明混合气确实是过稀。

是什么原因造成混合气过稀呢？通过分析，主要考虑进气压力传感器和燃油系统油压。首先判断进气压力传感器，进入"读测数据流"，读取进气压力传感器的数据，显示：静态数据 1010mbar（1mbar=100Pa），为大气压力，正常；急速时为 380mbar，基本正常；急加速时数据可迅速升至 950mbar 以上，这些数据及其变化都表明，进气压力传感器基本正常。

故障排除 接下来开始检测油压，但由于油压表坏了，无法测量燃油系统油压，只好直接更换油泵。更换油泵后试车，故障现象消失，故障排除。最后的结果说明故障是因为油泵的供油能力不足导致混合气过稀而造成的。

三、数据流综合分析步骤

1. 数据流综合测量

数据流综合测量包括汽车电子控制系统故障码的检测、汽车电子控制系统数据流测量和发动机真实数据测量。

（1）故障码检测 这是电子控制系统故障检修时的一项基本测量，如果发动机故障指示灯或其他电子控制系统的指示灯亮起，说明相应的电子控制系统出现了故障，并会有故障码存在。此时，必须通过故障诊断仪读取故障码，并根据所示的故障信息及故障检修方法找到具体的故障部位（部件），修理或更换故障部位（部件）。

（2）数据流测量 故障检修中未取得故障码，或故障码所示故障虽已排除，但故障码还未消失时，就必须进行数据流测量。在检修故障时，取得了故障码，通常也需要检测相关的数据流，以便通过数据流分析，准确、迅速地确认故障。读取标准工况下 ECU 的相关数据流比较关键，特别要注意数据标准及数据的变化。常规测量工况应选择热车状态下的急速工况和发动机转速在 2000r/min 时的无负荷工况。

（3）发动机真实数据测量 发动机真实数据测量需要利用相关的检测设备来进行，其测量的数据是一些车辆工作时的基本数据。发动机的基本数据包括进气歧管压力、气缸压缩压力、点火正时、发动机转速、燃油喷油压力、机油压力、发动机冷却液温度、进气阻力、废气排放值、排气阻力及曲轴箱通风压力等。

测量完成后，需要将实测值与故障诊断仪读取的数据流进行对比，差值过大的数据即为故障所在。例如，发动机 ECU 显示冷却液温度为 60℃，而实际测量得到的数值是 85℃，则说明发动机冷却液温度传感器数据存在偏差，故障出自发动机冷却液温度传感器及其连接线路，也有可能是发动机 ECU 内部传感器信号处理电路有故障。

2. 数据综合分析

（1）建立数据群模块 将某一故障现象所涉及的数据流集中起来，逐一检查、对比及分析。例如，发动机急速转速过高，达到了 1000r/min，其所涉及的数据包括冷却液温度、节气门开度、急速控制阀开度、点火提前角、进气歧管绝对压力、氧传感器信号、喷油脉宽、燃油系统压力、蓄电池电压、空调开关状态、转向助力开关状态、车速、挡位开关状态及发动机废气排放等，需要用汽车故障诊断仪读取相关的数据组，获取这些数据流。

（2）分析数据

① 将从 ECU 内部读取的数据流与实际测量的数据进行对比，差值越小，说明 ECU 及传感器越精确。

② 将 ECU 的数据与维修手册标准对比，如果误差值超过了极限，则说明相应的数据为工作不良数据。

③ 找出有疑问的数据并进行分析。例如，氧传感器信号电压变化值为 0.1～0.9V，无故障码。简单看传感器无故障，数据也在维修手册规定的范围之内，但与新车 0.3～0.7V 的经验正常值相比却有了很大的变化。据此分析，可能是氧传感器接触到的发动机废气中的

氧含量变化不稳定，即燃烧的混合气的空燃比不稳定。进一步分析，导致此种故障发生的原因可能是发动机进气管漏气、气门积炭、气门关闭不严、曲轴箱通风阀堵塞及发动机活塞环密封不严等。

为了准确地分析故障，有时需要将几个问题数据间的关联关系逐一进行分析。例如，某缸火花塞工作不良，与其存在关联关系的包括部分燃油不能有效燃烧→发动机怠速抖动→废气中的 HC 值过高→氧传感器信号电压偏低→发动机油耗增加→发动机动力不足→三元催化反应器温度过高（烧坏）→发动机 ECU 记录失真故障。

四、利用数据流分析发动机控制系统软故障

1. 系统软故障

在检测电控燃油喷射发动机时常常会出现这样的情况，发动机表现出有故障，如怠速不良、抖动严重、怠速冒黑烟、耗油量大、加速不良、发动机空负荷时只能加速到 3000r/min 等，但使用故障诊断仪检测，电控单元中却没有故障记忆，也就是说，发动机的电控单元自诊断系统没有发现故障。上述这种情况，称为系统的软故障。

2. 故障的诊断原则

在诊断电控发动机故障时，通常都遵循这样的原则：第一步是判断故障原因是在电控部分还是在机械部分，判断依据就是利用故障诊断仪检查电控单元的自诊断系统中是否有故障记忆，如果有故障记忆，则可确定故障原因在电控部分，如没有，则可初步确定故障原因在机械部分；第二步是根据故障记忆的内容及故障原因提示确定系统中的故障部位，这些故障大多发生在各类信号传感器及连接导线或插接件上；第三步是在没有故障记忆或排除了控制系统故障的基础上，按照通常的发动机故障排除规律，根据发动机的故障现象去确定故障可能产生的部件，即检查各类机械部件的工作状况，如火花塞、点火线圈、活塞环、电动油泵等。

经过以上三步工作，如果故障现象依旧，说明系统存在软故障。系统出现软故障通常可利用故障诊断仪中的数据诊断功能，根据系统的一些工作参数来分析引起故障的原因。

3. 利用数据流诊断软故障

电控燃油喷射发动机的工作主要是依靠一个微型计算机来控制在各工况条件下的供油量，微型计算机控制的供油量必须与发动机的工况相匹配，这种匹配关系必须是控制系统状况与发动机实际状况相吻合的关系。比如，驾驶员控制节气门位置来要求发动机达到某种工况状态，这时控制系统要如实地反映和保证整个系统达到所要求的工况状态，实际工况对于发动机来说是唯一的，而控制系统要反映和确定这个唯一的工况却需要许多个参数，这些参数还要相互达到一个统一，即实际工况与实际标志参数要有互相对应的关系举例说明。发动机在经济负荷下运转时，反映的是部分负荷工况，那么控制系统中各种反映发动机负荷状态的传感器提供给控制单元的参数也是符合发动机在部分负荷状态的数据，如转速为 2500r/min，节气门开度为 40%，进气量为 6g/s，供油时间为 4.5ms（校正）。这些标志发动机负荷状态的参数必须与要求发动机达到的工况状态相吻合，如果有一项参数不能达到实际要求数值，如节气门实际开度已达 40%，但节气门位置传感器发送给电控单元的数据却是 20%，这时相对应的发动机转速也就不能提升到 2500r/min。这种匹配关系是电控装置能否满足驾驶员实际要求的一种基本关系，也是电控装置能否按照人的意愿工作的基本保证。

另外，电控单元在控制发动机工作的过程中，它接收的各种传感器信号是人为给定的一个范围，电控单元自诊断系统的功能就是判断这些传感器信号是否超出了这个范围。因此，

只有信号超出规定范围后，自诊断系统才能知道这种信号不能作为控制信号使用，这时自诊断系统才能确定系统中有故障，才能有故障记忆并给出故障码。如果信号没有超出给定的范围，虽然与实际情况有较大的偏差，电控单元仍会按照这种不准确的信号控制发动机工作，自诊断系统不给出故障编码，但发动机表现为有故障，这就是控制系统软故障产生的原因。

控制系统中的软故障反映在发动机上主要有以下几种表现形式：

① 怠速不稳，有时冒黑烟；

② 发动机油耗偏高；

③ 发动机在空负荷状态下转速最高只能达到 3000r/min；

④ 发动机冷车启动容易，热车不易启动。

发动机出现以上故障现象，并且在检查发动机控制单元时无故障记忆，就必须进行控制系统的运行数据分析，以找出产生故障的原因。利用故障诊断仪的数据阅读功能，调出控制系统的实际工作参数（出现故障现象时的工作参数）。要检查的参数主要有：发动机转速、空气进气量（或进气歧管绝对压力）、点火提前角、供油脉宽、节气门开度、充电电压、发动机水温、进气温度、氧传感器电压等。这些参数可分为三种类型：第一种是基础参数，如发动机转速；第二种是重要参数，如进气量（进气歧管绝对压力）、点火提前角、供油脉宽、节气门开度等；第三种是修正参数，如水温及进气温度、氧传感器信号等。

当发动机在无故障码的情况下出现故障现象时，应首先检查控制系统中传感器实际显示的数据，并与正常值做比较，确定其值是否超出正常范围及允许偏差的程度。如出现怠速不稳故障时，应首先检查控制形成怠速混合气的进气参数和供油时间参数，同时要确定氧传感器信号是否正常，如果氧传感器信号不正常，则应先确定氧传感器自身是否损坏。氧传感器信号是控制单元判断混合气比例是否正确的依据，如果氧传感器自身损坏，会给控制单元提供错误信号，从而造成控制单元错误控制喷油量。

例如，氧传感器错误地提供一个混合气偏浓的信号，则控制单元会依据这个控制信号减少供油量，从而造成实际混合气浓度偏稀，发动机出现怠速运转不稳的现象。如果氧传感器正常，而进气量测量信号出现偏差，比如给控制单元提供一个较高的进气信号，这时控制单元会控制喷油器喷出较多的燃油以匹配进气信号，从而造成混合气过浓，引起怠速不稳的现象，同时发动机运行油耗增大，此时检查供油时间参数，会发现其值也偏离正常值。

有时进气测量传感器自身有故障，但在怠速时表现不出故障现象，而是在发动机加速时出现无法高速运转（严重时最高转速仅达 3000～4000r/min）等现象，其原因是进气量信号太弱，控制单元仅能接收到较低的进气量信号，从而控制发动机在低负荷、低转速条件下运转。

其他一些修正信号也会引起发动机出现运转故障，如进气温度信号和发动机水温信号，这两种温度信号若出现偏差，如向控制单元提供较低的温度信号，则控制单元会控制发动机按暖机工况运行，这时发动机的怠速会出现忽高忽低现象。

当检查控制系统中的信号参数都正常，而发动机仍然有故障表现时，应按发动机的基本检查程序进行检查，如检查点火系统工作情况（火花塞状况、各缸线的阻值等）、供油压力、气缸压力是否正常等。

总之，对电控系统的软故障，不仅需要理解控制系统的电路工作原理，利用其工作原理分析电路中的故障，同时还要结合汽油发动机的基本工作原理，分析除控制电路以外可能产生故障的原因，这些原因不仅包括部分发动机的电路，还包括发动机的油路和进气通道，另外还包括保证发动机正常工作的机械装置。只有综合分析，才能较快地解决系统存在的软故障。

第三节　利用数据流分析和传统维修技术诊断故障异同

现以桑塔纳 2000GSi 轿车怠速不稳及加速冒黑烟故障检修过程为例，对比分析数据分析检修故障与传统检修故障过程的不同。通过 VAG 1552 故障诊断仪读取故障信息，有故障码：00561——混合气自适应超限；00522——发动机冷却液温度传感器断路/对正极（或地）短路。记下故障码后清码，重新读码，只有故障码 00522，更换发动机冷却液温度传感器后，发动机故障依旧。至此，故障码所起作用已尽，需要通过其他适当的方法来排除故障。

一、传统汽车维修技术排除故障

传统的故障检修方法：根据故障现象分析可能的故障原因，然后根据"常见故障先检查""容易检查的先行检查"的原则，逐个检查可能故障部件（部位）。

1. 故障原因分析

根据故障现象分析，可能的故障原因如下。

（1）燃料供给系统　例如，怠速控制阀脏污、喷油器不良、汽油滤清器堵塞、油压调节器不良、燃油泵不良等。

（2）点火系统　点火线圈不良、火花塞不良、高压导线不良等。

（3）电子控制系统及其他　正时齿带不良、发动机电控系统相关传感器不良、电子控制器有故障等。

2. 故障检修步骤

传统故障检修方法与步骤如下。

（1）检修燃料供给系统　由于怠速不稳，首先清洗节气门体后重做基本设置；冒黑烟，查油压，正常；清洗喷油嘴，换汽油滤清器；再次启动发动机，仍冒黑烟，但怠速已变平稳。

（2）检修点火系统等　由于还冒黑烟，更换氧传感器，但无效。检查火花塞与高压线，高压线正常，火花塞间隙较大且发黑。更换火花塞后试车，故障现象减弱，但加速时仍冒黑烟。

（3）检修电子控制系统　通过上述检修故障还未排除，怀疑是 ECU 损坏；也有的怀疑点火线圈损坏，或是气门正时不当（正时齿带不良）、空气流量传感器损坏等。在检查此故障时，本着由简到繁，从不换件到换件的程序，检查配气正时，良好；更换点火线圈，故障依旧；更换空气流量传感器后，故障消失。至此，故障排除。

二、数据流分析方法排除故障

1. 检测发动机电控系统数据流

对于排气管冒黑烟且怠速不稳的发动机，可读取 01、02 和 07 组的数据流。从 07 组数据流读到：混合气控制为 −23%（正常是 −10%～10%），氧传感器电压为 0.6～0.8V（正常是 −0.1～1.0V）。这说明混合气确实过浓，已远远超出了正常的控制范围。从 02 组读到：发动机负荷为 2.8ms（正常是 0～2.5ms）；发动机每循环喷射流量为 5.8g（正常是 2.0～4.0g）。从 01 组读到：节气门开度角为 4°～5°（正常是 0°～5°），4°～5°虽未超限，但也偏大。

2. 数据流分析

分析数据流，发动机怠速运转时，由于节气门位于关闭位置，故而 ECU 按怠速来调节发动机转速，所以引起控制超限。由于进气流量过大，ECU 认为是发动机负荷大而不会减少喷油量（喷射持续时间），导致怠速忽高忽低。由于怠速喷油量大，加速时喷油量就更大，导致排气管冒黑烟。清洗节气门体、更换空气流量传感器后故障清除。

对比上述两种故障检修方法，数据流分析方法根据读取的数据流进行了定量分析，可清晰地了解引起故障的真正原因，迅速找到故障部位（部件），可做到有目的地检测，准确地找到和更换有故障的部件。因此，运用数据流分析方法排除故障，少换了火花塞和点火线圈，缩短了故障诊断时间，省时省力、省工省料。可见，在现代汽车故障检修过程中，汽车维修人员应尽可能利用数据流分析的方法。尤其是较复杂的故障，数据流分析方法的优越性更加突出。

运用数据流功能进行故障分析可准确发现故障部位，避免盲目拆卸而造成损失，提高故障诊断的正确率。特别是由传感器特性发生变化而引起的故障，数据流功能更具有其特殊的优势。因此，在电控汽车的故障诊断中，使用故障码功能的同时，要积极利用数据流功能。

第四章
发动机控制系统数据流分析与案例精解

第一节　燃油控制系统数据流分析与案例精解

一、燃油控制系统数据流分析

燃油控制参数是用来表示发动机 ECU 对电控燃油喷射系统进行控制的状态，以及向喷油器等执行器送出的控制信号。其参数主要有喷油脉冲宽度、目标空燃比、指令燃油泵、短时燃油修正、长时燃油修正等。

1. 喷油脉冲宽度

喷油脉冲宽度是数值参数，它是发动机 ECU 控制喷油器持续喷油的时间，单位为 ms，是喷油器工作是否正常的最主要指标。喷油脉冲宽度数值大，表示喷油器每次打开喷油的时间较长；数值小，表示喷油器每次打开喷油的时间较短。喷油脉冲宽度将随着发动机转速和负荷的不同而变化，车型不同，具体的数值也有所差异。

影响喷油脉冲宽度的主要因素有 λ 调节、活性炭罐的混合气浓度、空气温度与密度、蓄电池电压等。例如，通用别克轿车 L46 发动机该数值显示的范围为 0~10.00ms。

如果怠速时喷油脉冲宽度数值小于 2ms，说明有其他影响因素存在，主要原因包括活性炭罐系统进入油量过多、喷油器不配套而油量过大、喷油器故障及其他原因而导致额外进油。如果怠速时喷油脉冲宽度数值大于 5ms，主要原因包括空气流量传感器或其线路损坏、节气门控制单元损坏、有额外负荷和某缸或数缸工作不良等。

2. 目标空燃比

该数值参数是指发动机 ECU 在闭环控制时，根据各种传感器信号计算后得出的当前发动机应提供的空燃比，而不是通过测量得到的发动机实际空燃比。发动机 ECU 将依照此参数的大小输出相应的控制信号，通过驱动电路（图 4-1）控制喷油器工作，每次持续喷射相应的时间。该参数的显示数值一般为

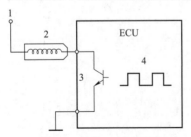

图 4-1　喷油器驱动电路与喷油控制脉冲
1—电源；2—喷油器；3—喷油器
驱动电路；4—喷油控制脉冲

14.7 左右，低于此值则表示 ECU 要提供较浓的混合气，高于此值则表示 ECU 要提供较稀的混合气。有些车型以状态参数的方式来显示这一参数，其显示内容为浓或稀。

相对比较高档的车辆配备前氧和后氧两个氧传感器，前氧传感器和后氧传感器分别装在排气管三元催化器的前端和后端，它们的外形如图 4-2 所示。前氧传感器的信号主要用于发动机 ECU 修正喷油量，将空燃比控制在理论空燃比附近，因为把空燃比控制在理论空燃比附近时，不但可以降低发动机燃油的消耗，而且可使三元催化器的转换效率最高［图 4-3（a）］。后氧传感器的作用是监测三元催化器的转化效率，当后氧传感器二电极检测的电压值为 0.6V 左右，波形近似为一条直线时，说明三元催化器工作正常［图 4-3（b）］；当后氧传感器与前氧传感器的波形相同时，说明三元催化器失效［图 4-3（c）］，此时应更换三元催化器。为了防止电磁干扰，前氧传感器和后氧传感器导线的外部加装了屏蔽层。氧传感器的工作温度在 300℃以上，为使其尽快达到工作温度，在前氧传感器和后氧传感器插头的 1 与 2 脚之间都装备了加热电阻。前氧传感器电路有故障将造成发动机转速不稳定，后氧传感器电路有故障将造成抗污染异常。

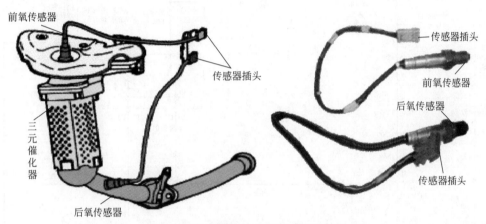

图 4-2　前氧传感器和后氧传感器的外形

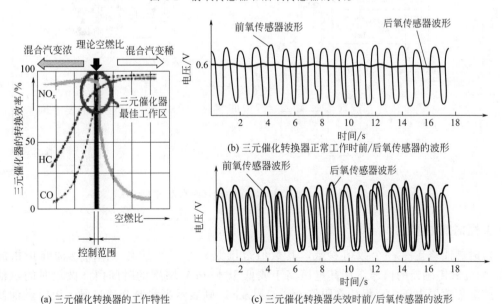

(a) 三元催化转换器的工作特性　　(c) 三元催化转换器失效时前/后氧传感器的波形

图 4-3　三元催化器的工作特性和前/后氧传感器的波形

3. 指令燃油泵

指令燃油泵指的是状态参数，其显示状态为接通或断开（ON/OFF），表示燃油泵继电器驱动电路 PCM（ECU）的指令状态。

当燃油流量或 MAP 超过一定位置或当系统电压低于 10V 时，燃油泵高速运行，增加供油。PCM 提供点火正极电压以控制燃油泵继电器工作。当点火开关第一次转至"ON"位置时，PCM 便激发燃油泵继电器向装于燃油箱内的燃油泵供电，使燃油泵开始工作。

燃油泵继电器在发动机运转期间，且 PCM 能接收到参考信号脉冲的情况下，一直处于导通状态。如果没有参考信号存在，燃油泵继电器在点火开关被转至"ON"位置后 2s 内停止。PCM 可以检测到燃油泵继电器控制电路中的故障，如果 PCM 检测到燃油泵继电器控制电路中存在电气故障，PCM 将设置燃油泵继电器控制电路不良的故障码。别克君威、本田雅阁轿车燃油泵驱动电路分别如图 4-4 和图 4-5 所示。

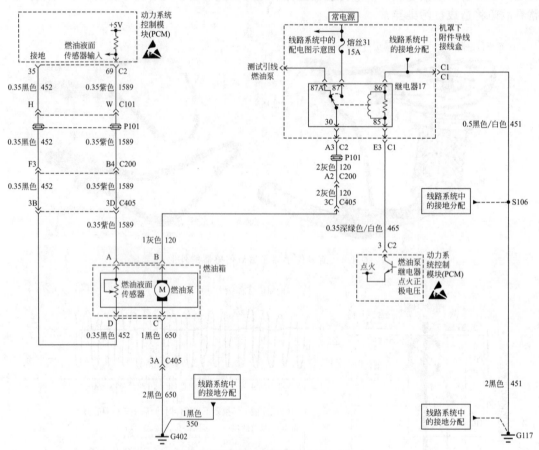

图 4-4　别克君威轿车燃油泵驱动电路

4. 短时燃油修正

短时燃油修正是一个数值参数，其数值范围是 $-10\% \sim 10\%$。短时燃油修正指的是 ECU 响应氧传感器的信号，在其电压高于或低于 450mV 限度的时间内，做短时的供油校正。若氧传感器电压主要保持在限值 450mV 以下，则表示当前混合气过稀，短时燃油修正将提高至 0 以上的正值范围内，同时 ECU 将增加供油量（增加喷油脉宽）。若氧传感器电压主要保持在限值 450mV 以上，则表示当前混合气过浓，短时燃油修正将减小至 0 以下的负

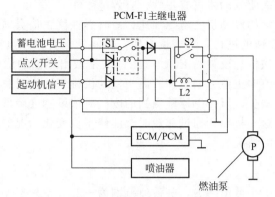

图 4-5　本田雅阁轿车燃油泵驱动电路

值范围，同时 ECU 将减小供油量（减少喷油脉宽）。

　　在一定条件下，比如长时间在怠速运行和环境温度较高，正常操作时炭罐清污也会使短时燃油修正显示在负值范围内。控制燃油修正时，ECU 最大允许范围在−10％～10％之间。在最大允许值时，燃油修正值表示系统过浓或过稀。某些 V 型发动机，对左右两侧气缸具有单独的燃油修正参数，因此参数也分左右。短时燃油修正是指由电脑立即制定的用于克服发动机运行工况所做出的策略，这时的修改是暂时的。

　　短时修正值并不存储在电脑的存储器中。对燃油系统进行的所有修正都是在对氧传感器和/或其他的传感器做出直接的响应之后便立即发生。设计这些修正的目的是保持氧传感器在合适的范围内工作。

　　开环控制时，PCM 控制脉冲宽度的变化而并不需要以氧传感器的信号作为反馈，并且短时自适应内存值是“1”。“1”代表 0 的变化。一旦发动机暖机后，PCM 便进入闭环控制，并开始接受氧传感器的信号。直到发动机熄火前，系统将一直保持闭环控制，除非节气门全开或者是发动机冷却液温度降低到超出规定的温度。在这两种情况中，系统将进入开环控制。

　　PCM 根据排气中氧含量的变化来控制喷油器的喷油脉宽。系统开环控制时，喷油器有一个固定的基本喷油脉宽，并考虑空气流量传感器测得的空气量或进气歧管绝对压力传感器测得的负荷来调整脉冲宽度。系统闭环时，脉冲宽度可能加长，也可能缩短，这样通过正负调整可以确保在各种工况下都有合适的混合气浓度。混合气浓时，氧传感器的输出电压增加，短时燃油修正减少，这意味着喷油脉冲宽度将缩短。短时燃油修正的减少意味着在诊断仪上读出的数值要小于 1。例如，短时自适应值为 0.75 表示脉冲宽度减少了 25％，改变的百分数在诊断仪上显示为−25；短时自适应值为 1.25 则表示脉冲宽度加长了 25％，在诊断仪上显示为＋25。

　　如果汽车的排气表明混合气过浓，则氧传感器信号将提示电脑减少燃油；反之则 PCM 将增加燃油。通用汽车公司车型上的电脑通过向检测仪发送一串由 0 和 1 组成的二进制数来传输控制策略的信息。由于 0 占据一个位置，因此电脑可以计数到 255，其半数是 128。当 PCM 为闭环控制时，技术人员可以用参考值 128 来作为燃油控制反馈的中心点。通用公司车型上的短时燃油修正控制包括：大于 128 的数字表示燃油正在增加，小于 128 的数字表示燃油正在减少，数字在 128 上下不断变化表示系统工作正常。

　　在 OBD-Ⅱ的汽车上，当电脑在闭环控制时，0 是燃油控制的中点，福特公司的燃油单元用一个百分数来表示：没有“−”号的数字表示燃油正在增加，有“−”号的数字表示燃油正在减少，数字在 0 线上下不断变化表示系统工作正常。如果短时燃油修正的读数在 0 线的任何一侧不变的话，表明发动机没有正常、有效地工作。

如对于一台性能正常的发动机实施急加速，短时燃油修正值会向正值方向变化（燃油加浓）。这是因为，随着加速的进行，进气量增加，瞬间的混合气浓度变稀，氧传感器检测到这一浓度变化后，会将该信息反馈给ECU，ECU于是做出燃油加浓的决定，从而呈现出的数据流为短时燃油修正值向正值方向增加。而当发动机排气堵塞时急加速，由于废气的反窜使进入气缸的新鲜空气减少，氧传感器检测到的废气氧浓度随之降低，导致短时燃油修正值向负值方向变化。利用这一特点，通过对短时燃油修正值变化情况的观测，就可以判断出发动机是否存在排气堵塞的情况。

5. 长时燃油修正

长时燃油修正也是一个数值参数，其数值范围为 $-23\%\sim16\%$。长时燃油修正是基于短时燃油修正的反馈作出的，这时的修改要更长久些。0表示当前供油不需要补偿就能保持ECU指令的空燃比。若是显著低于0的一个负值，表示混合气过浓，供油应减少，即减少喷油脉宽。若是明显高于0的一个正值，表示存在过稀状况，要增加油量，ECU通过增加喷油器脉宽来进行补偿。

长时燃油修正值被存储在电脑的存储器中，存储的这些数据将在发动机再次在类似的环境和工况下工作时使用。触发长时燃油修正是为了将所有的短时燃油修正的数值都维持在特定的参数范围内。这些参数并不是基于氧传感器的反馈，而是基于从氧传感器获取持续的、正确读数的基础上得到的修正。

由于长时燃油修正力图追随短时燃油修正，导致发动机怠速运行时炭罐清污而产生负值，这不属于异常。ECU控制长时燃油修正的最大允许值在 $-23\%\sim16\%$ 之间，最大允许燃油修正值表示系统过浓或过稀。某些V型发动机，对左右两侧气缸具有单独的燃油修正参数，因此长时燃油修正参数也分为左和右。

如当空气流量传感器的热线由于空气中的灰尘脏污，导致检测的进气量小于正常值时，发动机ECU依据进气量信号给出的喷油信号就会过少，导致系统混合气过稀，这样，排气中就会有多余的氧出现，氧传感器电压就会小于0.45V。此时，发动机ECU根据氧传感器的信号，就知道混合气过稀的情况，从而做出增加喷油量的指令，直到氧传感器的电压变化恢复到0.1～0.9V之间。这种对燃油喷射量的修正，就称为短时燃油修正，如果短时燃油修正值持续较长时间超过3%，就会引起另外一个修正值——长时燃油修正值的变化。

同样，如果是燃油系统出现故障，比如，汽油泵压力低或喷油器堵塞，也会出现排气中氧含量增加的情况，这样，发动机ECU只要相应增加燃油喷射量，就可以使混合气达到规定范围。但是还是会有发动机急加速时，混合气偏稀导致加速不良的状况出现。

另外，虽然氧传感器不断地向发动机ECU报告排气中氧的含量，以使发动机ECU对燃油喷射量做出最佳调节。但是，请不要忘记，发动机是一个由机械、电子、燃油、进气、排气等多系统组成的产物。排气中氧含量的变化，并不仅仅受电控系统传感器、执行器，或者燃油压力、喷油器状况等几个因素影响，它还被很多其他因素所左右。比如，点火系统的状况、气缸压力、进气系统以及排气系统等众多因素对其均有影响。并且，在这些因素中，根据对发动机的影响不同，还分为个体性问题以及公共性问题，比如，单个不良的火花塞、单独损坏的喷油器、某缸气缸密封不良等。

相对于个体性问题，还有公共性问题，比如，系统供电电压不良、偏离特性的传感器、排气管堵塞、油泵压力低等。这些不同的问题，给发动机带来的故障现象有时相似，有时又有较大差异。但是无一例外，对于氧传感器来讲，或者说对于发动机ECU来说，都不具备鉴别上述故障的能力，所以发动机ECU会不顾实际情况如何，只是单纯地在燃油喷射量上

"做文章"（图 4-6）。

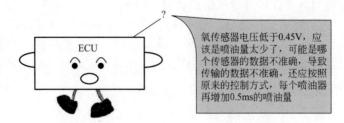

图 4-6　发动机 ECU 在燃油喷射量上"做文章"

比如，某 4 缸发动机，由于火花塞故障，出现单缸失火现象时，排气中氧含量较多，氧传感器电压低于 0.45V，发动机 ECU 会认为是整个系统混合气稀，解决的方法是所有喷油器都增加喷油量。这样，从氧传感器的反馈结果看，可能是使排气中的氧原子含量部分得到降低，但是实际情况是使正常工作的气缸会由于混合气过浓而工作不良。最终的后果，本来只有一个气缸工作不良，但发动机反馈控制的结果是使所有气缸均工作不良了。

6. 长时及短时燃油修正的工作机理

长时燃油修正系数的改变是在 ECU 持续地对短时燃油修正正确反馈结果的量变基础上形成的质的改变。燃油修正系数的计算方法见图 4-7，短时燃油修正与长时燃油修正的关系见图 4-8。

燃油喷射量=基本燃油喷射量×喷射校正×(长时燃油修正系数+短时燃油修正系数)+电压校正

燃油修正系数=长时燃油修正系数+短时燃油修正系数

短时燃油修正系数为-3%
长时燃油修正系数为+14%

燃油修正系数=+14%+(-3%)=+11%

长期修正学习
↓

短时燃油修正系数为0
长时燃油修正系数为+11%

燃油修正系数=+11%+0=+11%

图 4-7　燃油修正系数的计算方法

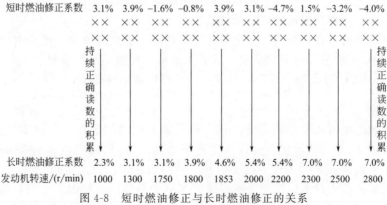

图 4-8　短时燃油修正与长时燃油修正的关系

一旦发动机达到了规定的温度（通常是82℃），PCM开始修正长时燃油修正。自适应的设置是以发动机转速短时燃油修正为基础的。如果短时燃油修正改变了3%并保持了一段时间，PCM就要调节长时燃油修正。长时燃油修正便成为一个新值，但基础值不变，短时燃油修正向长时燃油修正转换的因果关系如图4-9所示。换句话说，长时燃油修正改变了正在被短时燃油修正改变着的脉冲宽度的长度。长时燃油修正的工作将使短时燃油修正接近于0。

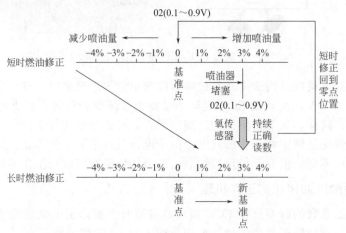

图4-9　短时燃油修正向长时燃油修正转换的因果关系

通用汽车公司的长时燃油修正在诊断仪上的显示与短时燃油修正一样。长时燃油修正反映了PCM学习了驾驶员的习惯、发动机的变化和道路情况。如果诊断仪上显示的数字大于128，表示电脑已经学习并补偿了稀混合气的情况；如果数字小于128，说明电脑已经学习并补偿了浓混合气的情况。

与短时燃油修正策略一样，OBD-Ⅱ的长时燃油修正策略在诊断仪上也以百分数的形式显示。长时燃油修正策略是电脑学习的结果。没有"－"号的数字表示电脑已经补偿了稀混合气；有"－"号的数字表示电脑已经补偿了浓混合气。当长时燃油修正策略学会补偿浓或稀混合气时，短时燃油修正的数值就回到0点附近。如果发动机的工况要求混合气太过偏浓或偏稀，则长时燃油策略将不会补偿，并会记录一个故障码。

如果真空泄漏或喷油器堵塞导致稀混合气，在诊断仪上，长时燃油修正值将显示为一个正数。如果喷油器泄漏或燃油压力调节器有故障，则会导致混合气过浓。此时，在诊断仪上显示的长时燃油修正值为负数。因此，这种混合气偏浓的状况是很容易看出来的。

如果混合气过浓或过稀导致长时燃油修正值达到修正极限时，在采用OBD-Ⅱ的发动机控制系统中，会存储混合气过浓或过稀的故障码。

当发动机出现缺火现象时，气缸内混合气出现不完全燃烧现象，排气中含有大量的HC及O_2，由于HC不容易参与催化反应，氧消耗量低，使得氧传感器测得值偏低，显示为混合气稀的状态，ECU就会增加燃油喷射量，短时燃油喷射修正值为正数。

7. 燃油切断

对于某些燃油喷射式发动机系统，该参数反映发动机控制单元（ECU）是否在出现行驶中急减速（图4-10）、机油压力过低（转速限速器）、发动机超速（车速限速器）或汽车行驶超速（车速限速器）时进行了燃油切断。该参数在发动机正常运行时，读值为"No"；当发动机出现机油压力过低、发动机超速或汽车行驶超速三种情况之一时，读值为"Yes"。有些轿车甚至在组合仪表上还会显示"燃油切断"的信息，如名爵MG6轿车。

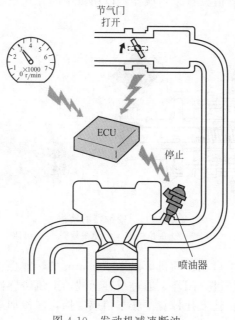

图 4-10　发动机减速断油

8. 动力增强

动力增强或混合气加浓是一个状态参数，其显示状态为启动或未启动。如果显示启动，则表示 ECU 检测的条件已适合在动力增强（混合气加浓）模式中操作。当检测到大幅度增加节气门位置和负载时，ECU 将指令动力增强（混合气加浓）模式。当在动力增强模式时，ECU 通过进入开环和增加喷油器喷油脉宽来增加供油量，以避免在加速过程中可能产生的降速。

9. 减少燃油模式

减少燃油模式也是一个状态参数，其显示状态为启动或未启动。如果显示为启动，则表示 ECU 已检测到减少燃油模式中相应的操作状况。当检测到节气门位置突然减小，同时车辆以高于 40km/h 速度行驶时，ECU 则指令减少燃油模式，在减少燃油模式中，ECU 通过进入开环并减少喷油器喷油脉宽来减少供油量。

二、喷油器波形分析

1. 喷油器分类

喷油器除了关断电压峰值的高度以外，喷油器本身并不能确定自身波形的特点，而开关晶体管和喷油器才能确定大多数波形的判定性尺度。喷油器由控制模块（PCM）中的一个晶体管开关及相应电路组成，它可开闭喷油器，不同类型的喷油器产生不同的波形，可分为饱和开关型、峰值保持型、脉冲宽度调制型、PNP 型四种喷油器。

2. 饱和开关型喷油器波形分析

饱和开关型喷油器（图 4-11）主要在多点燃油喷射系统中使用，这种形式的喷油器用于组成顺序喷射的系统中。

从饱和开关型喷油器的波形上读取喷油时间是相当容易的，当发动机控制模块（PCM）接地电路接通后，喷油器开始喷油；当控制模块断开控制电路时，电磁场会发生突变，这个线圈突变的电磁场产生了峰值。汽车示波器可以用数字的方式在显示屏上与波形一起显示出喷油时间。

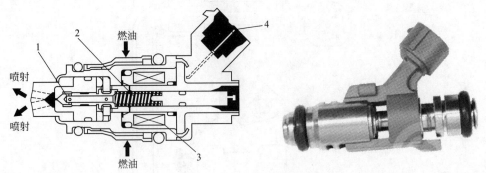

图 4-11　喷油器的结构

1—针阀；2—回位弹簧；3—电磁线圈；4—电插头

（1）喷油器测试步骤　启动发动机，以 2500r/min 的转速保持 2～3min，直至发动机完全热机，同时燃油反馈系统进入闭环，通过观察示波器上氧传感器的信号确定这一点。关闭空调和所有附属电器设备，让变速杆置于驻车挡或空挡，缓慢加速并观察在加速时喷油器喷油持续时间的相应增加。

（2）饱和开关型喷油器波形分析说明　饱和开关型喷油器波形分析如图 4-12 所示。

① 从进气管中加入丙烷，使混合气变浓，如果系统工作正常，喷油器喷油时间将缩短，这是由于排气管中的氧传感器此时输出高的电压信号给发动机 ECU，试图对浓的混合气进行修正的结果。

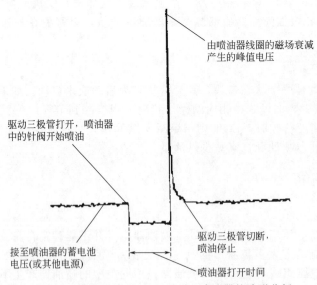

图 4-12　饱和开关型（PFI/SFI）喷油器的波形分析

② 造成真空泄漏，使混合气变稀，如果系统工作正常，喷油器喷油时间将延长，这是由于排气管中的氧传感器此时输出低的电压信号给发动机 ECU，试图对稀的混合气进行修正的结果。

③ 提高发动机转速至 2500r/min，并保持稳定。在许多燃油喷射系统中，当该系统控制混合气时，喷油器的喷油时间性能被调节（改变）得从稍长至稍短。通常喷油器喷油持续

时间在正常全浓（高氧传感器电压）至全稀（低氧传感器电压）的 0.25~0.5ms 的范围内变化。

3. 峰值保持型（TBI）喷油器波形分析

峰值保持型喷油器应用在节气门体（TBI）喷射系统中，这样的车型已经非常少了，在此不进行详细分析。

4. 脉冲宽度调制型喷油器波形分析

脉冲宽度调制型喷油器用在一些欧洲车型和早期亚洲车型的多点燃油喷射系统中。

脉冲宽度调制型喷油器（安装在发动机 ECU 内）被设计成允许喷油器线圈流过大约 4A 的电流，然后再减少大约 1A 的电流，并以高频脉动方式开、关电路。

这种类型的喷油器不同于其他峰值保持型喷油器，因为峰值保持型喷油器的限流方法是用一个电阻来降低电流，而脉冲宽度调制型喷油器的限流方法是脉冲开关电路。

① 脉冲宽度调制型喷油器波形测试步骤同前。

② 脉冲宽度调制型喷油器的波形分析如图 4-13 所示。

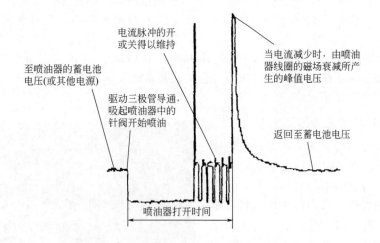

图 4-13　脉冲宽度调制型喷油器的波形分析

通常一个线圈因需要用比保持它在一个固定位置上多 4 倍以上的电流去吸动这个机械装置，峰值保持喷油器是因控制模块用 4A 的电流去打开喷油器针阀，又只用 1A 的电流来保持针阀的打开而得名的。

从左至右，波形开始的数值为蓄电池电压，这表示喷油器关闭，当控制模块打开喷油器时，它提供了一个接地使这个电路构成回路。控制模块继续接地（保持在 0V），直到探测到流过喷油器的电流为 4A 左右，控制模块靠高速脉冲电路减少电流，在亚洲车型上，磁场收缩的这个部分通常会有一个峰值（左侧峰值）。控制模块继续保持开启操作以便使剩余喷油时间可以继续得到延续，然后它停止脉冲，并完全断开接地电路使喷油器关闭，这就产生了波形右侧的那个峰值。

控制模块接地打开时，喷油时间开始，控制模块完全断开接地电路时（右侧释放峰值）喷油时间结束。

5. PNP 型喷油器波形分析

PNP 型喷油器是由在控制模块中操作它们的开关晶体管的形式而得名的，一个 PNP 型喷油器的晶体管有两个正极管脚和一个负极管脚。PNP 型喷油器与其他系统喷油器的区别

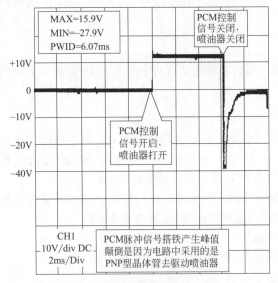

图 4-14　PNP 型喷油器波形分析

就在于它的脉冲电源端接在负极上。

PNP 型喷油器的脉冲电源连接到一个已经接地的喷油器上去开关喷油器，几乎所有的喷油器都是 NPN 型，它的脉冲连接到一个已经有电压供给的喷油器上，流过 PNP 型喷油器的电流与其他喷油器上的方向相反，这就是 PNP 型喷油器释放峰值方向相反的原因。

PNP 型喷油器常见于一些多点燃油喷射（MFI）系统，除了它们出现的波形方向相反以外，PNP 型喷油器与饱和开关型喷油器十分相像。PNP 型喷油器的喷油时间开始于控制模块电源开关将电源电路打开时，喷油时间结束于控制模块完全断开控制电路。它的波形分析如图 4-14 所示。

在波形实例中，喷油器喷油时间刚好是 3 个格，因为这个实例波形的时间轴为 2ms/Div，所以喷油时间大约是 6ms，或精确地说是 6.07ms。可以从这个图形上观察出燃油反馈控制系统是否工作，用丙烷去加浓混合气或用造成真空的方法使混合气变稀，然后观察相应的喷油时间变化情况。

6. 迈腾 B7L 车喷油器波形分析

（1）正常的喷油器波形　当发动机控制单元（J623）决定喷油时，一方面给喷油器搭铁控制端提供合适的搭铁时间，另一方面通过正极控制端提供 2 次高压电流脉冲，第 1 次用来将喷油器针阀拉开，第 2 次用来维持喷油器针阀的开启，喷油结束时，J623 将搭铁切断，此时感应出一个高电位。J623 端喷油器正负极间的波形如图 4-15 所示，J623 端喷油器正极与搭铁间的波形如图 4-16 所示。

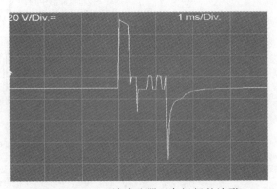

图 4-15　J623 端喷油器正负极间的波形

喷油器负极由 J623 端控制搭铁的接通和断开，如图 4-17 所示为 J623 端控制喷油器负极与搭铁间的波形，二次脉冲均为反向电动势。

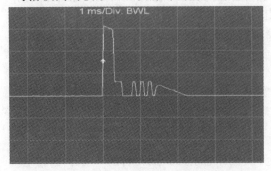

图 4-16　J623 端喷油器正极与搭铁间的波形

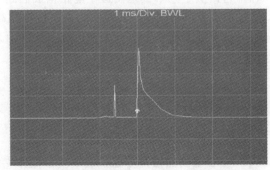

图 4-17　J623 端喷油器负极与搭铁间的波形

（2）断路时的喷油器波形　喷油器正极断路时，J623 端喷油器正极对搭铁的波形如图 4-18 所示，J623 端喷油器负极对搭铁的波形如图 4-19 所示。

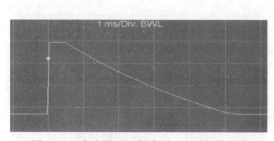

图 4-18　喷油器正极断路时 J623 端喷油器正极对搭铁的波形

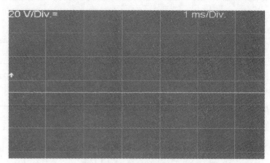

图 4-19　喷油器正极断路时 J623 端喷油器负极对搭铁的波形

（3）虚接时的喷油器波形　在喷油器正极或负极串联 20Ω 的电阻时，J623 端喷油器正负极之间的波形如图 4-20 所示（交替出现），启动车辆的瞬间（1s 内），J623 输出正常的喷油器控制波形，之后以 10s 为一个周期出现 3 次，最后当检测到某缸失火后，J623 便不再控制喷油器负极搭铁，此时的波形如图 4-21 所示。

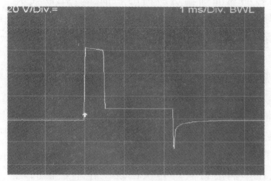

图 4-20　串联电阻后 J623 端喷油器正负极之间的波形

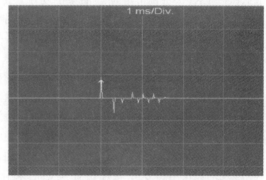

图 4-21　J623 检测到失火后喷油器两端的波形

三、燃油控制系统数据流与波形故障案例精解

案例 1：宝马新 5 系 F18 行驶中连续熄火

故障现象　一辆宝马新 5 系 F18 车，行驶里程约 5000km，车辆由于行驶中连续熄火过几次进行检查维修。驾驶人反映车辆每次熄火后可以再次启动。

故障诊断　接车后首先确认车辆的燃油充足，连接 ISID 进行诊断检测，读取故障码为 EKPS 481B02——燃油泵控制调节电流，过高。故障频率为 6 次，当前不存在。故障内容描述，如表 4-1 所示。

表 4-1　**EKPS 481B02 燃油泵控制调节电流过高的故障描述**

故障描述	如果调节电流（相位 A）大于 18A，则识别到故障
故障识别条件	①总线端 KL.30 介于 9～18V 之间；②总线端 KL.15 接通；③总线端 KL.30 接通；④车内不得激活诊断模式
故障码存储记录条件	删除故障记录：4s

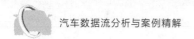

故障影响和抛锚说明	无
保养措施	可能的故障部位：①导线束；②燃油泵控制系统（EKPS）；③燃油箱。根据测试（ABL）进行故障查询
驾驶人信息	检查控制信息（309）：燃油泵
服务提示	该故障存储记录引起电子燃油泵关闭到下次复位。如果另外记录了转速缺失的故障码，该故障码存储记录引起电子燃油泵关闭到下次复位

为确保燃油供应，发动机控制系统通过 CAN 总线将一条含有需求要求的信息发往燃油泵控制系统（EKPS）。根据不同的燃油泵控制方式，该信息或者描述额定输送量（转速调节），或者描述脉冲宽度调制规定（压力调节）。在转速调节中，发动机控制系统通过 CAN 总线发送一条带有燃油量需求要求的信息（单位：L/h）。该数值将在 EKPS 内根据一条特性线换算为额定转速并进行调节至该值。EKPS 将这个请求信号换算成标准电压。该标准电压将在考虑了实际加在总线端 KL.30 上的电压的情况下，转换为脉冲负载参数（脉冲宽度调制）并调节至该值。所以称为燃油泵电子调节。

在系统"燃油泵电子调节"中，将根据需要控制电动燃油泵。DME 控制模块将计算出发动机在相应时刻所需的燃油量。所需的总量（燃油）被作为信息，经 CAN 总线发送至 EKPS。EKPS 将调节电动燃油泵的功率，令电动燃油泵准确输送所需的燃油量。在常规系统中，电动燃油泵是以可提供的最大车载网络电压，恒定地以最高转速运行。在每一种运行状态下，均提供其可能需要的最大燃油量。燃油泵电子调节系统优化了燃油供应装置，并降低了耗油量。

燃油泵电子调节系统包括下列功能：燃油按需输送；燃油低压系统诊断；在出现 CAN 通信问题时进行紧急运行（满功率触发燃油泵）；电动燃油泵冷却和润滑。

接下来根据故障内容执行检测计划，检测燃油泵和 EKPS 之间的导线，没有发现异常。执行燃油泵的功能检测，驱动燃油泵工作 20s，在后座区的右侧有燃油泵工作的声音，说明燃油泵此时可以正常工作，但不能证明燃油泵一直工作正常。车辆只行驶了约 5000km，故障出现的频率有 6 次，有理由怀疑燃油泵有可能在车辆的行驶中再次出现工作不正常的现象，所以解决此故障需要更换燃油泵。

故障排除 更换燃油泵后，车辆熄火的现象没有再次出现，故障排除。

案例 2：2014 年款奥迪 A6L 轿车热车启动困难

故障现象 一辆 2014 年款奥迪 A6L 2.0TFSI 轿车，发动机型号为 CDZ，行驶里程约 10 万千米。驾驶人反映冷车启动正常，行驶中各工况都没发现问题，但行驶一段距离熄火后再次启动困难，要启动好几次才能着车。

故障诊断 接车后先验证驾驶人反映的故障现象，测试后发现和驾驶人描述的一样，热车不易启动。首先连接故障诊断仪检测全车系统，发现在 01 组发动机电脑里存储了一个故障码：P218800——气缸列 1 燃油测量系统-怠速转速时系统过浓，是被动/偶发故障。故障码表示的是混合气有问题。清除故障码后再次热车启动，故障仍旧存在。接下来考虑验证故障码的真实性：混合气过浓现象是否真实存在。发动机热车不好启动是不是因为混合气过浓造成的？

发动机达到正常温度后连接尾气分析仪，读取发动机排放数据，数据显示 CO 为 1.03%、NO 为 462×10^{-6}、HC 为 265×10^{-6}、CO_2 为 20%。根据之前采集的同车型数据，与温度正常车的数据对比（CO 为 0.01%、NO 为 6×10^{-6}、HC 为 0、CO_2 为 20%），

发现 CO 和 HC 值明显高于正常值，尾气分析验证混合气过浓，如图 4-22 所示。

接下来连接 VAS 5053 诊断仪读取发动机数据流，如图 4-23 所示。

图 4-22　尾气分析仪的发动机排放数据（维修前）

图 4-23　维修前的发动机数据流

对数据流进行分析：此车装配的是宽频前氧传感器，传感器电压应始终稳定在 1.5V 左右，高于此值混合气偏稀，低于此值混合气偏浓；后氧传感器的电压应稳在 0.46V 左右，实际数据显示为 0.641V，也显示混合气偏浓。此时已确认发动机混合气存在过浓现象。

首先查看进气量，空气流量数据正常，空气滤芯没有堵塞。排除进气量过低故障。尾气数据中 CO_2 数值为 20%，说明发动机燃烧状况良好，不存在失火状况。发现混合气形成长时匹配气缸列 1 数值为 -17.2%，已接近稀释调整极限（负数表示的是减少喷油量，稀释修正）。

混合气长时匹配是发动机电脑根据混合气存在长时过浓现象做出的喷油量的长时调整。通过长时匹配值的修正来减少喷油量，调稀混合气。再看发动机数据流中的平均喷油时间为 0.900ms，喷油量明显过低，此时混合气仍旧偏浓。出现这种情况，看来是有大量的汽油没经过喷油器直接进入到了燃烧室中。

热车状态下有多余汽油进入燃烧室不外乎这几个原因：一是大量燃油进入曲轴箱内，经曲轴箱通风装置进入进气歧管，最后进入燃烧室；二是活性炭罐电磁阀常开；三是燃油压力调节器泄漏；四是燃油系统压力过高；五是喷油嘴滴漏等。

查看数据流，燃油压力为 3850kPa，正常，排除燃油压力调节器故障。检查活性炭罐电磁阀，工作正常。拆除所有火花塞，通过内窥镜观察，4 个喷油器均没有滴漏的情况。接着检查曲轴箱，当打开机油加注盖时，可以闻到一股很大的汽油味，看来汽油是从曲轴箱里来的。为了验证，热车启动发动机之前，断开油气分离器与进气管之间的连接管，目的是杜绝燃油蒸气进入燃烧室，然后启动发动机，顺利启动。经过多次测试，热车启动困难故障没再出现（图 4-24）。

那曲轴箱里的汽油来自哪里呢？若是活塞环渗漏的话，应该冷车启动时更严重一些。

图 4-24　曲轴箱通风管

此时突然想起原来修过的一辆奔驰 E260，由于燃油高压油泵内部泄漏，大量汽油经高压油泵直接进入到曲轴箱内，可能此车也是高压油泵内部泄漏。拆下高压油泵检查，其顶杆已脱落（图 4-25），此时确定故障原因是高压油泵内部泄漏。

故障排除　更换燃油高压泵后，试车一切正常。数据流都在标准值范围内（图 4-26）。

维修工作中要多看数据流，并学会科学分析数据流，找到故障的本质。发动机维修时一定要借助尾气分析仪进行发动机工况的综合分析，这样会少走不少弯路。

图 4-25　损坏的高压油泵

采样率		0.5		VCDS
UDS群请求				高级测量值块读取
				提高采样率(T)
位置	描述			实际的
040	空气质量:实际值			1.97 g/s
103	冷却液温度			100 ℃
157	尾气温度:气缸列1			373.2 ℃
163	燃油压力			3880 kPa rel
233	混合气形成长期匹配:气缸列1			8.6 %
234	空燃比控制长期匹配:气缸列1			0.0 %
248	平均喷射时间			1.035 ms
353	气缸列1氧传感器,传感器1电压			1.484 V
354	气缸列1氧传感器,传感器2(双稳态传感器)			0.475 V
391	混合气形成短期匹配:气缸列1			-0.8 %
示波图		记录日志	保存	完成,返回

图 4-26　维修后的发动机数据流

案例 3：丰田海狮 TRH213 车发动机无规律熄火

故障现象　一辆丰田海狮 TRH213 车，装配 2TR-FE 发动机，多次出现无规律熄火现象。

故障诊断　该车出现故障时，突然加速无力，接着就熄火，此时，再踩油门踏板也没有用。由于该车故障没有规律性，并且没有故障码输出，因此，采取试车以及原地反复启动、加速进行故障模拟再现。

在测试中，发现轻轻踩下油门踏板时，故障出现概率较高，当故障出现时，发动机加速无力，并且迅速失速熄火，此时，油压保持在标准范围内（0.3136MPa）。这证明燃油泵供油压力正常。结合之前，该车已经在别处做过清洗油箱、喷油嘴以及节气门的工作，因此，排除油路故障的可能性。重点对数据流进行分析。表 4-2 是发动机正常工作不熄火时的部分数据。

表 4-2　发动机正常工作不熄火时的部分数据

数据流	第一组数据	第二组数据
Vehicle Load(发动机负荷)/%	15.686	14.117
MAF(空气流量传感器)/(g/s)	5.89	3.03
Enging Speed(发动机转速)/(r/min)	1388.25	796.75
Vehicle Speed(车速)	0	0
Throttle Position(节气门位置)/%	16.078	14.901
O_2S B1 S2/V	0.820	0.800
AFS B1 S1/V	3.11258	3.39806
Short Ft♯1(短时燃油喷射修正)/%	-21.094	-12.500
Long Ft♯1(长时燃油喷射修正)/%	25.000	12.500

根据以上数据流分析，可以看出长时燃油喷射修正（Long FT♯1）的值分别为 12.500%（796.75r/min）和 25.000%（1388.25r/min），短时燃油喷射修正（Short FT♯1）的值分别

为-12.500%（796.75r/min）和-21.094%（1388.25r/min）。这其中，最为可疑的就是长时燃油喷射修正值。上面两个数据中，怠速时为12.500%，而轻微加大油门时为25.000%，说明发动机混合气长时间处于过稀的状态，ECU正在做出加浓修正，而长时燃油喷射修正的正常值应处于$-10\%\sim10\%$之间。

对油路进行检查，一切正常。那么造成长时燃油喷射修正值异常的原因应在进气量信号上。所以把检查的重点放在进气量检测上，该车采用的热膜式空气流量传感器安装在空气滤清器的后方，总成位于车辆右前大灯的后方，不易看到。当使用检测仪进行检测时，由于发动机熄火过于突然，对于空气流量传感器的信号采集，无法进行。首先拆检空气滤清器，检查其是否存在异常。当修理工拆下空气滤清器时，发现其是国产金杯车使用的配件。当查看流量传感器时，发现在空气流量传感器前方的金属滤网上贴有一块红色异物，取下后发现是一块长90mm、宽30mm的塑料纸，如图4-27所示。

图4-27 空气流量传感器前方的塑料纸

进入空气流量传感器前方的异物位置变化情况与空燃比之间的关系分析如下。

当塑料纸贴在如图4-28(a)所示流量传感器的位置时，由于通过流量传感器部分的进气通道进气量极小，ECU就会认为进气量较小，而实际的进气量却很大，发动机就会因为混合气过于稀薄而失速熄火。

在发动机正常（不出现熄火现象）工作时，大部分时间塑料纸贴在部分阻挡流量传感器的部位上［见图4-28(b)，当时发现塑料纸的位置就是这样］，这样，流量传感器会正常检测到流经其检测部位的空气，但由于部分进气通道被堵塞，ECU检测到的进气量信号小于实际的进气量，这就造成混合气过稀，ECU就增加燃油喷射时间，这也是造成长效燃油喷射值较大的原因。

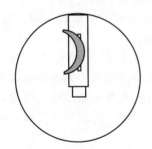 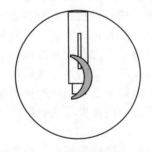 

(a) 混合气极稀时发动机失速熄火　　(b) 混合气稀状态　　(c) 混合气浓状态

图4-28 塑料纸在空气流量传感器的不同位置时对混合气的影响

还有一种情况见图4-28(c)，就是当塑料纸贴在远离空气流量传感器的位置时，由于此时流经流量传感器的空气不受阻碍，可以检测到正常的进气信号，但实际上，总的进气量已经小于流量传感器的测得值，这种情况下，实际燃油喷射量就会过大，混合气就会过浓。这就是为什么短时燃油喷射修正值出现负值，同时，位于三元催化转换器后方的氧传感器O_2S B1 S2的电压值如上面测试数据中出现$0.800V$左右的电压变化的原因。这也可以解释为什么长时燃油喷射修正值（Long FT $\sharp$1）和短时燃油喷射修正值（Short FT $\sharp$1）处于两个相反的值的原因。

在采用OBD-Ⅱ系统的车辆上，发动机ECU的学习功能（也称为自适应功能），使发动机能够根据氧传感器或空燃比传感器的反馈结果，来执行发动机反馈控制，反映在短时燃油修正的结果是瞬时变化的，而在短时修正值长时间超过某一值时，发动机 ECU 就会使长时修正值改变，以适应此时的条件变化，一般这种情况下，短时修正值就会恢复到 0 左右变化的正常范围。

当对发动机进行过某项维修作业后，发动机的工作条件发生了变化，但是，由于长时燃油修正值（策略）仍然是原始的记忆存储，这就使发动机在短时间内出现工作不正常的情况，如发动机转速过高（清洗完节气门后）、混合气过浓（清洗完喷油器后）导致的燃烧不完全或怠速抖动，这样就需要进行发动机的自适应过程。

在进行完发动机 ECU 的自适应后，如果发动机所有系统均正常的话，发动机将恢复正常工作状态。短时燃油修正值与长时燃油修正值显示正常。

故障排除　将塑料纸拿掉后试车，故障排除。

如果造成发动机工作不正常的某一种因素或多种因素仍然存在的话，在进行完自适应学习后的一段时间内，发动机可能表现正常，短时燃油修正和长时燃油修正暂时无异常。但随着发动机工作时间的增加，首先表现在短时燃油修正值开始出现异常，然后，在经过一段时间积累后，长时燃油修正值也会逐渐表现得不正常，而发动机有时会表现得比在正常维修或保养前状况更差。

案例 4： 2011 年款途观车行驶中发动机 OBD 灯点亮，发动机抖动、熄火

故障现象　一辆生产于 2011 年的大众途观车，行驶里程 9774km。驾驶人反映车辆在行驶中发动机 OBD 灯点亮，并抖动、熄火。

故障诊断　接车后验证故障现象，发现发动机 OBD 灯点亮，怠速运转正常，路试车辆出现熄火，重新启动后车辆出现抖动的现象。更换空气流量传感器，检查空气流量传感器相应线路，未见异常。使用 VAS 5051B 对发动机进行检测，有故障码 P0101——空气流量传感器（G70）出现不可靠信号，静态。试车时观察到，该车行驶一段距离后出现熄火、抖动的故障现象，此时空气流量传感器数值变大，负荷信号变大，混合气数值变大。

在此之前已经对空气流量传感器进行过更换，现在故障再次出现，分析有两种可能性：一是空气流量传感器信号线路问题；二是进气管路中有泄漏的地方。

此时再次检查发动机故障存储器，发现其中有故障码 P2271——氧传感器 1/气缸列 2 信号过浓，偶发。根据数据流的数值反应，说明空气流量传感器后有泄漏或传感器的性能出现偏差。再次检查进气管路，发现中冷器至节气门处连接硬管裂开，在原地做加速工况时，其裂缝会随真空压力变化而打开、闭合，使得发动机有额外进气量出现，造成系统故障，并将 OBD 灯点亮。

故障排除　更换空气滤清器后的连接管后试车，故障彻底排除。

案例 5： 迈腾 B6 车冷车启动发动机怠速抖

故障现象　一辆 2009 年迈腾 B6 车，配置 2.0T 发动机。冷车启动时发动机怠速抖动，行驶中发动机故障灯突然点亮。

故障诊断　有故障提示首先还是读故障码，故障码是 P0171——系统浓度过稀。这个故障指向是发动机混合气过稀。真正能够准确地反映故障现象或原因的还是动态的数据流。与混合气浓度相关的第 3 通道和第 33 通道的相应数据如下。

第 3 通道：

① 发动机转速；

② 空气流量；

③ 节气门开度（负荷）；

④ 点火正时。

第 33 通道：

① 空燃比；

② 前氧传感器电压。

在热车的状态下（冷却液温度 90℃以上），空气流量为 2.1～2.3g/s，节气门开度为 4.3%，氧传感器电压为 0.5～0.6V，变化缓慢。

除了氧传感器电压外，空气流量符合维修手册规定的 2～5g/s 的标准值。节气门开度也在标准范围内。虽然氧传感器的数据貌似不正常，但是毕竟氧传感器是个后端反馈的传感器，它信号不正常时应该先验证前端的混合气浓度。在进气管内喷入少量清洗剂，再看氧传感器电压，立刻跳变到 0.7V 以上，急加速收油门时，电压为 0，氧传感器工作没问题。

分析一下混合气过稀的原因，一是供油系统，主要是供油不足导致；二是系统漏气，有一部分没有经过空气流量传感器计量的空气进入进气系统；三是空气流量传感器信号失真。系统漏气主要在进气系统，比较容易漏气的部位是炭罐电磁阀、曲轴箱通风废气阀。这两个装置漏气时空气不经过空气流量传感器计量。空气流量传感器信号失真的原因主要是热膜式的空气流量传感器热膜表面被灰尘或异物覆盖，导致散热不好，同样进气量，传感器输出信号过低。

堵住膜片上部的空气平衡孔，有很明显的真空吸力，同时在堵住时发动机前部发出刺耳的啸叫声，是曲轴箱内真空吸力过大，由曲轴前油封吸进空气时产生的噪声。

故障排除　漏气原因找到了，更换新的曲轴箱通风阀，再检查发动机数据，怠速时空气流量为 2.94g/s，节气门开度还是 4.3%，氧传感器电压在 0.1～0.9V 之间快速变化。清除故障码，第二天冷车启动怠速平稳，故障排除。

第二节　进气控制系统数据流分析与案例精解

一、进气控制系统数据流分析

1. 冷却液温度

（1）发动机冷却液温度　发动机冷却液温度是数值参数，其单位为℃（可通过诊断仪按键选择为℉），其变化范围为 −40～199℃。发动机冷却液温度参数是 ECU 根据发动机冷却液温度传感器输入的信号通过计算得到的，其数值在发动机冷机启动后的热车过程中应能随发动机温度的上升而逐渐增大。在发动机达到正常工作温度时，怠速运转的情况下，冷却液温度参数的数值应该在 85～105℃的范围内。当冷却液温度传感器内部或外接线路有断路故障时，冷却液温度参数显示为 −40℃。如果显示数值 >185℃，则说明冷却液温度传感器或线路有短路故障。

有些车型发动机冷却液温度参数的单位为 V，该参数直接来自冷却液温度传感器的信号电压。这个代表发动机温度的电压值与发动机冷却液温度之间的比例关系依控制电路的方式不同而不同，通常电压值与冷却液的温度成反比关系。也就是说，当发动机冷却液温度低时，表示冷却液温度的电压值高，而当发动机冷却液温度高时，电压值低。发动机冷却液温度传感器正常工作时，其温度参数的数值范围为 0～5V。

如果发动机暖机过程中，冷却系统的节温器已完全打开，而冷却液温度参数值不是逐渐上升，而是下降几摄氏度，表明冷却液温度传感器已损坏。发动机冷却液温度传感器损坏可能会引发的故障现象包括发动机排气管冒黑烟、发动机难以启动、发动机加速不良、发动机怠速不稳定甚至熄火等。

（2）启动时冷却液温度 一些车型的发动机电子控制器会将点火开关接通瞬间的发动机冷却液温度传感器信号记忆在存储器中，并一直保存到发动机熄火后的下一次启动。进行汽车数据流分析时，故障诊断仪可将这一信号以启动温度的形式显示出来，并可将该参数与发动机冷却液温度参数进行比较，以判断发动机冷却液温度传感器正常与否。

当发动机冷机启动时，启动温度和此时的发动机冷却液温度数值是相等的。发动机热机启动时，发动机冷却液温度数值高于启动温度。随着发动机冷却液温度的上升，发动机冷却液温度数值应逐渐增大，而启动温度仍然保持不变。如果启动后两个数值始终保持相同，则说明冷却液温度传感器或其线路有故障。

2. 节气门位置和怠速控制参数

节气门位置和怠速控制参数主要是反映节气门位置及怠速控制装置的工作状况，有些参数也表示发动机ECU向发动机怠速控制和节气门控制装置发出的指令。其参数主要有节气门开度、怠速空气控制、怠速开关、目标怠速转速、怠速控制阀设定位置等。

（1）节气门开度 节气门开度是一个数值参数，其参数的量有电压（V）、角度（°）和百分比（%）三种，因车型的不同而有所不同。电压的数值范围为0～5.1V；角度的数值范围为0°～90°；百分数的数值范围为0～100%。

节气门开度参数的数值表示发动机ECU接收到的节气门位置传感器的信号值，或是根据节气门位置传感器信号值计算出的节气门开度的大小值，其绝对值与节气门开度为正比关系，即节气门开度参数的绝对值越大，则表示节气门的开度也大。

在进行数值分析时，应检查在节气门全关和全开时参数的数值大小。若以电压为参数，节气门全关时的参数值应低于0.5V，节气门全开时应为4.5V左右；若以角度为参数，节气门全关时的参数值应为0°，节气门全开时应为82°以上；若以百分数为参数，节气门全关时的参数值应为0，节气门全开时应为95%以上。若有异常，则可能是节气门位置传感器有故障或调整不当，也有可能是线路或发动机ECU内部的节气门开度信号处理电路有故障。

线性节气门位置传感器输出的电压信号与节气门开度成正比［图4-29（a）］，发动机ECU根据节气门位置传感器的信号来判断节气门的开度，进行喷油量和点火时间的控制。如果节气门位置传感器出现了性能不良，输出的电压信号与节气门的开度不成线性关系［图4-29（b）］，就会导致发动机工作不良。节气门位置传感器出现这种情况时，发动机ECU不能识别其有异常，因而不会有发动机故障指示灯亮起，也不会有故障码储存。因此，在故障检修时，需要通过检测到的节气门开度数值与节气门的实际开度的对比分析，才能发现节气门位置传感器性能不良。

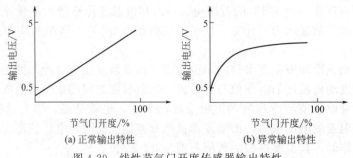

图4-29 线性节气门开度传感器输出特性

节气门位置传感器损坏或性能不良所引起的故障现象有发动机加速不良、发动机怠速不稳、发动机熄火、导致自动变速器自动进入紧急运行状态等。

如对节气门清洗前后的数据流进行分析，相应数据见表 4-3。

表 4-3　节气门位置传感器开度数据流分析

项目	发动机转速/(r/min)	节气门开度/%	喷油量/ms	长时燃油喷射修正值/%	短时燃油喷射修正值/%
节气门清洗前	650	18	3.1	−24	−10～10
节气门清洗后	750	14	2.4	2	−10～10

从第一组的数据可以看到，发动机转速只有 650r/min，偏低，而节气门的开度却达到了 18%，燃油喷射量为 3.1ms，此时的长时燃油喷射值达到了−24%。这说明系统长时处于混合气偏浓的状态，但是究竟是什么原因导致混合气偏浓呢？我们知道，像空气流量传感器信号偏大、冷却液温度以及进气传感器偏离特性均可能造成发动机电控单元做出加大喷油量的决定。但在这里，造成喷油量大的原因，则是节气门体过脏导致的。做出分析之前，先看第二组数据，这组数据是清洗完节气门，并拆下蓄电池负极线后得到的。此时，看到发动机转速是 750r/min，节气门的开度恢复到了 14%，喷油量是 2.4ms，长时燃油修正值为 2%，从数据上看，发动机转速恢复到正常转速，而且喷油量下降了。而在清洗完节气门后，在没有对电脑进行重新学习之前，节气门开度仍旧是 18% 时，发动机转速达到了 1800r/min。

这些数据说明，采用电子节气门的发动机，当节气门由于积炭导致发动机进气量减少时，电脑会使节气门阀打开较大的开度，以补偿进气量的不足，但这样做的结果是，虽然使发动机勉强可以维持怠速转速运转，但是过大的节气门开度信号，破坏了发动机控制单元的控制平衡，在进气量没有增加的前提下，电脑根据节气门开度信号加大了燃油喷射量，这使得整个系统偏浓，因而发动机控制单元依据氧传感器信号始终在减少燃油喷射量，以求达到反馈平衡，表现在长时燃油修正值时，就是始终为负值。由于电脑一直处于减少喷油的过程，随之而来的另一问题是，当发动机加速时，加速加浓量不足，瞬间混合气偏稀，使发动机出现加速迟缓的故障。

（2）怠速空气控制　怠速空气控制是一个数值参数，该参数的数值表示发动机 ECU 所控制的发动机节气门体上怠速控制阀的开度。在检测时，根据不同的车型，该参数有采用百分数和不采用百分数两种情况，其数值范围有 0～100%、0～15 和 0～255 三种。其数值越小，表示怠速控制阀的开度越小，经怠速控制阀进入发动机气缸的进气量也较少；其数值越大，表示怠速控制阀的开度越大，经怠速控制阀进入发动机气缸的进气量也较多。在进行数值分析时，通过观察该参数可以监测到发动机 ECU 对怠速控制阀的控制情况，并可用做判断发动机怠速故障或其他故障时的参考。

（3）怠速开关　怠速开关是一个状态参数，其显示内容为 ON 或 OFF。它表示发动机 ECU 接收到的节气门位置传感器中怠速开关的信号。当节气门全关时，节气门位置传感器中的怠速开关闭合，此时该参数显示为 ON；在节气门打开后，该参数显示为 OFF。若怠速开关状态参数有异常，则表示节气门位置传感器及其连接线路或 ECU 内部有故障。

（4）目标怠速转速　目标怠速转速参数是一个数值参数，该参数是发动机 ECU 根据当前发动机的温度、空调压缩机的工作状态、动力转向油泵及自动变速器油泵是否工作等因素所确定的发动机转速。也就是说，目标怠速转速就是发动机 ECU 根据当前发动机的温度和负荷情况所要控制的怠速转速。

（5）怠速控制阀设定位置　怠速控制阀设定位置是发动机 ECU 的内部参数，它表示 ECU 设定的 IAC（怠速空气控制）阀电动机应在的位置，而数据流显示的 IAC 参数则是 IAC 阀电动机的实际位置。怠速空气控制阀设定值和实际位置的读数值应该相等或非常接近。如果 ECU 检测到发动机状态发生突然变化，如 A/C 接通或冷却风扇工作，它将给出新的设定值，而实际值也应在几秒内发生相应改变。

3. 进气状态参数

进气状态参数包括汽车周围的大气压力、发动机进气歧管中的压力或进气量的大小等。发动机 ECU 通过测量这些参数来判断发动机当前的负荷，并计算喷油器的喷油量和点火提前角。进气状态参数主要有大气压力、进气管压力、空气流量、进气温度等。

（1）大气压力　大气压力参数是一个数值参数，该参数的数值表示大气压力传感器向发动机 ECU 输入信号电压的高低，或是 ECU 根据大气压力传感器的信号电压经计算后得出的大气压力数值。该参数的单位依车型不同而不同，有 V、kPa、cmHg 三种，其变化范围分别为 0～5.12V、10～125kPa、0～100cmHg（1cmHg＝13332.2Pa）。有些车型的发动机 ECU 显示两个大气压力参数，这两个参数分别表示大气压力传感器信号电压的大小及 ECU 根据这一信号计算后得出的大气压力的数值。

大气压力数值和海拔有关：在海平面附近为 100kPa 左右，高原地区大气压力较低，在海拔 4000m 附近为 60kPa 左右。在数值分析中，如果发现该参数和环境大气压力有很大的偏差，则表明大气压力传感器或 ECU 有故障。

（2）进气管压力　进气管压力是一个数值参数，它表示由进气管压力传感器传送给发动机 ECU 的信号电压值的大小，或 ECU 根据进气管压力传感器信号电压经计算后得出的进气管压力数值。该参数的单位依车型不同而不同，有 V、kPa、cmHg 三种，其变化范围分别为 0～5.1V、0～205kPa 和 0～105cmHg。进气管压力传感器所测得的压力是发动机节气门后方的进气歧管内的绝对压力。

在发动机运转时，该压力的大小取决于节气门的开度和发动机的转速。在相同节气门开度下，发动机转速越快，该压力就越低；在相同转速下，节气门开度越小，进气歧管的压力就越低。涡轮增压发动机在增压器起作用时，其进气歧管压力大于大气压力（102kPa）。在发动机熄火状态下，进气歧管压力应约等于大气压力，该参数值应为 100～102kPa。如果在进行数值分析时发现该参数值和发动机进气歧管内的绝对压力不符，说明传感器不正常或发动机 ECU 有故障。

怠速时，进气歧管压力传感器数值一般为 29～31kPa。造成进气歧管压力异常的原因有进气歧管垫密封不良，进气门密封不良，排气管堵塞、喷油器堵塞或点火不良导致的发动机某缸工作不良，EGR 阀门关闭不严等。

（3）空气流量　空气流量为数值参数，该参数表示发动机 ECU 接收到的空气流量传感器的进气流量信号，其数值变化范围和单位取决于车型及空气流量传感器的类型。

采用叶片式空气流量传感器、热线式空气流量传感器及热膜式空气流量传感器的汽车，该参数的变化范围为 0～5V。大部分车型的电压数值大小和进气量成反比，即进气量增加时，空气流量传感器输出的电压值下降，空气流量参数值也随之下降。5V 表示无进气量；0 表示最大进气量。有的车型，其空气流量参数值的大小和进气量成正比，空气流量数值小时，所表示的进气量也小。

采用涡流式空气流量传感器的汽车，该参数的变化范围为 0～1600Hz 或 0～6.25ms。在怠速时，不同排量发动机的空气流量参数值为 25～50Hz。进气量越大，该参数的值也越大，在 2000r/min 时为 70～100Hz。如果在不同工况时该参数的值没有变化或与标准值有较大的误差，则说明空气流量传感器有故障。

空气流量传感器不良或 ECU 计算得到的进气量不准确时可能引起的故障现象有加速不良、发动机进气管回火、发动机排气管放炮或冒黑烟等。

（4）进气温度　　进气温度也是一个数值参数，其变化范围为−50～185℃。进气温度参数是发动机 ECU 按进气温度传感器的信号经计算后得出的进气温度数值。在进行数据流的数值分析时，应检查该数值与实际进气温度是否相符。如果不相符，则说明进气温度传感器或发动机 ECU 有故障。在冷车启动之前，该参数值应与环境温度基本相同；在冷车启动后，随着发动机冷却液温度的上升，该参数的值应逐渐增大。若该参数的值为−50℃，表明进气温度传感器或线路断路；若该参数的值为 185℃，表明进气温度传感器或线路短路。

二、进气控制系统波形分析

1. 空气流量传感器波形分析

（1）热线式空气流量传感器波形分析　　博世热线（热膜）式空气流量传感器（图 4-30、图 4-31）是模拟输出电压信号传感器，大多数博世热线式空气流量传感器在空气流量增大时，输出电压也随之升高。热线式空气流量传感器内部温度补偿电路比较复杂，输出电压模拟信号被送到控制模块，控制模块则根据这个信号来计算发动机负荷，判定燃油供给量和点火正时等。

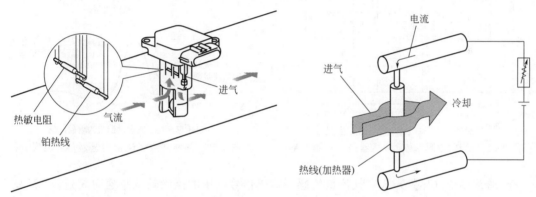

图 4-30　热线式空气流量传感器的结构

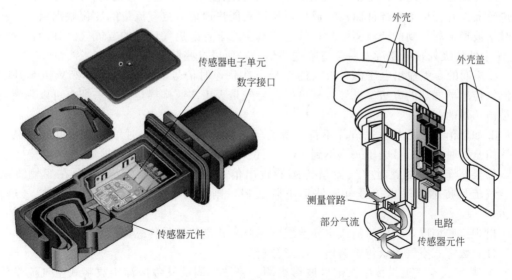

图 4-31　热线式空气流量传感器

① 热线式空气流量传感器波形检测。连接好波形测试设备，探针接信号输出端子，鳄鱼夹搭铁。关闭所有附属电气设备，启动发动机，并使其怠速运转，怠速稳定后，检查怠速输出信号电压（图 4-32 中左侧波形），做加速和减速试验，应有类似图 4-32 中的波形出现。将发动机转速从怠速增加到节气门全开（加速过程中节气门以缓加速的方式打开）持续 2s，不宜超速；再减速回到怠速状况，持续约 2s；再急加速至节气门全开，然后再回到怠速；定住波形，仔细观察空气流量传感器的波形。

② 热线式空气流量传感器波形分析。热线式空气流量传感器信号波形分析如图 4-33 所示。

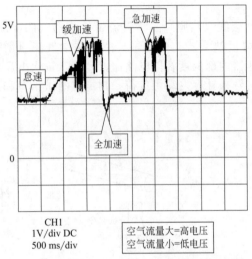

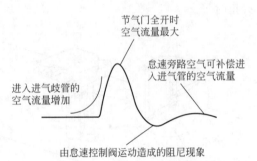

图 4-32　热线式空气流量传感器信号实测波形　　图 4-33　热线式空气流量传感器信号波形分析

a. 通常热线（热膜）式空气流量传感器输出信号电压的范围是从怠速时超过 0.2V 变至节气门全开时超过 4V，当急减速时输出信号电压应比怠速时的电压稍低。

b. 发动机运转时，波形的幅值看上去在不断地波动，这是正常的，因为热线式空气流量传感器没有任何运动部件而没有惯性，所以它能快速地对空气流量的变化做出反应。在加速时从波形上所看到的杂波实际是在低进气真空之下各缸进气口上的空气气流脉冲，发动机 ECU 中的超级处理电路读入后会清除这些信号，所以这些脉冲没有关系。

c. 不同的车型输出电压将有很大的差异，在怠速时信号电压是否为 0.25V 也是判断空气流量传感器好坏的方法。另外，从可燃混合气是否正常或排气是否冒黑烟也可以判断空气流量传感器的好坏。

d. 如果信号波形与上述情况不符，或空气流量传感器在怠速时输出信号电压太高，而节气门全开时输出信号电压又达不到 4V，则说明空气流量传感器已经损坏。

如果在车辆急加速时空气流量传感器输出信号电压波形上升缓慢，而在车辆急减速时空气流量传感器输出信号电压波形下降缓慢，则说明空气流量传感器的热线（热膜）脏污。

出现这些情况，均应清洁或更换热线（热膜）式空气流量传感器。

（2）数字式空气流量传感器信号波形分析

① 数字式空气流量传感器信号波形检测。将波形测试设备探针接数字式空气流量传感器信号输出端子，鳄鱼夹接地。在发动机运转时测试空气流量传感器输出信号电压波形。数字式空气流量传感器输出的信号都是频率信号，根据空气流量传感器的不同，其输出信号电

压波形可以分为高频和低频两种形式，两种形式空气流量传感器的信号波形如图 4-34 所示。

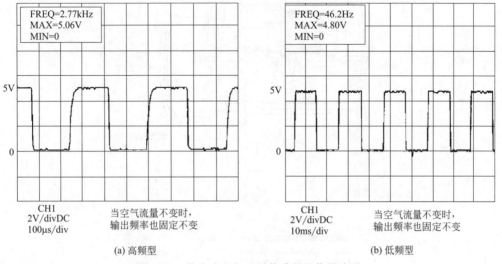

CH1
2V/divDC
100μs/div
当空气流量不变时，
输出频率也固定不变

(a) 高频型

CH1
2V/divDC
10ms/div
当空气流量不变时，
输出频率也固定不变

(b) 低频型

图 4-34 数字式空气流量传感器的信号波形

② 数字式空气流量传感器信号波形分析（图 4-35）。

a. 波形的幅值大多数应满 5V，波形的形状也要一致，矩形的拐角和垂直沿的一致性要好，传感器输出信号电压波形的频率要与发动机转速和空气流量传感器的频率一致。有些车型如通用别克汽车的波形上部左侧的拐角有轻微的圆滑过渡是正常现象，并不说明传感器损坏。

b. 随着空气流量的增加，传感器输出信号波形的频率也增加，流过空气流量传感器的空气越多，信号向上出现的脉冲频率也就越高。

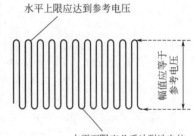

图 4-35 数字式空气流量传感器
信号波形分析

c. 如果信号波形不符合上述要求，或者脉冲波形有伸长或缩短，或者有不想要的尖峰和变圆的直角等，应更换空气流量传感器。

（3）涡流式空气流量传感器波形 涡流式空气流量传感器（图 4-36）通常与空气滤清器组成一体，这种类型传感器常用在三菱发动机系统中，它的输出方式是数字式，但它与其他的数字式空气流量传感器不同，大多数数字式空气流量传感器随空气流量的改变，其输出频率也将随之改变，而涡流式空气流量传感器不仅改变频率，同时还改变脉冲宽度。通常数字式空气流量传感器在空气流量增大时频率也随之增加，在加速时，涡流式空气流量传感器与其他数字式空气流量传感器不同之处在于它不但频率增加，同时它的脉冲宽度也改变。因为大多数涡流式空气流量传感器提供与空气流量对应的频率参数，所以测试涡流式空气流量传感器时，波形图就十分有用。

① 涡流式空气流量传感器波形检测。启动发动机，试验不同转速时的情况，把较多的时间用在测试发动机性能有问题的转速段内，看示波器；确信在任何给定的运行方式下，波形的重复性和精确性在幅值、频率、形状以及脉冲宽度等几个方面关键参数都是不相同的；确信在稳定转速的空气流量的情况下，空气流量传感器能产生稳定频率。

② 涡流式空气流量传感器波形分析。在大多数情况下，波形的振幅应该满 5V，同时也要按照一致原则看波形的正确形状，以及矩形脉冲的方角和垂直沿（图 4-37）。

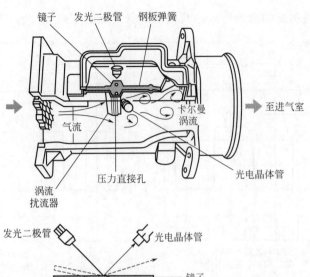

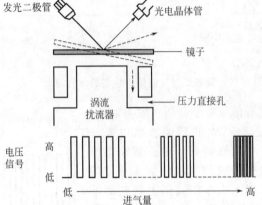

图 4-36　涡流式空气流量传感器的结构原理

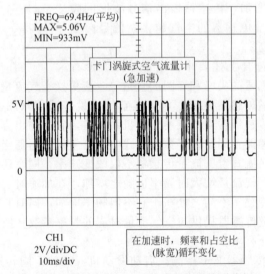

图 4-37　涡流式空气流量传感器信号波形分析

　　在稳定的空气流量下，流量传感器产生的频率也应该是稳定的，无论是什么样的值都应该是一致的。当这种型号的空气流量传感器工作正常时，脉冲宽度将随加速的变化而变化，这是为了在混合气加浓时，能够向控制模块提供非同步加浓及额外喷射脉冲信号。所看到的可能的缺陷和不正确的关键参量是脉冲宽度缩短，不应该有峰尖以及圆角的产生，这些都会影响发动机性能和造成排放等问题。

2. 节气门位置传感器波形分析

在发动机电控燃油喷射系统中，节气门位置传感器（图 4-38）的作用主要是将节气门开度以及节气门开度变化的快慢，转变为电信号输入发动机 ECU，用于判别发动机的各种工况，从而控制不同的喷油量和点火正时。在安装电控自动变速器的汽车上，节气门位置传感器信号是变速器换挡和变矩器锁止时的主要信号。在新型智能电子节气门控制系统中，节气门开启角度不再由加速踏板拉索直接进行控制，而是由节气门伺服电动机根据 ECU 信号进行驱动。电子节气门轴上节气门位置传感器用来检测节气门的实际开度，ECU 以此作为反馈信号，实时控制节气门伺服电动机，对节气门开度做出适当的调整。

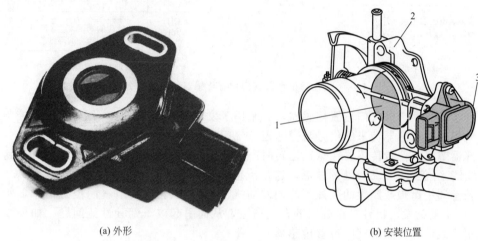

(a) 外形　　　　　　　　　　　　　　　(b) 安装位置

图 4-38　节气门位置传感器的外形及安装位置

1—节气门；2—节气门体；3—节气门位置传感器

（1）线性输出型节气门位置传感器信号波形分析

① 波形检测方法。

a. 连接好波形测试设备，探针接传感器信号输出端子，鳄鱼夹搭铁。

b. 打开点火开关，发动机不运转，慢慢地让节气门从关闭位置到全开位置，并重新返回至节气门关闭位置。慢慢地重复这个过程几次。这时波形应如图 4-39 所示呈现在显示屏上。

② 波形分析。线性输出型节气门位置传感器信号波形如图 4-40 所示。

查阅车型规范手册，以得到精确的电压范围，通常传感器的电压应从怠速时的低于 1V 到节气门全开时的低于 5V。波形上不应有任何断裂、对地尖峰重大跌落。应特别注意在前 1/4 节气门开度中的波形，这是在驾驶中最常用到传感器膜片的部分。传感器的前 1/8～1/3 的膜片通常首先磨损。

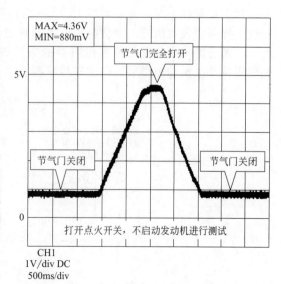

图 4-39　线性输出型节气门位置传感器信号波形

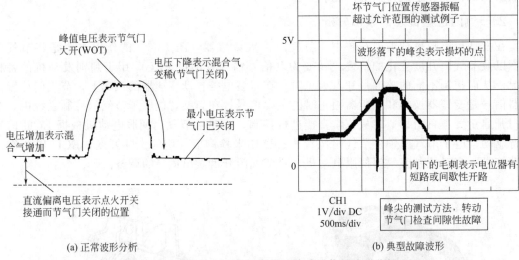

峰值电压表示节气门
大开(WOT)

电压下降表示混合气
变稀(节气门关闭)

最小电压表示节气
门已关闭

电压增加表示混
合气增加

直流偏离电压表示点火开关
接通而节气门关闭的位置

(a) 正常波形分析

坏节气门位置传感器振幅
超过允许范围的测试例子

波形落下的峰尖表示损坏的点

5V

0

向下的毛刺表示电位器有
短路或间歇性开路

CH1
1V/div DC
500ms/div

峰尖的测试方法，转动
节气门检查间隙性故障

(b) 典型故障波形

图 4-40　线性输出型节气门位置传感器信号波形分析

有些车辆有两个节气门位置传感器，一个用于发动机控制，另一个用于变速器控制。发动机节气门位置传感器传来的信号与变速器节气门位置传感器操作相对应。

变速器节气门位置传感器在怠速运转时产生低于 5V 的电压，在节气门全开时变到低于 1V。特别应注意达到 2.8V 处的波形，这是传感器膜片容易损坏或断裂的部分。

在传感器中磨损或断裂的膜片不能向发动机 ECU 提供正确的节气门位置信息，所以发动机 ECU 不能为发动机计算正确的混合气命令，从而引起汽车驾驶性能问题。如果波形异常，则更换线性输出型节气门位置传感器。

（2）开关量输出型节气门位置传感器信号波形分析　开关量输出型节气门位置传感器的信号波形检测同线性输出型节气门位置传感器。它是由两个开关触点构成的一个旋转开关。一个常闭触点构成怠速开关，节气门处在怠速位置时，它位于闭合状态，将发动机 ECU 的怠速输入信号端接地，发动机 ECU 接到这个信号后，即可使发动机进入怠速控制，或者控制发动机"倒拖"状态时停止喷射燃油；另一个常开触点（构成全功率触点），当节气门开度达到全负荷状态时，将发动机 ECU 的全负荷输入信号端接地，发动机 ECU 接到这个信号后，即可使发动机进入全负荷加浓控制状态。

开关量输出型节气门位置传感器的信号波形及其分析如图 4-41 所示。如果波形异常，则应更换开关量输出型节气门位置传感器。

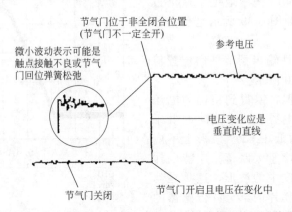

节气门位于非全闭合位置
(节气门不一定全开)

参考电压

微小波动表示可能是
触点接触不良或节气
门回位弹簧松弛

电压变化应是
垂直的直线

节气门关闭

节气门开启且电压在变化中

图 4-41　开关量输出型节气门位置传感器的信号波形及其分析

3. 进气压力传感器（MAP）波形分析

进气压力传感器种类较多，按其检测原理可分为压敏电阻式、电容式、膜盒式、表面弹性波式等。在 D 型电控燃油喷射系统中应用最多的是压敏电阻式、电容式两种，如图 4-42 和图 4-43 所示。

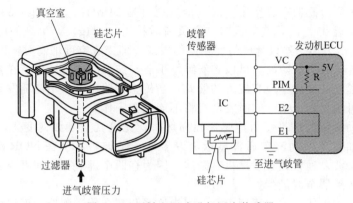

图 4-42　压敏电阻式进气压力传感器

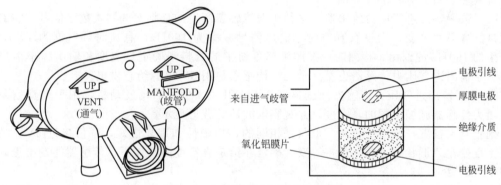

图 4-43　电容式进气压力传感器

（1）模拟式进气压力传感器　模拟式进气压力传感器检测到的真空度可直接对应产生可变的电压输出信号，它是一个三线传感器，有 5V 参考电源，其中两条线是参考电源的正负极，另一条是给电脑的输出信号。

① 模拟式进气压力传感器测试。关闭所有附属电气设备，启动发动机，并使其怠速运转，怠速稳定后，检查怠速输出信号电压。做加速和减速试验，应有如图 4-44 所示的波形出现。

a. 将发动机转速从怠速增加到节气门全开（加速过程中节气门缓速打开），并持续 2s，不宜超速。

b. 减速回到怠速状况，持续约 2s。

c. 急加速至节气门全开，然后再回到怠速。

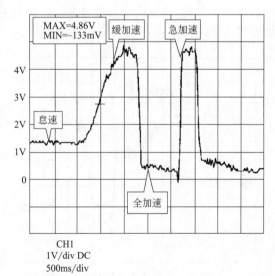

图 4-44　进气压力传感器信号波形分析

d. 将波形定位在屏幕上，观察波形并与波形图比较。也可以用手动真空泵对其进行抽真空测试，观察真空表读数值与输出电压信号的对应关系。

② 模拟式进气压力传感器波形分析。从汽车资料中可查到各种不同车型在不同真空度下的输出电压值，将这些参数与示波器显示的波形进行比较。通常进气压力传感器的输出电压在怠速时是 1.25V，当节气门全开时略低于 5V，全减速时接近 0。

大多数进气压力传感器在真空度高时（全减速时是 24inHg，1inHg=3386.39Pa）产生低的电压信号（接近 0），而真空值低时（全负荷时接近 3inHg）产生高的电压信号（接近 5V），也有些进气压力传感器设计成与此相反的方式，即当真空度增高时输出电压也增高。

当进气压力传感器有故障时，可以查阅维修手册，波形的幅度应保持在接近特定的真空度范围内，波形幅度的变化不应有较大的偏差。当传感器输出电压不能随发动机真空值变化时，在波形图上可明显看出来，同时发动机将不能正常工作。

有些克莱斯勒汽车的进气压力传感器在损坏时，无论真空度如何变化，输出电压都不变。有些系统，如克莱斯勒汽车通常显示出许多电子杂波，甚至在 NORMAL 采集方式，波形上还有许多杂波，通常四缸发动机有杂波，因为在两个进气行程间真空波动比较多。通用汽车进气压力传感器杂波最少。

如果波形杂乱或干扰太大，不用担心，因为这些杂波在传送到控制模块后，控制模块中的信号处理电路会清除杂波干扰。

（2）数字输出进气压力传感器　这种压力传感器产生的是频率调制式数字信号，它的频率随进气真空而改变，当没有真空时，输出信号频率为 160Hz，怠速时真空度为 19inHg，它产生约 150Hz 的输出，检测时应按照维修手册中的资料来确定真空度和输出频率信号关系。数字输出进气压力传感器也是一个三线传感器，用 5V 电源给它供电。

① 数字输出进气压力传感器测试。打开点火开关，但不启动发动机，用手动真空泵给进气压力传感器施加不同的真空度，并观察示波器的波形显示。

确定判定参数：幅值、频率、形状是相同的，精确性和重复性好，幅值接近 5V，频率随真空度变化，形状（方波）保持不变。确定在给定真空度的条件下，传感器能发出正确的频率信号。

② 数字输出进气压力传感器波形分析。波形的幅值应该是满 5V 的脉冲，同时形状正确，比如波形稳定，矩形主角正确，上升沿垂直。频率与对应的真空度应符合维修资料给定的值（图 4-45）。可能的缺陷和参数值的偏差主要是不正确频率值、脉冲宽度变短、不正常波形等（图 4-46）。

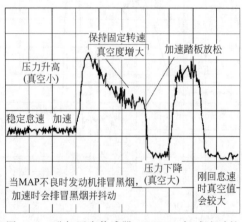

图 4-45　进气压力传感器（MAP）加减速时的
正常波形

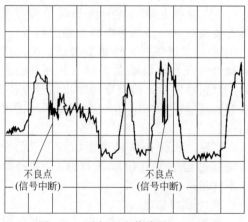

图 4-46　进气压力传感器（MAP）
加减速时的不良波形

4. 温度传感器波形分析

温度传感器的种类很多，常用的有热敏电阻式、金属热电阻式、线绕电阻式、半导体晶体管式等。常用的热敏电阻有负温度系数（NTC）型和正温度系数（PTC）型。汽车普遍采用 NTC 型热敏电阻式温度传感器，如冷却液温度传感器、进气温度传感器、排气温度传感器、燃油温度传感器等。

这些传感器由控制模块提供 5V 参考电源供电，同时它们将与温度成比例的电压反送给控制模块（PCM）。典型的燃油温度、进气温度和冷却液温度传感器的电阻变化范围是，在 $-40℃$ 时约为 $10k\Omega$，在 $130℃$ 时约为 50Ω。

（1）进气温度传感器　进气温度传感器（图 4-47）通常用于检测进气管中的空气温度，当用示波器或万用表测试时，从表中读出的是传感器热敏电阻两端电压降，进气温度低时传感器的电阻值及电压降就高，进气温度高时传感器的电阻值及电压降就低。

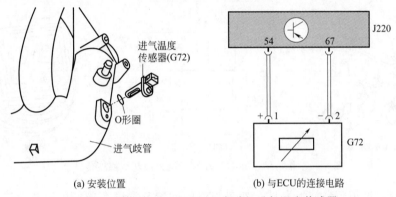

(a) 安装位置　　　　　　　　(b) 与 ECU 的连接电路

图 4-47　桑塔纳 2000GSi AJR 发动机进气温度传感器

① 进气温度传感器波形测试。除非发现的故障依赖于温度，否则应在发动机完全冷的情况下开始进行测试。用这种方法，可以更好地从怀疑有故障的温度段开始测试。

启动发动机并加速至 2500r/min，稳住转速，看示波器屏幕上波形从左端开始直到右端结束，示波器上时间轴每格表示 5s，总共一次记录传感器工作时间为 50s，将屏幕上的波形定住，停止测试，其波形如图 4-48 所示。

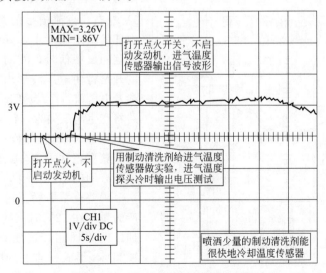

图 4-48　进气温度传感器测试波形

汽车数据流分析与案例精解

测试进气温度传感器的另一种方法是用喷射清洗剂或水喷雾器喷射传感器，这样会使传感器降温。当打开点火开关，发动机又转动的情况下，喷射传感器波形电压会向上升。

② 进气温度传感器波形分析。按照制造厂的资料确定输出电压范围，通常传感器的电压应在 3～5V（完全冷车状态）之间，在运行温度范围内电压降在 1～2V 之间，这个直流信号的关键是电压幅度，在各种不同温度下传感器必须给出对应的输出电压信号。

当进气温度传感器电路开路时将出现电压向上直到接地电压值的尖峰；当进气温度传感器电路对地短路时将出现电压向下直到参考电压值为 0。

（2）冷却液温度传感器 发动机冷却液温度传感器（图 4-49）安装在冷却液出口处，它向 ECU 提供一个随冷却液温度变化的模拟信号。ECU 根据冷却液温度信号来确定点火正时、怠速控制和喷油量。另外，氧传感器控制、减速断油和蒸发排放系统等功能也基于发动机冷却液温度传感器的输出信号系统进行工作。

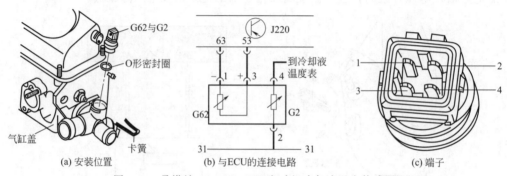

图 4-49 桑塔纳 2000GSi AJR 发动机冷却液温度传感器

① 冷却液温度传感器波形测试。如果观察的问题与温度有关，可以从全冷态的发动机开始试验步骤。如果故障与温度的变化无关，直接从怀疑的温度范围开始试验是较好的。启动发动机，在 2500r/min 下保持节气门不变，直至轨迹从屏幕的左侧至屏幕右侧，在 6s/div 下，看起来好像不变，但仅仅 10min 后按示波器上的"RUN/HOLD"按钮以冻结显示的波形，传感器已通过整个运行范围，从全冷态至正常工作温度。

② 冷却液温度传感器波形分析 如图 4-50 所示为冷却液温度传感器波形分析。通常冷车时传感器的电压应在 3～5V（全冷态）之间，然后随着发动机运转减少至运行正常温度时的

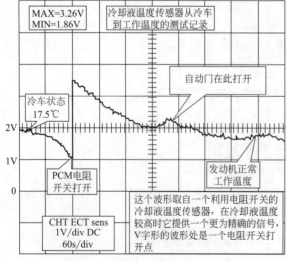

图 4-50 冷却液温度传感器波形分析

1V 左右。直流信号的判定性度量是幅度。在任何给定温度下，好的传感器必须产生稳定的反馈信号，发动机冷却液温度电路的开路将使电压波形出现向上的尖峰（到参考电压值），发动机冷却液温度电路的闭路将产生向下尖峰（到接地值）。

缩短时基轴转速至 200ms/div 或更短对捕获在正常采集方式下快速和间歇性故障是有用的。

一些克莱斯勒公司和通用汽车公司生产的轿车在 52℃ 时（约 1.25V）串联一个 1kΩ 电阻回路，这使得波形先开始呈约 1.25V，形成一向上的阶跃，波形上跳至 3.7V，然后继续下降至完全升温，电压

约为 2V。通常，这对克莱斯勒公司和通用汽车公司生产的轿车来说是正常的。

（3）燃油温度传感器　燃油温度传感器通常检测发动机燃油管道中的温度，当用示波器或万用表测量燃油温度传感器时，所读出的是 NTC 电阻两端的电压降。当较低温度时传感器两端电阻及电压降比较高；而温度高时，传感器电阻及两端电压降则变低。燃油温度传感器的波形测试应从发动机完全冷的状况下开始测试，当得到故障与温度有关时，从被怀疑的温度范围开始可能是比较好的方法。

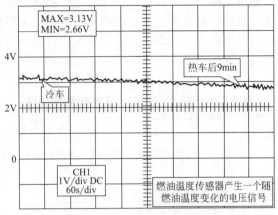

图 4-51　燃油温度传感器波形

启动发动机，然后加速至转速为 2500r/min 并保持，让示波器中的波形从左向右在屏幕上完全显示出来（图 4-51），定住波形，停止检测，这时传感器已经通过了汽车全部的运行范围，如果故障是间或发生在行驶中，可能还将有必要在路试中测试。

传感器的电压显示应≤5V（当发动机完全是冷机时），在运行温度范围内下降 1～2V，这个直流（DC）信号的判定的关键尺度是电压幅度，传感器在任何温度下都应该发出平稳幅度的电压信号。

三、进气控制系统数据流与波形故障案例精解

案例 1： 雪铁龙凯旋轿车怠速游车且加速无反应

故障现象　一辆 2006 年产的东风雪铁龙凯旋轿车，装备 EW10A 发动机，由于此车在积水道路中熄火，驾驶人反复启动发动机，最后导致发动机损坏。进行发动机大修作业后，启动发动机，发现发动机出现了怠速游车，同时加速没有反应的现象。

故障诊断　维修人员首先用 X431 读取故障码，发现有以下故障信息：节气门信号不可靠；节气门未基本设置；节气门信号短路等。清除故障码后，故障现象依旧，由于是刚大修的发动机，怀疑需要匹配节气门，所以找到专用仪器进行节气门匹配，但是匹配完成以后故障依旧，分析数据发现节气门的信号不正常，其开度竟然是 0。

为了确认故障部位，用万用表进行了检测，发现节气门位置传感器的信号电压只有 3.3V，这是不正常的电压，突然之间想到本车进水了，可能是有某个元件损坏，造成的电源短路。所以首先想到的是有 5V 供电电源的传感器（图 4-52），拔掉进气压力传感器，测量电压依旧。又拔下凸轮轴位置传感器，再测量还是如此。拔下冷却液温度传感器进行测量，电压还是没变化。正当没有头绪的时候突然想到加速踏板，当拔下加速踏板插头时，节气门的 5V 工作电压恢复了正常。此时可以判定是加速踏板内部进水造成的短路。

故障排除　更换加速踏板后故障排除。

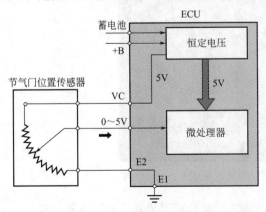

图 4-52　发动机电控系统传感器 5V 电压功能原理

案例 2： 2015 年款广汽本田奥德赛

车发动机启停系统不工作

故障现象 一辆 2015 年款广汽本田奥德赛车，行驶里程约为 1 万千米，因发动机启停系统不工作而进厂检修。

故障诊断 接车后试车验证故障，接通点火开关，启动发动机，发动机能顺利启动，但仪表信息中心提示发动机启停功能不工作。对车辆进行路试，确认故障现象确实存在。对车辆进行常规检查，发现空调系统前风窗玻璃除雾开关处于接通状态，此外未见其他异常。于是将前风窗玻璃除雾开关断开后，再次试车，故障依旧。

图 4-53 HDS 读取到的故障码（截屏）

连接 HDS，读取故障码，读得的故障码如图 4-53 所示。记录并尝试清除故障码后试车，故障码可以清除，且不再出现，但发动机启停功能仍不能正常工作。接着用 HDS 查看故障车的发动机数据流，结果如图 4-54 所示，数据流显示有 3 项数据有问题。逐一对有问题的数据进行分析。

①"怠速停止禁止（预处理）"的数据显示为"被禁止"，说明发动机目前不具备保证启停功能正常运行的条件，需要查看其他被禁止的条件。

②"怠速停止禁止（行驶历史）"的数据显示为"被禁止"的原因有自动变速器挡位没有位于 D 挡。目前车速低于 5km/h；发动机启动后，车速没有超过 5km/h 或没有达到规定的运行时间等。

③"怠速学习"数据显示为"未完成"，说明发动机怠速学习没有完成或数据丢失。

禁止怠速停止	正常	
怠速停止禁止（AT/CVT：预处理）	正常	
怠速停止禁止（预处理）	被禁止	
怠速停止禁止（倾斜状态）	正常	
怠速停止禁止（座椅安全带松开）	正常	
怠速停止禁止（行驶历史）	被禁止	
怠速停止禁止（PCU）	正常	
怠速停止禁止（发动机盖打开）	正常	
怠速停止禁止（EPS单元）	正常	
怠速停止禁止（DC-DC转换器）	正常	
怠速停止禁止（怠速停止取消开关）	正常	
怠速停止禁止（蓄电池管理系统）	正常	
怠速停止禁止（蓄电池性能变差）	正常	
怠速停止禁止（HVAC）	正常	
怠速学习	未完成	
自PF传感器转换得出的燃油压力	4	MPa
自PF传感器转换得出的燃油压力	1.19	V
燃油压力直接喷射系统	4	MPa

图 4-54 发动机控制单元数据（截屏）

查阅相关资料得知，在车辆处于静止状态时，"怠速停止禁止（预处理）"和"怠速停止禁止（行驶历史）"的数据显示为"被禁止"，并不会对发动机启停功能产生影响，因此故障原因锁定为怠速学习未完成。

故障排除 按照维修手册的提示对车辆进行怠速学习。执行怠速学习程序约 15min 后，怠速学习顺利完成。对车辆进行路试，发动机启停功能恢复正常（图 4-55）。

图 4-55 发动机启停功能恢复正常

案例 3： 2014 年款路虎发现 4 越野车，将油门踏板踩到极限位置时提不起速

故障现象　一辆 2014 年款路虎发现 4 越野车，将搭载 3.0L 柴油发动机和 8 速变速器，行驶里程为 78659km。驾驶人反映该车在将油门踏板踩到极限位置时提不起速，并报性能受限故障。

故障诊断　车辆进厂维修后首先与驾驶人一起试车，在车辆行驶了近 20km 后出现了性能受限的故障，遂回厂进行检查。连接 SDD 诊断电脑查看故障码（图 4-56）。

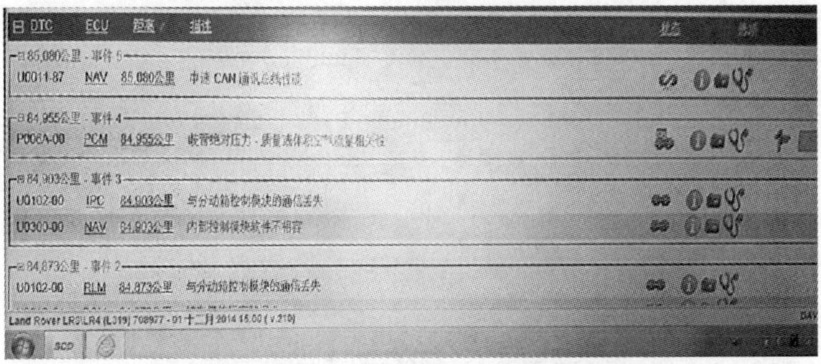

图 4-56　车辆行驶中出现的故障码

故障码分别为 U0011-87——中速 CAN 通信总线性能异常；P006A-00——歧管绝对压力、质量或体积空气流量相关性异常；U0102-00——与分动箱控制模块的通信丢失；U0300-00——内部控制模块软件不相容；U0102-00——与分动箱控制模块的通信丢失。

根据故障码和以往的维修经验判断，造成这种现象的可能原因有以下几种：进气堵塞；进气软管漏气；进气歧管压力传感器有问题；节气门体有问题。

首先拆掉空气滤芯，检查空气滤芯和空气滤芯壳体的进气口有无堵塞，没有发现异常。接下来检查进气软管是否有漏气的情况，经仔细检查没有发现漏气或软管破裂的现象。查看数据流进行判断，为了准确地确定问题所在，找到相同的正常行驶的车辆，读取发动机的数据流，取得标准的数据，然后再与故障车辆数据进行对比。读取的正常行驶车辆的数据如图 4-57 所示，故障车辆的数据流如图 4-58 所示。

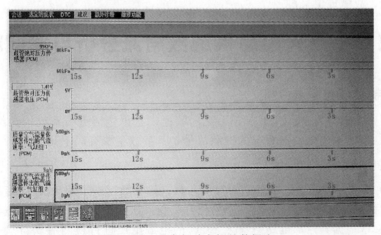

图 4-57　正常行驶车辆的数据流

经过对比发现，正常行驶车辆的歧管绝对压力是 99kPa，歧管绝对压力传感器的电压是 1.41V，而该车歧管绝对压力传感器的压力和电压分别是 98kPa 和 1.42V，其他的空气流量数据相差不大，这说明歧管绝对压力传感器和空气流量传感器都是没有问题的。既然传感器也没有问题，则进一步检查节气门体，而且要拆卸检查。在拆下节气门体的时候发现节气门

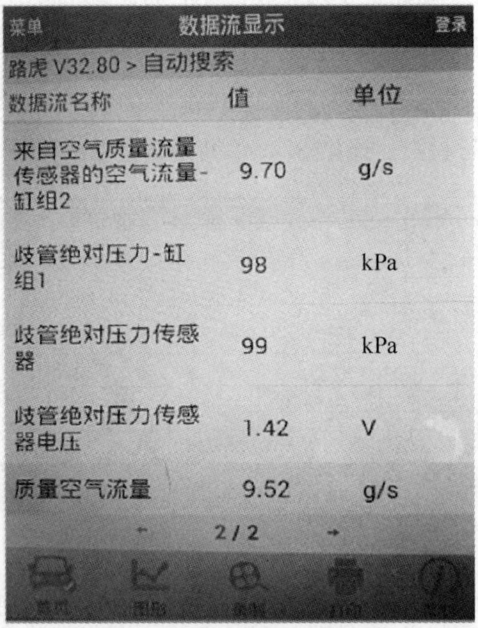

菜单	数据流显示	登录
路虎 V32.80 > 自动搜索		
数据流名称	值	单位
来自空气质量流量传感器的空气流量-缸组2	9.70	g/s
歧管绝对压力-缸组1	98	kPa
歧管绝对压力传感器	99	kPa
歧管绝对压力传感器电压	1.42	V
质量空气流量	9.52	g/s
	2/2	

图 4-58　故障车辆的数据流

体的翻板没有异常，但有一个密封圈破损，可能会引起漏气，于是决定先把节气门体破损的密封圈处理后再试车。处理好节气门体的密封圈以后，连接电脑，删除故障码，试车 50km 后连接电脑重新读取故障码，车辆一切正常。将密封圈更换后驾驶人将车提走。

故障排除　在更换完密封圈的三天之后，驾驶人反映早上从地下车库出来爬坡的时候，感觉动力不足，将油门踏板踩到底也是一样的，车辆热车后恢复正常。车辆重新进厂维修后读取故障码，与之前相同，区别在于该现象只在早上凉车的时候出现，热车以后正常，分析该现象猜测是由于积炭引起的，清除节气门体和进气歧管的积炭，第二天试车，正常。几天后回访驾驶人，故障现象未再现。

第三节　点火控制系统数据流分析与案例精解

一、点火控制系统数据流分析

电气和点火系统参数表示汽车电气系统的状况，它也包括点火系统传送给发动机 ECU 的输入信号与 ECU 输出至点火系统的控制信号，其参数主要有以下几种。

1. 蓄电池电压

如图 4-59 所示，蓄电池电压是一个数值参数，该参数反映了发动机 ECU 所检测到的蓄电池电压，其数值变化围范为 0～25V。发动机控制系统中没有专门检测蓄电池电压的传感器，发动机 ECU 根据其内部电路对输入 ECU 的电源电压进行检测后获得这一数值。在发动机运转时该参数实际数值通常接近于正常的充电电压，怠速时为 13.5～14.5V。在进行数值分析时，可将该参数与蓄电池接线柱上的电压进行比较。若电压过低，说明发动机 ECU 的电源线路有故障。

蓄电池电压过低时，发动机 ECU 的某些功能会发生变化，例如当发动机 ECU 检测到蓄电池电压降至低限值以下时，就会发出指令，使发动机以高怠速运转，以提高发电机的转

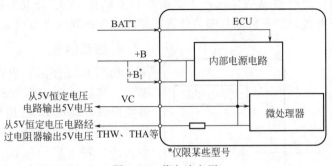

图 4-59　蓄电池电压

速，增加充电量。这时，就会对发动机的怠速控制、燃油喷射控制和点火时间控制等参数产生影响。而当 ECU 检测到蓄电池电压过高时，大部分车型的 ECU 会切断由其控制的电磁阀电流，以防止 ECU 因工作电流过大而烧坏。

当发动机 ECU 检测到的电压值过低时，会引起发动机怠速不稳、发动机熄火、加速不良、发动机启动困难等故障。

2. 5V 基准电压

如图 4-60 所示，5V 基准电压为数值参数，它表示 ECU 向某些传感器输出的基准工作电压的数值，其变化范围为 0～5.1V。大部分汽车 ECU 的基准电压为 5.0V 左右。该电压是衡量汽车 ECU 工作是否正常的一个基本标志，若该电压异常，而 ECU 的电源电压正常，则表示 ECU 内部有故障。

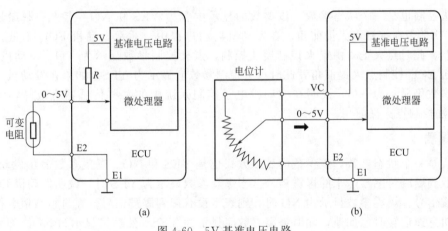

图 4-60　5V 基准电压电路

3. 点火提前角

点火提前角是一个数值参数，该参数表示由发动机 ECU 控制的总点火提前角（含基本点火提前角），变化范围为 −90°～90°。在发动机运转过程中，该参数取决于反映发动机工况与状态的相关传感器的信号，通常在 10°～60° 之间变化。

在进行数值分析时，应检查点火提前角参数能否随发动机工况与状态的改变而变化。发动机怠速运转时该参数值大约为 15°；发动机转速升高时，该参数值应随之增大。如果点火提前角参数值在发动机不同工况下保持不变，则表示发动机 ECU 有故障。

可以用正时灯检测发动机的点火提前角的实际值，并与发动机 ECU 点火提前角参数值进行比较。如果用正时灯检测的实际点火提前角与发动机 ECU 的点火提前角参数值不相符，则说明曲轴位置传感器不良或其安装位置不正确，应按规定进行检查和调整。

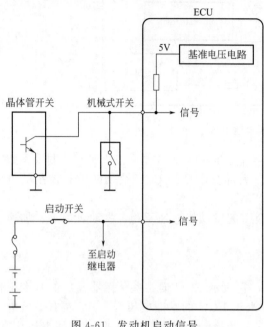

图 4-61 发动机启动信号

4. 启动信号

如图 4-61 所示，启动信号是一个状态参数，其显示内容为 YES 和 NO。该状态参数反映发动机 ECU 所检测到的点火开关位置或起动机回路启动时的通断情况。在点火开关转至启动位置、启动机通电运转时，启动信号参数应显示为 YES，在其他情况下，启动信号参数显示为 NO。

发动机 ECU 根据启动信号来判断发动机是否处于启动状态，并由此来控制发动机启动时的燃油喷射、怠速控制电磁阀的开度以及点火正时。在进行数值分析时，应在发动机启动时检查该启动信号参数是否显示为 YES。如果在启动时启动信号参数仍显示为 NO，说明启动系统至 ECU 的信号电路有故障，这将导致发动机启动困难等故障。

5. 点火控制

点火控制也是一个状态参数，该参数的显示内容为 YES 和 NO。点火控制参数表示发动机 ECU 是否在控制点火提前角。在发动机启动过程中，通常发动机 ECU 不进行点火提前角控制，此时点火正时由点火控制模块控制，点火控制参数显示为 NO。发动机启动后，由发动机 ECU 控制点火提前角，此时点火控制参数应显示为 YES。如果在发动机运转中点火控制参数仍显示为 NO，说明在发动机电子控制系统中的某些传感器有故障，使发动机 ECU 无法控制点火提前角。

6. 爆震

爆震是一个状态参数，该参数的显示方式也是 YES 和 NO。爆震参数表示发动机 ECU 是否接收到爆震传感器送来的爆震信号。当爆震参数显示为 YES 时，说明发动机 ECU 已经接到爆震信号；爆震参数显示为 NO 时，则表示没有接到爆震信号。在进行数值分析时，可在发动机怠速运转时急加速，此时爆震参数应显示为 YES，然后又显示为 NO。如果在发动机急加速时爆震参数没有显示为 YES 或在发动机转速稳定时仍显示为 YES，说明爆震传感器或其线路有故障。

7. 爆震计数

爆震计数是一个数值参数，其变化范围为 0～255。它表示发动机 ECU 根据爆震传感器信号所计算出的爆震的次数和相关的持续时间。爆震计数参数值并非爆震的实际次数和持续时间，只是一个与爆震次数和持续时间成正比的相对数值。任何大于 0 的数值都表示已发生爆震。数值低表示爆震次数少或持续时间短，数值高表示爆震次数多或持续时间长。

8. 爆震推迟

爆震推迟是一个数值参数，该参数的变化范围为 0°～99°，它表示发动机 ECU 在接收到爆震传感器送来的爆震信号后，得出将点火提前角推迟的具体数值，其单位为度。爆震推迟参数不代表点火提前角的实际数值，而是表示点火提前角相对于当前工况下最佳点火提前角向后推迟的角度。

9. 电气负荷开关

电气负荷开关参数是一个状态参数，该参数显示的内容为 ON 或 OFF。电气负荷开关参数表示汽车电气系统的负荷状态。当使用前照灯、制动灯、空调等耗电量较大的用电设备时，电气负荷开关参数显示为 ON；当所有附属用电设备都关闭时，该参数显示为 OFF。当发动机处于怠速工况时，发动机 ECU 会根据电气负荷开关参数对充电系统做出补偿控制。当该参数为 ON 时，发动机又处于怠速工况，发动机 ECU 就会对怠速控制电磁阀输出控制信号，通过提高发动机怠速来增加交流发电机的发电量，以避免发动机在怠速工况下因电气负荷大而造成蓄电池亏电。

10. 缺火数据

缺火数据流是标准 OBD-Ⅱ 数据流中的一种，属于缺火监控器功能。

缺火故障的诊断程序可能比较复杂，而且可能与发动机的一些不相干系统相联系。为了获得良好的燃烧以使发动机能有效运行，必须满足以下基本要求。

① 发动机的气缸压缩压力必须处于制造厂规定的范围内。

② 点火系统必须在正确的时刻产生火花并分配给各个气缸。

③ 空燃比必须与发动机转速和负荷正确匹配。

如果以上要求有一项不能满足，则发动机将不能正常运转。如果任何一个气缸没有满足以上任一项要求，则该气缸将会缺火。或者说，如果不能准确达到以上三项要求，则会发生缺火现象。在偏离正确运行条件的情况下，汽车的任何系统都有可能会引起发动机缺火。

偏离正确运行条件引起缺火的案例包括：

① 废气再循环（EGR）系统故障；

② 燃油质量问题；

③ 燃烧室中积炭；

④ 机油加注过多或使用的机油黏度过大；

⑤ 充电系统故障；

⑥ 售后更换的电气附件产生无线电高频（Rr）干扰，从而扰乱了相关传感器输入信号，例如曲轴位置传感器（CKP）信号；

⑦ 动力控制模块（PCM）或点火系统线束的走向不正确，例如这些线束过于靠近点火系统的次级高压线。

一般情况下，发生缺火的主要原因是由于点火系统、燃油系统或发动机主要机械装置有故障。通常需要检查每一系统来准确地确定缺火的原因。一旦找出缺火原因，则应进行维修。维修后应在系统监控器能运行的情况下，进行认真运行试验，以便对维修情况进行检验。

缺火监控器采用单行程或双行程检测逻辑。如果潜在的催化转化器损坏导致在检测的第一个运行循环缺火（严重缺火），则单行程检测逻辑将会使故障指示灯（MIL）点亮或闪烁；如果引起缺火的条件减小到不至于损坏催化转化器的程度，则 MIL 将会熄灭。如果缺火条件在以后的 80 个连续单行程循环内，返回到双行程循环，则双行程检测逻辑将会使 MIL 点亮或闪烁。如果引起缺火的条件减小到不会损坏催化转化器的程度，则 MIL 将会停止闪烁但会继续点亮，每当严重缺火发生时，MIL 都将会再次开始闪烁。如果在 3 次连续的类似运行循环以后不发生缺火，则 MIL 将会熄灭。如果在 80 个连续无故障循环后无缺火发生，则故障码将会被删除。

缺火检测系统的测试如下。

① 启动发动机并使汽车到达正常工作温度。

② 使发动机怠速运转，拔下一个喷油器的电插接器。

③ 观察 MIL（故障指示灯）。

④ 重新将拔下的电插接器连接到燃油喷油器上。

⑤ 再观察 MIL（故障指示灯）。

⑥ 将发动机转速提高到 2000r/min，并保持 2min，以便清除催化转化器中存留的过多 HC。

⑦ 关闭发动机。

⑧ 重复步骤①～步骤⑦。

⑨ 连接 OBD-Ⅱ诊断仪。启动发动机并观察储存的故障码。

⑩ 检查储存的故障码与拔下连接器插头的喷油器所对应的气缸是否一致。

⑪ 清除储存的故障码。

警告：缺火条件检测应当在 30s 内完成，以防止对催化转化器的永久性损坏。

通过缺火数据流，可以有针对性地对缺火气缸进行缺火发生次数的检查。当怀疑是点火或喷油器故障导致缺火时，可以将数据显示缺火气缸的部件与正常气缸互换，然后通过数据流观察是否出现缺火气缸的转移发生，如随之出现气缸位置的变化，则说明相应部件存在故障。

二、点火控制系统波形分析

1. 曲轴位置和凸轮轴位置传感器波形分析

（1）基本传感器波形分类 在现代电控发动机上，曲轴位置传感器和发动机转速传感器制成一体，既可用于发动机曲轴位置、活塞上止点位置的测定，又可用于发动机转速的测定。曲轴位置传感器一般安装于曲轴前端、靠近飞轮的变速器壳体位置，如图 4-62 所示。该传感器按其工作原理的不同可分为磁脉冲式曲轴位置传感器、光电式曲轴位置传感器和霍尔式曲轴位置传感器等。

图 4-62　曲轴位置传感器的安装位置

① 霍尔效应传感器。霍尔效应传感器在汽车应用上是有特殊意义的，它是固态半导体传感器，用在曲轴转角和凸轮轴上来通断点火及燃油喷射触发电路的开关，它们也应用在控制模块需要了解的转动部件的位置和速度的其他电路上，例如车速传感器等。

霍尔效应传感器（或开关）由一个永久磁铁或磁极几乎完全闭合的磁路组成，一个软磁叶轮转过磁铁和磁极之间的空隙，当在叶轮上的窗口允许磁场通过，并不受阻碍地传到霍尔效应传感器上的时候，磁场就中断了（因叶片是传导磁场到传感器上的媒体）。叶轮在窗口开和闭时允许磁场通过及遮断磁场，导致霍尔效应传感器像开关一样接通和关断，这就是为什么一些汽车制造商将霍尔效应传感器和其他一些类似的电子设备称为霍尔开关的原因。这个装置实际上是一个开关设备，而它包含有关键功能的部件——霍尔效应传感器。

a.霍尔效应传感器波形测试。启动发动机，让发动机怠速运转或让汽车在行驶能力有故障的状况下行驶。

b.霍尔效应传感器波形分析说明。霍尔效应传感器波形如图4-63所示。确认从一个脉冲到另一个脉冲幅值、频率和形状等判定性尺寸是一致的，这意味着数值脉冲的幅度足够高（通常等于传感器供电电压），脉冲间隔一致（同步脉冲除外），形状一致且可预测。

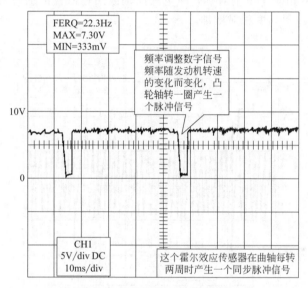

图 4-63 霍尔效应传感器波形

确认频率紧跟发动机转速，当同步脉冲出现时占空比才改变，能使占空比改变的唯一理由是不同宽度的转子叶片经过传感器，除此之外脉冲之间的任何其他变化都意味着故障。了解波形形状的一致性，检查波形上下沿部分的拐角，检查波形幅值的一致性。由于传感器供电电压不变，因此所有波形的高度都应相等。实际应用中有些波形有缺痕，或上下各部分有不规则形状，这也许是正常的，在这里关键是一致性，确认波形离地（距离零电位）不是太高，若太高说明电阻太大或接地不良。检查表明，标准波形异常是由于发动机异响或行驶能力故障造成的，这能证实与行驶性能故障有直接关系的是信号问题。

② 磁电式传感器。磁电式传感器是模拟交流信号发生器，这意味着它能产生交流信号，它一般由绕着线圈的磁铁和两个接线端组成。这两个线圈端子就是传感器的输出端子，当铁质环状齿轮（有时称为磁阻轮）转动经过传感器时，线圈里会产生电压。

磁阻轮上相同齿形会产生相同形式的连续脉冲，脉冲有一致的形状幅值（峰对峰电压），与曲轴、凸轮轴磁阻轮的转速成正比，输出信号的频率基于磁阻轮的转动速度，传感器信号的幅值受磁极与磁阻轮间气隙影响极大，根据除去传感器上一个齿或两个相互靠近的齿所产生的同步脉冲，可以确定上止点的信号。这会引起输出信号频率的变化，而在齿减少的情况下，幅值也会变化。通过固体电子控制装置，例如控制模块或点火模块，可以测出同步脉

汽车数据流分析与案例精解

冲，并用它去触发点火或燃油喷射器。

　　磁电式曲轴或凸轮轴位置传感器可以安装在分电器内，也可以安装在曲轴和凸轮轴中部、前部和后部，它们是双线传感器，但它们的两条线被裹在屏蔽线中间，这是因为它们的信号有些敏感，容易受高压点火线、车载电话等电子设备的电磁干扰或射频干扰（RF），从而改变信号判定性尺度，并在"电子通信"中产生故障，它会引起行驶性能故障或产生故障码。

　　a.磁电式传感器波形测试。启动发动机，让发动机怠速运转或让汽车在有故障的状况下行驶。

　　b.磁电式传感器波形分析说明。磁电式传感器波形如图 4-64 所示。不同形式的凸轮轴和曲轴位置传感器产生多种形状的交流波形，分析磁电式传感器的波形，一个参考波形是会有很大帮助的，波形的上下波动，不可能是 0V 电平的上和下完美的对称，但大多数传感器波形将是相当接近 0V 电平上下的对称，磁电式曲轴或凸轮位置传感器的幅值随转速的增加而增加，转速增加，波形高度相对增加。

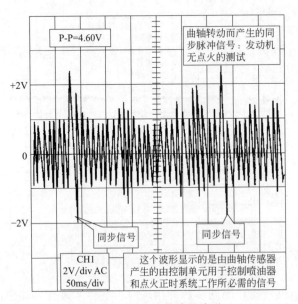

图 4-64　磁电式传感器波形

　　幅值、频率和形状在确定的条件下（转速等）是一致的、可重复的、有规律的和可预测的，这意味着峰值的幅度应该足够高，两个脉冲时间间隔（频率）一致（除同步脉冲），形状一致并可预测。

　　确认波形的频率与发动机转速同步变化，两个脉冲间隔只是在同步脉冲出现时才改变，能使两个脉冲间隔时间改变的唯一理由是磁阻轮上的齿轮数缺少或特殊齿经过传感器，任何其他改变脉冲间隔时间的情况都意味着故障。

　　检查发动机异响和行驶性能故障与波形的异常是否有关，不同类型的传感器的波形峰值电压和形状并不相同，因为线圈是传感器的核心部分，所以故障往往与温度关系密切。大多数情况是波形峰值变小或变形，同时出现发动机失速、断火或熄火。通常最常见的交流传感器故障是根本不产生信号的。

　　如果波形出现异常，则检查不良的线路和接线插头，确认线路没有接地，检查示波器和传感器连线，确认相关的部件是转动的（分电器/凸轮轴/曲轴是转动的等），若摇动线束时故障出现，则可以进一步证明磁电式传感器出现故障的根本原因。

　　如果磁电式传感器电路包括同步脉冲，试用 1 缸触发来稳定波形，从 1 缸火花塞高压线上引入触发信号帮助稳定显示波形，如果没有 1 缸触发信号，同步脉冲波形的频率变化会使示波器出现问题，即波形跳动不稳。

　　③ 光电式传感器。光电式传感器在汽车中应用是因为它可以传感转动元件的位置（甚至在发动机不转的情况），同时它还可以使脉冲信号的幅值在速度变化时仍保持不变。光电式传感器波形如图 4-65 所示。光电式传感器另一个优点是不受电磁干扰（EMI）的影响，它们是固体光电半导体传感器，被用在曲轴和凸轮轴上去控制点火及燃油喷射电路的开关。光电式传感器的功能元件通常被密封得很好，但损坏的分电器组套或密封垫，以及维修不当，都可能使油污和污物进入敏感区域造成污损，导致不能启动、失速和断火。

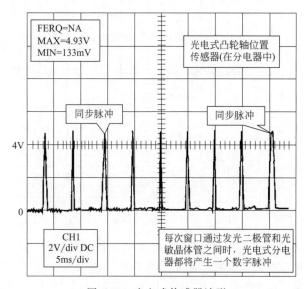

图 4-65　光电式传感器波形

　　如果示波器显示波形异常，则检查不良的线路和线束插头，以及示波器和传感器的连线，确认相应的零件是在转动的（分电器等），当故障出现在示波器上的时候，摇动线束，这可以提供进一步的证据，证明光电传感器是产生故障的根本原因。

　　（2）用第一缸触发试验　通常可以在一个曲轴或凸轮轴位置传感器上看到各缸或某上止点的同步脉冲及标识脉冲信号，这个信号的设置会使传感器的频率和占空比在这个信号出现时发生改变，进而导致以自触发方式显示的波形失常，因此改用第一缸触发，可以圆满地解决这个问题。

　　① 上止点传感器。当波形有同步脉冲或标识脉冲时，这个试验对上止点（TDC）、曲轴和凸轮轴位置传感器的波形观察是很有效的，从第一缸火花塞高压线提取的触发输入信号可以帮助稳定显示出的波形（图 4-66）。如果没有第一缸触发，

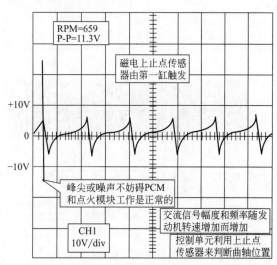

图 4-66　第一缸触发试验的上止点传感器波形

111

示波器在同步脉冲波形的频率一致时，触发会遇到障碍，以致显示出的波形跳动异常。正确的波形要求与磁电式传感器相同。

② 霍尔式曲轴和凸轮轴传感器。当被诊断信号有同步脉冲时，这个测试对霍尔式曲轴和凸轮轴传感器非常有效，从第一缸火花塞高压线提取的触发输入信号可以帮助稳定显示波形（图4-67）。如果没有第一缸触发，在波形同步脉冲的频率变化时，示波器触发通常有障碍，即波形跳动，不稳定。正确的波形分析方法与霍尔效应传感器相同。

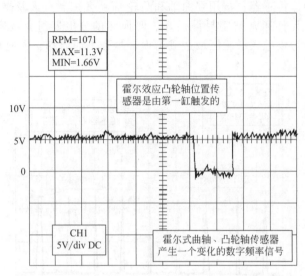

RPM=1071
MAX=11.3V
MIN=1.66V

霍尔效应凸轮轴位置传感器是由第一缸触发的

10V

5V

0

CH1
5V/div DC

霍尔式曲轴、凸轮轴传感器产生一个变化的数字频率信号

图4-67　第一缸触发试验的霍尔式曲轴和凸轮轴传感器波形

③ 磁电式曲轴和凸轮轴传感器。当有同步脉冲和标识脉冲信号时，这个试验对磁电式曲轴和凸轮轴传感器非常有效。从第一缸火花塞高压线提取触发信号可以帮助稳定显示波形（图4-68）。如果没有第一缸触发，在波形同步脉冲的频率变化时，示波器触发信号出现问题，使得波形不稳定地移动。正确的波形分析方法与磁电式传感器相同。

④ 光电式曲轴和凸轮轴传感器。当反映各缸上止点的同步或标识脉冲信号出现时，这个试验对光电式曲轴和凸轮轴传感器非常有效。从第一缸火花塞高压线提取的触发输入信号能使示波器波形（图4-69）稳定地显示。如果没有第一缸触发信号波形，在这种情况下会产生不正常波动。正确的波形分析方法与光电传感器相同。

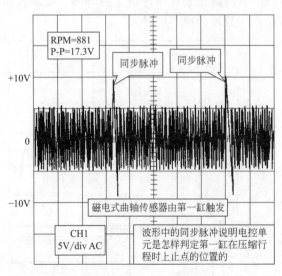

RPM=881
P-P=17.3V

同步脉冲　　同步脉冲

+10V

0

-10V

磁电式曲轴传感器由第一缸触发

CH1
5V/div AC

波形中的同步脉冲说明电控单元是怎样判定第一缸在压缩行程时上止点的位置的

图4-68　第一缸触发试验的磁电式
曲轴和凸轮轴传感器波形

（3）双通道测试　用双通道或双踪示波器来同时分析凸轮轴和曲轴位置传感器的信号是很有用的分析方法，它不仅可以观察两个传感器的波形是否正确，同时还可以帮助分析两个传感器所反映的凸轮轴和曲轴在旋转中的相位关系。

① 磁电式凸轮轴和曲轴位置传感器。这是双踪示波器测试磁电式凸轮轴和曲轴传感器的波形，它可以把两个相

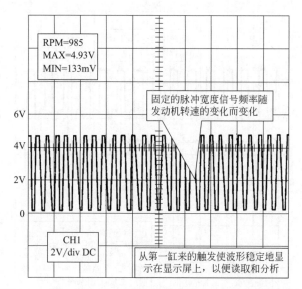

图 4-69　第一缸触发试验的光电式曲轴和凸轮轴传感器波形

互有着重要关系的传感器或电路的波形同时显示在示波器的屏幕上（图 4-70）。用这个试验可以同时诊断磁电式曲轴和凸轮轴位置传感器，或检查曲轴和凸轮轴之间的正时关系。正确的波形分析方法与磁电式传感器相同。

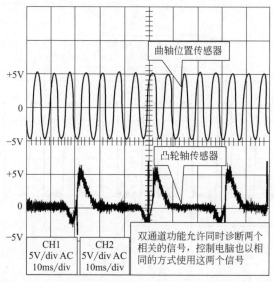

图 4-70　双通道测试的磁电式曲轴和凸轮轴传感器波形

②　霍尔式凸轮轴和曲轴位置传感器。如图 4-71 所示，这是一个双踪示波器测试，霍尔式凸轮轴和曲轴位置传感器的波形是从两个传感器上测出的，它们相互之间的重要联系同时显示在示波器上。用这个测试步骤可以同时诊断曲轴和凸轮轴之间的正时关系。正确的波形分析方法与霍尔效应传感器相同。

2. 点火正时及参考信号波形分析

（1）电子点火正时信号波形分析　电子点火正时信号波形（图 4-72）可以用来诊断电

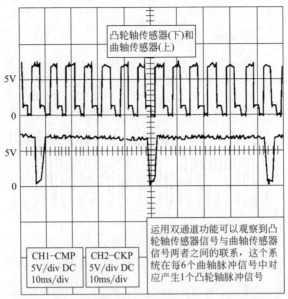

图 4-71　双通道测试的霍尔式曲轴和凸轮轴传感器波形

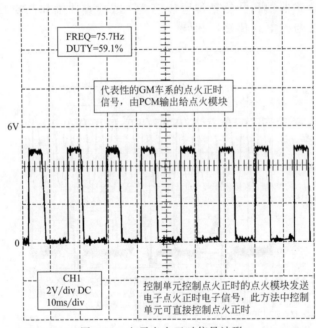

图 4-72　电子点火正时信号波形

子点火正时电路。当确定发动机失速或点火不良的原因是在点火模块、曲轴位置传感器和控制模块时，可以按照这种测试方法进行诊断确认波形的频率与发动机转速同步，只有当点火正时需要改变时，电子点火正时信号的占空比才发生改变。电子点火正时信号的幅值通常略小于 5V。

　　（2）点火参考信号波形分析　点火参考信号波形可用于诊断点火参考电路，这个电路有时又称为分电器参考电路。当怀疑点火模块、曲轴位置传感器或控制模块是造成发动机失速或点火不良的根本原因时，使用这个示波器测试程序就很有用。根据点火模块的形式或曲轴位置传感器传送给点火模块的信号类型，点火参考信号波形（图 4-73）的幅值可能略小于 5V 或在 5V 左右。这种情况可以按照前述的测试方法进行诊断，不同的地方是要确认点火参考信号波形的频率不仅与发动机转速同步，而且在任何情况下占空比都保持不变。

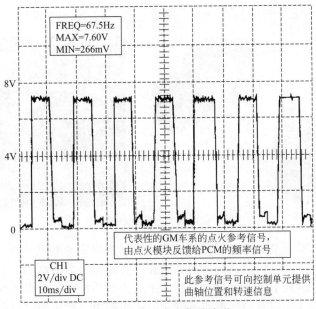

图 4-73 点火参考信号波形

（3）点火参考信号和电子点火正时双踪波形分析 这是双通道示波器测试程序，点火参考信号和电子点火正时波形（图 4-74）来自两条电路，它把有着重要联系的两个波形同时显示在示波器上，它可以同时诊断点火参考电路和电子点火正时电路，或检查它们两者之间的关系，进而诊断控制模块（PCM）的可能故障。

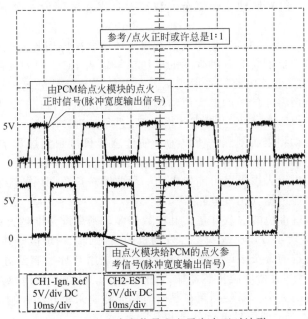

图 4-74 点火参考信号和电子点火正时波形

3. 爆震传感器波形分析

（1）爆震传感器的结构　爆震传感器按检测方式不同，可分为共振型与非共振型两种；按结构不同，可分为压电式和磁致伸缩式两种。一般都将爆震传感器安装在发动机缸体侧面，其外形及安装位置如图 4-75 所示。

  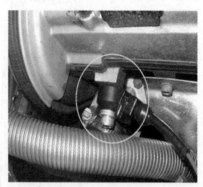

图 4-75　爆震传感器的外形及安装位置

共振型爆震传感器的显著特点是传感器的共振频率与发动机爆震的固有频率相匹配，因此其内部设有共振体，并且要使共振体的共振频率与爆震频率协调一致。其优点是输出电压高，不需要滤波器，因此信号处理比较方便。由于机械共振体的频率特性尖且频带窄，因此无法响应发动机结构变化引起的爆震频率变化。换句话说，共振型爆震传感器只适用于特定的发动机，不能与其他发动机互换使用，装车自由度很小，美国通用汽车采用了这种传感器。

非共振型爆震传感器的突出优点是适用于所有的发动机，装车自由度很大。但其输出电压较低，频率特性平坦且频带较宽，需要配用带通滤波器（只允许特定频带的信号通过，对其他频率的信号进行衰减的滤波器，称为带通滤波器。带通滤波器一般由线圈和电容器组合而成），信号处理比较复杂。我国、日本和欧洲汽车公司大都采用非共振型爆震传感器。

（2）爆震的判别　当发动机发生爆震时，爆震传感器感应到此变化并产生较大的振幅电压信号。来自爆震传感器的含有各种频率的电压信号输入 ECU 中的爆震信号判别电路，如图 4-76 所示。首先须经滤波电路，将爆震信号与其他振动信号分离，只允许特定范围频率的爆震信号通过，然后将此信号的最大值与爆震强度基准值进行比较，如大于基准值，则将爆震信号电压输入 ECU，表示发生爆震，由 ECU 进行处理。

由于发动机的振动频繁而剧烈，所以为了使传感器只检测到爆震信号，从而防止 ECU 发生错误爆震判别。判别爆震信号并非任何时刻都进行，而是有一个判别范围，如图 4-77 所示。限于识别发动机点火后爆震可能发生的一段曲轴转角范围内的振动，只有在该范围内爆震传感器的信号才能被输入比较电路。

爆震强度以超过基准值的次数计量，其次数越多，则爆震强度越大；次数越少，则爆震强度越小，如图 4-78 所示。试验表明，当发动机的负荷低于一定值时，一般不会出现爆震，这时不宜采用控制爆震的方法来调整点火提前角，可采用开环控制的方式控制点火提前角，即此时 ECU 不再检测和分析爆震传感器输入的信号，只根据有关传感器及 ROM 中存储的数据控制点火提前角的大小。而要判断在某一时刻究竟要采用开环控制还是闭环控制，可由 ECU 对负荷传感器传送来的信号进行分析和判断。

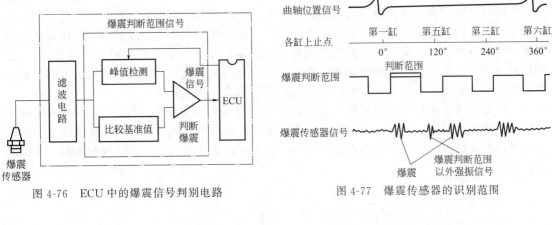

图 4-76　ECU 中的爆震信号判别电路　　　　图 4-77　爆震传感器的识别范围

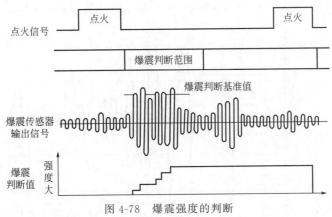

图 4-78　爆震强度的判断

　　当 ECU 进行闭环控制时，实际点火提前角的控制如图 4-79 所示。当任何一缸产生爆震时，ECU 立即以某一固定值（1.5°～2.0°曲轴转角）逐渐减少点火提前角，直至发动机不产生爆震为止。然后，在一定的时间内，先维持调整过的点火提前角不变。在此期间内，若又有爆震发生，则继续以固定值减少点火提前角；若无爆震发生，则此段缓冲时间过后，则又开始逐渐以同样的固定值增大点火提前角，直至爆震重新发生，又开始进行上述的反馈控制过程。

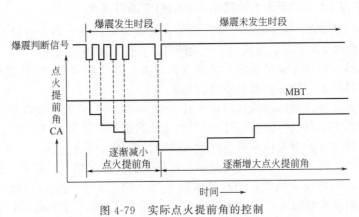

图 4-79　实际点火提前角的控制

　　（3）爆震传感器波形测试　打开点火开关，不启动发动机，用一些金属物敲击发动机

（在传感器附近的地方）。在敲击发动机之后，紧接着在示波器显示上应有一振动，敲击越重，振动幅度就越大。从一种形式的传感器至下一种传感器的峰值电压将有些变化。爆震传感器是极耐用的，最常见的爆震传感器失效的方式是传感器根本不产生信号——这通常是因为爆震传感器被碰伤，造成传感器物理损坏（传感器内晶体断裂，这就使它不能使用）。波形显示只是一条直线，但如果转动发动机或敲击传感器时的波形是平线，则检查传感器和示波器的连接，确定该回路没有接地，然后再判断传感器是否失效。

（4）爆震传感器顶部波形分析　爆震传感器顶部波形分析如图 4-80 所示。波形的峰值电压（峰高度或振幅）和频率（振荷的次数）将随发动机的负载及转速的增加而增加，如果发动机因点火过早、燃烧温度不正常、废气再循环不正常流动等引起爆震或敲击声，其幅度和频率也增加。

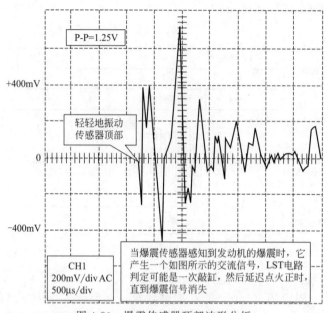

图 4-80　爆震传感器顶部波形分析

三、点火控制系统数据流与波形故障案例精解

　案例 1： 2013 年款丰田卡罗拉轿车发动机故障灯常亮

故障现象　一辆 2013 年款丰田卡罗拉轿车，配备自动挡变速器，行驶里程约 40000km。在事故修复后，出现动力不足、怠速抖动且故障灯常亮的故障现象。

故障诊断　接车后试车验证故障，接通点火开关，启动发动机，发动机能启动着火，但发动机怠速明显抖动、加速无力且故障灯常亮。

关闭点火开关，连接故障诊断仪后点火开关置于"ON"位置，读取发动机电控系统的故障码，有故障码 P0353——点火线圈"C"初级或次级电路故障（注：C 表示第 3 缸）。故障码与故障现象相吻合，首先检查第三缸点火线圈及其相关线路。

关闭点火开关，拔下第三缸点火线圈插头，检查插头连接情况，正常。拆下第三缸点火线圈的固定螺钉，取出点火线圈，用火花塞扳手拆下第三缸火花塞，检查火花塞，未见异常，将火花塞插到点火线圈上，并将火花塞搭铁。启动发动机，怠速运转，观察到该火花塞能正常跳火。

发动机怠速运转，用诊断仪做"执行元件"测试，选择"1 号气缸喷油器燃油切断"，选择"开"，按"确认"键，观察发动机转速变化，用同样的方法检测第二至第四缸，最终确认第三缸不工作，其他三个缸工作正常。

第三缸火花塞跳火正常，但该缸不工作，继续检查第三缸喷油器的线路。关闭点火开关，拔下第三缸喷油器插头，将试灯的两端分别与喷油器线束侧插头的两个端子连接，启动发动机怠速运转，发现试灯先闪烁 3s 左右，然后始终不亮。上述检查说明第三缸喷油器在发动机工作时，先喷油 3s 左右，然后停止喷油，从而造成该缸不工作，这也从另一个侧面说明第三缸喷油器电路无故障。

该车安装型号为 1ZR-FE 发动机的点火线圈，其与发动机控制模块（ECM）的电路连接如图 4-81 所示。每个点火线圈有四个接线端子，1 号端子为供电（＋B，ON 电源）、4 号端子为搭铁（GND）、3 号端子为初级线圈的搭铁控制（IGT）、2 号端子（IGF）给 ECM 提供点火确认信号（图 4-82）。每个点火线圈的点火确认线经一个公共点连接后经一根线再与 ECM 的 B31 插头的 81 号端子连接。

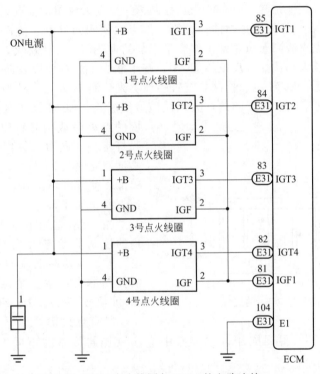

图 4-81　点火线圈与 ECM 的电路连接

上述第三缸火花塞跳火正常，说明第三缸点火线圈及其供电、搭铁及搭铁控制均正常。综合上述检查及分析，推断故障应源于第三缸点火线圈给 ECM 提供的点火确认信号（2 号端子至 ECM 的 B31 插头的 81 号端子之间的线路）或 ECM 自身。

故障排除　拆下蓄电池的负极，拔下 ECM 的 B31 插头，用万用表的电阻挡，测量第三缸点火线圈线束侧插头 2 号端子与 ECM 线束侧 B31 插头的 81 号端子之间的电阻值，测量值为无穷大，说明第三缸点火线圈的点火确认信号线与 ECM 之间存在断路故障。将第三缸与第四缸之间的发动机线束剖开，发现第三缸点火线圈（图 4-82）的确认信号线已从公共的连接点处断开（图 4-83）。重新连接后，清除故障码，启动发动机后进行检查，发动机怠速稳定、加速性能良好，故障灯熄灭，故障排除。

图 4-82　点火线圈

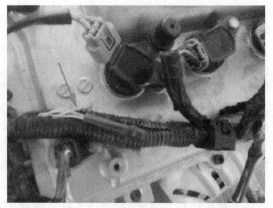

图 4-83　第三缸点火线圈的 IGF1 线断路

点火确认信号（其他正常），ECM 仍然控制第三缸点火线圈正常点火，但会控制第三缸喷油器先喷油 3s 左右，然后停止喷油；若第三缸点火线圈的供电、搭铁及搭铁控制电路出现故障，则第三缸点火线圈无法正常工作。第三缸的火花塞不可能跳火，同时点火线圈内的控制器也无法产生点火确认信号反馈给 ECM，基于减少 HC 排放以及防止三元催化器因温度过高而损坏的考虑，ECM 也会控制第三缸喷油器先喷油 3s 左右，然后停止喷油。

该车故障源于第三缸点火线圈的点火确认信号线断路，ECM 无法接收到第三缸点火线圈的点火确认信号，ECM 控制发动机故障灯常亮。同时，每次启动后 ECM 控制喷油器先喷油 3s 左右，然后切断喷油器的喷油，使该缸不工作，从而造成发动机怠速不稳、加速无力。

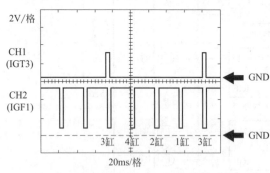

图 4-84　IGT 与 IGF1 的波形图

当 ECM 输出 IGT 信号控制点火线圈内的控制器使点火线圈内的初级线圈通电，然后在切断电流的瞬间，点火线圈内的控制器会产生一个点火确认信号 IGF1（方波信号）并反馈至 ECM（图 4-84）。

具有点火确认信号功能的点火线圈，在部分轿车发动机上已得到应用，在维修中应注意控制策略的不同，以避免维修中走弯路。

案例 2：宝来 1.8T 轿车烧点火线圈

故障现象　一辆宝来 1.8T 轿车，装备 01M 变速器，行驶里程为 11.2 万千米。驾驶人抱怨该车总是烧 4 缸点火线圈，怀疑点火线圈有质量问题。

故障诊断　首先确认故障现象。启动发动机，不能着车。经检查发现 4 缸点火线圈烧坏。听驾驶人说，在拖到服务站之前，发动机严重抖动，无法正常行驶，同时发现排气管烧得通红，发动机内部出现"哗啦、哗啦"响。更换 4 缸的点火线圈和火花塞，发动机运转平稳。但驾驶人接车不久便打来电话说，发动机又工作不稳。经检查，发现 4 缸点火线圈又烧坏。为什么总烧 4 缸点火线圈？可能的原因有：4 缸点火线圈接地不良；4 缸点火线圈火线不良；4 缸点火线圈控制线不良；发动机控制单元故障。首先，仔细察看电路图（图 4-85）。点火线圈插脚 1 是 J271 多点喷射继电器（428）出来的点火火线。点火线圈插脚 2、4 是搭铁线。点火线圈插脚 3 是发动机控制单元来的控制线。

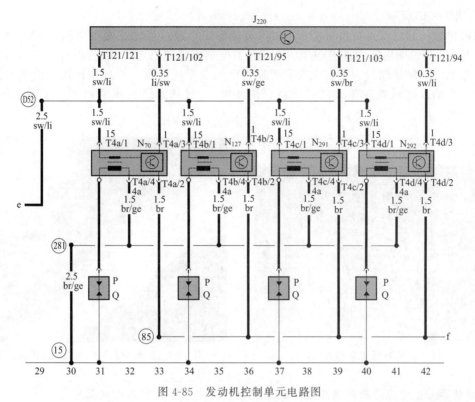

图 4-85　发动机控制单元电路图

J_{220}—发动机电控单元；N_{70}—带末级放大器 1 的点火线圈；N_{127}—带末级放大器 2 的点火线圈；

N_{291}—带末级放大器 3 的点火线圈；N_{292}—带末级放大器 4 的点火线圈；P—火花塞插头；Q—火花塞

　　先检查搭铁线。利用万用表一端接蓄电池正极，另一端接点火线圈插脚 2 或 4。测得的电压为 12.56V，说明搭铁线正常。

　　再检查点火火线。利用万用表一端接点火线圈插脚 1，一端接蓄电池负极，打开点火开关，测得电压为 12.54V，说明点火线圈插脚 1 点火火线正常。检查点火线圈插脚 3，打开点火开关，测得电压为 2.5V。

　　检查 1～3 缸点火线圈插脚 3 处的电压分别为 0.07V、0.05V、0.07V。根据对比，发现 4 缸点火线圈插脚 3 处的电压太高。为进一步确定故障，测量 4 缸点火线圈插脚 3 与发动机控制单元 T121/94 间的导线电阻，其值为 0.5Ω，正常，且无短路、断路现象。初步判定故障在发动机控制单元。

　　取下发动机控制单元，找到发动机控制单元的接地脚 T121/2，利用万用表的二极管检查功能，将红表笔连接至发动机控制单元的接脚 T121/94，黑表笔连接至发动机控制单元的接地脚 T121/2，测得 0.613V 的电压。而红表笔分别连接发动机控制单元的接脚 T121/95、T121/102、T121/103，无电压显示。进一步说明发动机控制单元内部控制 4 缸点火的晶体管击穿。利用 VAS 5051 示波功能，检查发动机控制单元控制 4 缸点火的波形（图 4-86）。1～3 缸的正常点

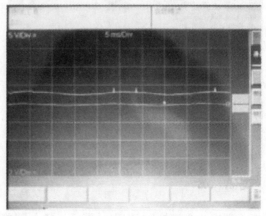

图 4-86　发动机控制单元控制 4 缸点火的波形

火波形如图 4-87 所示。

故障排除 通过波形观察分析：4 缸没有成型矩形波，且输出基准电压 2.5V（标准为 0V），更进一步说明电脑内部有故障。由于没有电脑内部的点火集成控制件，所以更换发动机控制单元，故障排除。为了避免发动机控制单元的损坏，重点要加强搭铁点的维护清理，尤其是流水槽发动机控制单元的搭铁点（图 4-88）。过几天进行电话回访，车辆运转一切正常。

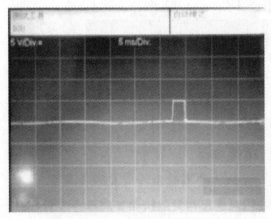

图 4-87 1~3 缸的正常点火波形

图 4-88 流水槽发动机控制单元的搭铁点

案例 3： 别克陆尊商务车发动机故障灯亮点火且不能进入点火模式

故障现象 驾驶人报修发动机故障灯亮，行驶中加速无力，油耗高，启动困难。

故障诊断 用诊断仪检查发现存在故障码：P1374——曲轴位置（CKP）高与低分辨率频率关系异常。故障码清除不了，故障码的设置条件为：

① 动力系统控制模块接收的 24X 参考脉冲对 3X 参考脉冲之比不等于 8；

② 动力系统控制模块接收的 24X 参考脉冲与凸轮轴位置动力系统控制模块输入脉冲之比等于 48；

③ 该状况持续 10s 以上。

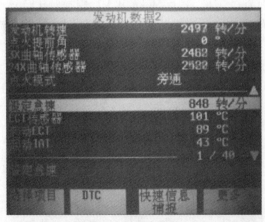

图 4-89 故障数据

通过设置故障码的条件可以知道，当前 24X 曲轴传感器工作正常，能启动说明 7X 曲轴传感器工作正常，查看数据流发现点火提前角"0°"始终不动，点火模式为"旁通"模式，24X 曲轴传感器随发动机的转速变化，如图 4-89 所示。而正常的点火系统在发动机启动后应该启用"点火"模式，点火提前角由 PCM 控制，24X 曲轴传感器的数据到 1600r/min 时就不再上升。

别克陆尊配置 LW9 发动机，其点火系统电路图如图 4-90 所示。点火系统的工作原理如下：7X 曲轴位置传感器安装在发动机右侧，它是两线电磁感应传感器。断流环是专门铸在曲轴上的一个轮子，有 7 个机加工槽，其中 6 个槽按 60°均布，第 7 个槽与其前一个槽之间隔 10°，随曲轴旋转，断流环开槽改变磁场，产生交流信号，提供给点火控制模块。点火控制模块经过计算得出 3X 信号，3X 信号以脉冲形式发送给 PCM，PCM 检测到发动机转速达 500r/min 时将在旁通控制线路施加 5V 电压，点火控制模块收到 5V 电压信号后将切换到点火模式。点火提前角受 PCM 的控制，随发动机转速和负荷等数据而变化，PCM 利用 3X 参考信号计算发动机转速超过 (1600±150)r/min 时的发动机转速和曲轴位置，动力系统控制模块将 3X 参考脉冲与 24X 曲轴位置脉冲和凸轮轴位置 CMP 脉冲进行比较，初始化喷油器脉冲。如果动力系统控制模块在 3X 电路上接收的脉冲数不正确，将设置故障码 P1374，动力系统控制模块将利用 24X 曲轴位置参考电路进行燃油和点火控制，发动机将继续启动并仅接收 24X 曲轴位置和凸轮轴位置传感器信号而运行，点火模式将由点火控制模块来控制且固定在 10° 不动。如果 7X 曲轴传感器出现问题，发动机无高压点火，将无法启动。

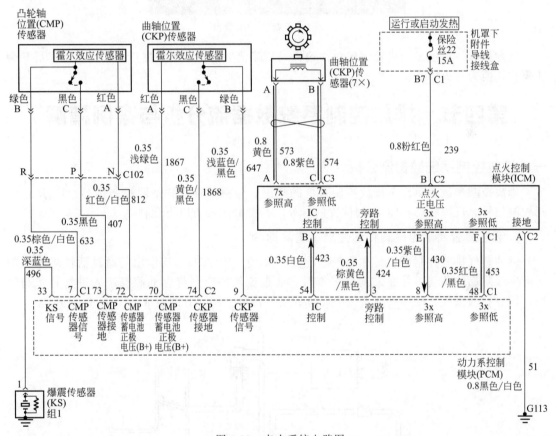

图 4-90 点火系统电路图

根据故障现象和诊断仪看到的数据把诊断切入点选择在 3X 曲轴传感器信号是否正常发送给了 PCM，使用示波器检测到 3X 曲轴传感器有方波输出，说明点火控制模块无故障。为排除线路故障，用 4 根跨接线把点火模块和 PCM 直接跨接，但点火模式依然是旁通模式，线路故障也已经排除，因此重点怀疑 PCM 有故障。由于 PCM 价格昂贵并且更换编程比较烦琐，在没有证据的情况下不能擅自下结论，在发动机怠速运转情况下使用万用表测量 3X 线路参考高线路和参考低线路之间电压为 1.2V，测量了一辆同型号车型，发现两线之间电压为 2.4V，为确定故障是点火模块还是 PCM，把 3X 线路跨接线断开测量点火模块端，电压为 2.5V，因此判断为 PCM 内部故障。将故障车的点火模块换到正常车辆上，工作正常（点火模块容易拆装），因此确定为发动机控制模块内部故障，如图 4-91 所示。

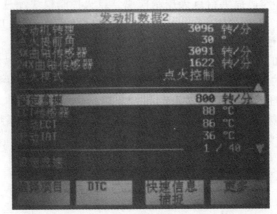

图 4-91 正常发动机数据

故障排除 更换发动机控制模块并编程，故障消失，发动机数据正常，点火着车后从旁通模式切换为点火模式。

第四节 排放控制系统数据流分析与案例精解

一、排放控制系统数据流分析

排放控制参数表示汽车排放控制系统的状况，包括活性炭罐清除控制信号、EGR 电磁阀控制信号、反馈状态、EGR 阀位置信号等，其参数主要有以下几种。

1. 活性炭罐清除电磁阀和活性炭罐清除指令

燃油蒸气排放控制系统又称蒸气净化控制系统（EVAP），其作用是通过活性炭罐中的活性炭吸附燃油蒸气，并在发动机工作时，通过流经的空气将燃油蒸气送入进气管参与燃烧，以免燃油蒸气直接排放到大气中而造成空气污染。EVAP 的组成如图 4-92 所示。

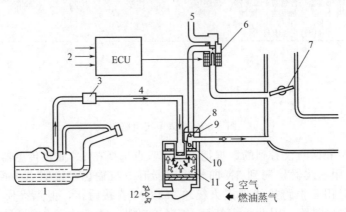

图 4-92 EVAP 的组成

1—燃油箱；2—传感器信号；3—单向阀；4—通气管路；5—接进气缓冲器；6—活性炭罐通气电磁阀；
7—节气门；8—主通气口；9—活性炭罐通气阀；10—定量通气小孔；11—活性炭罐；12—新鲜空气

活性炭罐清除电磁阀也称活性炭罐通气控制电磁阀，由 ECU 输出的控制信号控制其动作，用以打开或关闭连接于活性炭罐与进气管之间的空气通道。打开时，利用进气管的真空吸力，使空气流经活性炭罐而将吸附的燃油蒸气清除，以使活性炭罐能持续起吸附燃油蒸气的作用。

活性炭罐清除指令是一个状态参数，显示内容为 ON 或 OFF。该状态参数表示发动机 ECU 输出了活性炭罐清除电磁阀打开或关闭指令。在发动机冷机状态或怠速时，该参数应为 OFF；当发动机冷却液温度高于 75℃时，该参数应为 ON。

2. 活性炭罐清除占空比

活性炭罐清除占空比为数值参数，该参数表示发动机 ECU 向活性炭罐清除电磁阀发出的指令，其变化范围为 0～99%。活性炭罐清除占空比参数值为 0 时，表示 ECU 发出的是活性炭罐清除电磁阀关闭指令，活性炭罐清除占空比参数值为 99% 时，表示活性炭罐清除电磁阀全开。

活性炭罐清除占空比数值大，表示活性炭罐清除电磁阀打开的比率高，活性炭罐的通气量就大。当发动机处于冷机状态或怠速工况时，如果活性炭罐清除占空比参数值不为 0 或数值较大，则说明发动机冷却液温度传感器、节气门位置传感器等相关传感器或 ECU 有故障。

来自燃油箱的燃油蒸气在发动机工作期间，由发动机 ECU 以占空比的方式控制活性炭罐电磁阀打开，与大气中的空气混合后进入进气歧管，最终进入气缸内参与燃烧。

如果活性炭罐电磁阀卡滞在常打开的位置，会导致发动机在大部分工况下出现混合气稀的情况出现，ECU 会记忆混合气稀的故障码。另外，还可能造成发动机在停机一段时间后，出现热车难以启动的故障。活性炭罐电磁阀的典型数据见表 4-4。

表 4-4 活性炭罐电磁阀的典型数据

数据	炭罐电磁阀关闭(OFF)	炭罐电磁阀常打开(ON)
Short Ft#1	−3.16%～1.53%	0.74%～6.21%
Short Ft#2	−3.94%～0.74%	0.74%～5.43%
O2S B1 S1	0.095～0.800V	0.055～0.800V
O2S B2 S1	0.035～0.800V	0.095～0.820V

从表 4-4 中可以看出，当活性炭罐电磁阀处于关闭（OFF）状态时，短时燃油修正值处于减少燃油喷射量的状态。

当活性炭罐电磁阀处于常打开（ON）状态时，短时燃油修正值处于增加燃油喷射量的状态。说明此时，由于外界空气的大量进入，使混合气处于偏稀的状态。

如果是由于活性炭罐电磁阀卡滞或软管漏气导致外界大气一直进入进气歧管，就会导致混合气长时偏稀的情况出现，长时燃油修正系数也会显示为正值。

3. 废气再循环指令

废气再循环（EGR）指令是一个状态参数，其显示内容为 ON 或 OFF。EGR 指令参数表示发动机 ECU 是否输出控制信号让废气再循环控制电磁阀打开。该参数显示为 ON 时，表示 ECU 输出控制信号，废气再循环控制电磁阀线圈通电，打开真空通路，让真空进入废气再循环控制电磁阀，使废气再循环装置开始工作。该参数若显示为 OFF，则表示废气再循环控制电磁阀线圈不通电，切断了废气再循环控制电磁阀的真空，EGR 阀阻断废气再循环。

废气再循环指令在汽车停车或发动机处于怠速、开环控制状态时显示为 OFF，在汽车行驶状态下通常显示为 ON。该参数仅仅反映发动机 ECU 有无输出控制信号，并不代表废气再循环控制电磁阀是否接到该信号及是否已打开。

废气再循环控制系统的组成如图 4-93 所示。废气再循环控制系统的控制模式见表 4-5。

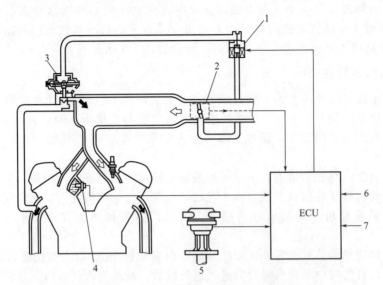

图 4-93　废气再循环控制系统的组成

1—EGR 控制电磁阀；2—节气门位置传感器；3—EGR 阀；4—冷却液温度传感器；

5—发动机转速与曲轴位置传感器；6—启动信号；7—发动机负荷信号

表 4-5　废气再循环控制系统的控制模式

发动机的工作状态	废气再循环控制系统的控制模式
在发动机低速运转、冷却液温度低于 60℃时	EGR 阀关闭，废气不进行循环，以防止发动机怠速不稳。如果节气门开度调节不当，EGR 阀过早被开启，发动机怠速会不稳
在发动机中速运转（转速 2000r/min）、中等负荷下工作（节气门开度在 25％）时	ECU 控制 EGR 阀的开启，使部分废气（6％～15％）进行再循环，以降低 NO_x 的生成量，减少排放污染
在发动机大负荷工作时	EGR 阀关闭，废气不进行循环，以保证发动机有足够的功率输出。从另一个角度来说，此时的空燃比（A/F）较小，NO_x 的生成量也小，没有必要让废气再循环

由于 EGR 阀的热负荷大，工作环境差，所以其常见故障是脏堵、卡死（导致 EGR 阀常开或常闭）或膜片破裂。若 EGR 阀常开，则发动机在怠速和高速下工作时都进行废气再循环，将导致发动机怠速不稳和加速无力；若 EGR 阀常闭，则发动机在中等负荷下工作时废气不能再循环，将导致 NO_x 的生成量增多，排放污染物增加。

EGR 阀的膜是由弹簧钢片制成的，一旦破裂、漏气，EGR 阀就会失效，必须予以更换。如果 EGR 阀中的开度传感器有故障，它会将错误的电压信号输送给发动机 ECU，导致 EGR 阀的工作的时间失常，从而使发动机的动力性和经济性下降，排放污染物增加。EGR 控制电磁阀的常见故障是电磁阀线圈电路不良，阀口脏堵或阀芯卡死。

对 EGR 控制电磁阀进行通电、断电检查时，能听到阀芯的"咔嚓"动作声，则说明其线圈的电阻值正常；EGR 电磁阀常见的故障是关不严、膜片破裂或通大气口的滤网堵塞，它们都会导致真空管中的真空度发生变化，使 EGR 阀失准，发动机转速不稳。

4. EGR 占空比

脉宽调制式电磁阀使用两种不同方式控制 EGR 阀上的真空度。一种是当电磁阀通电时，接通至 EGR 阀的真空（即 EGR 工作）；另一种是当电磁阀通电时切断或泄放 EGR 阀的真空，因此在检查时应先判断电磁阀的工作类型。

EGR 占空比为数值参数，反映的电磁阀动作和状态如下：ECU 循环控制电磁阀 ON/OFF 以调节 EGR 电磁阀的占空比读值（指开的时间占一个周期总时间的百分比）与 EGR 流量成比例。EGR 占空比值为 0 或小于 10%，表示 EGR 阀关闭，无废气再循环；EGR 占空比数值为 50%，表示 EGR 为 50% 的流量；90% 的读值表示 EGR 最大流量。

5. 废气再循环温度

废气再循环温度是一个数值参数，其变化范围为 0～5.12V 或 −50～320℃。该参数表示安装在废气再循环通路上的废气再循环温度传感器传送给微机的反馈信号，这一信号以温度变化的形式间接地反映废气再循环的流量。当废气再循环流量大时，再循环通路上的废气温度升高，该参数的数值增大；废气再循环流量小或停止时，该参数的数值减小。在数值分析时，可以将该参数的变化和废气再循环指令对照。当废气再循环指令参数为 ON 时，废气再循环温度数值应上升，否则说明废气再循环装置不工作或废气再循环温度传感器有故障。

（1）作用　EGR 监测温度传感器用于监视 EGR 阀的工作状况，减少汽车尾气中 NO_x 的含量。

（2）传感器的识别　EGR 温度传感器安装在 EGR 阀下游，如图 4-94 所示。在 EGR 系统中排气歧管排放气体中的部分气体再循环到进气歧管中，这一部分就由 EGR 阀控制。

要保证 EGR 阀工作正常，必须由 EGR 监测温度传感器时刻监视它的工作。在排放法规中，已强制要求安装 EGR 监测温度传感器，以监视 EGR 阀的工作状况，减少汽车尾气中 NO_x 的含量。

EGR 监测温度传感器用热敏电阻制成，它的结构如图 4-95 所示。EGR 监测温度传感器的作用就是检测 EGR 阀下游的再循环气体的温度变化情况，以此来监视 EGR 阀的工作状况。在一般工况下，EGR 阀附近废气温度为 100～200℃；高温、重负荷时为 300～400℃；不工作时为 50℃ 左右。

进气歧管　EGR监测温度传感器

EGR管路

EGR阀

排气歧管

图 4-94　EGR 监测温度传感器的安装位置

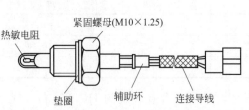

图 4-95　EGR 监测温度传感器的结构

紧固螺母（M10×1.25）
热敏电阻
垫圈　辅助环　连接导线

（3）传感器的检修　当 EGR 系统发生故障导致没有废气再循环时，其原因可能是 EGR 监测温度传感器连接电路断路或短路；EGR 控制系统发生故障，引起系统停止工作；EGR 管路中的沉积物堵塞了通路。这时应检查 EGR 监测温度传感器的电阻与温度的关系。在检查时，应拆下 EGR 监测温度传感器，用专用设备加热，其电阻值应随温度的升高而下降，且符合表 4-6 中的规定值，如果与规定值相差较大，则应更换 EGR 监测温度传感器。

表 4-6　EGR 监测温度传感器的温度特性

温度/℃	50	100	200	400
初始电阻值/kΩ	635±77	85.3±8.8	5.10±0.61	0.16±0.05

6. EGR 阀位置

EGR 阀位置是一个数值参数，其数值范围为 0～5.1V。该参数是以 EGR 阀升程传感器的电压来表示 EGR 阀的位置。当 EGR 阀的开度增加时，电压读数也相应提高。EGR 阀升程传感器又称 EGR 高度传感器或 EGR 位置传感器。

在 EGR 阀上方装有 EGR 阀高度传感器（电位器），用于监控 EGR 阀的开度。EGR 阀高度传感器以电压信号（0～5V）将 EGR 阀的开度反馈给电脑，电脑即将它与理想的开度值进行比较，若两者不同，电脑便调整其控制脉冲的占空比，通过改变 EGR 控制电磁阀的开、闭时间来调节 EGR 阀的开度，从而适应发动机的工况。

7. 二次空气喷射指令

二次空气喷射指令是一个状态参数，其显示内容为 NORM 或 DIV。该参数表示发动机电脑向空气喷射系统送出的指令。该参数显示为 NORM 时，表示电脑向电磁阀输出控制信号，使电磁阀移动空气喷射阀的阀门，让空气喷向排气门或排气歧管；该参数显示为 DIV 时，表示电脑控制电磁阀移动阀门，使空气喷向大气或三元催化转化器。

8. 氧传感器工作状态

氧传感器工作状态参数是指安装在发动机排气管上的氧传感器所测得的混合气空燃比状态（由排气中的含氧量确定）。一些双排气管的汽车将这一参数显示为左氧传感器工作状态和右氧传感器工作状态两种参数。氧传感器是测量发动机混合气浓稀状态的主要传感器，对于氧化锆型的氧传感器，必须被加热至 300℃ 以上才能向发动机 ECU 提供正确的信号，且 ECU 必须处于闭环控制状态才能对氧传感器的信号做出反应。

注意： 氧传感器工作状态参数的类型依车型不同而不同，有些车型是以状态参数的形式显示出来的，只有浓和稀两种状态；也有些车型是以数值参数的形式显示出来的。

如表 4-7 所示，混合气浓度在正常范围内时，在气缸内的 HC 与 O_2 燃烧比较充分，排气中的氧（O_2）含量在 1%～2% 范围内，CO_2 含量为 13.8%～14.8%，λ 值为 0.97～1.04。正常工作的氧传感器的电压在 0.1～0.9V 之间变化，且 10s 内应变化 8 次以上。经三元催化器转换后，O_2 的浓度极小，后氧传感器的电压 >0.7V。

表 4-7　发动机在不同工况下尾气排放浓度值的正常范围

排放物	怠速工况下		转速在 2000r/min 时	
	催化转化器前	催化转化器后	催化转化器前	催化转化器后
HC/$\times 10^{-6}$	<300	<55	<300	<55
CO/%	0.5～1.5	<0.1	<0.8	<0.1
CO_2/%	13～16	13～16	13～15	13～16
O_2/%	1～2	1～2	1～2	1～2

当混合气偏浓时，由于燃烧所用的氧气量不足，排气中含有大量的 HC 及 CO，O_2 含量小于 1%，λ 值小于 1。此时氧传感器的输出电压大于 0.45V。ECU 因此判断出现混合气过浓的故障，从而会发出减少燃油喷射量的指令，而混合比 λ 控制值或短时燃油修正系数将为负数。部分车辆会存储混合气浓的故障码。

当混合气稀时，排气中的 CO 及 CO_2 含量较低，HC 及 O_2 含量高，O_2 含量大于 2%，λ 值大于 1。此时氧传感器的输出电压小于 0.45V。ECU 因此判断出现混合气稀的故障，从而会发出增加燃油喷射量的指令，混合比 λ 控制值或短时燃油修正系数为正值。部分车辆会存储混合气稀的故障码。

当混合气过稀时，情况与上述有所不同。此时，燃烧速度迟缓，由于燃烧延续至进排气重叠角时发生回火现象（使进入气缸中的氧减少），或进入排气管中的 HC 发生二次燃烧，使排气中的氧含量极低，造成排气管烧红或进气涡轮增压器烧红。

排气中 O_2 含量<1％，氧传感器输出电压大于 0.45V，ECU 会认为此时混合气过浓，从而减少喷油量，使实际混合气稀的状况更加严重。

发动机缺火，会造成气缸内的混合气燃烧不完全，使排气中 HC 及 O_2 含量上升，氧传感器输出电压值低于 0.45V，ECU 据此判断混合气偏稀，从而会发出增加燃油喷射量的指令。这样导致的结果是其余工作正常的气缸，可能会由于混合气浓，使燃烧速度减缓，CO 及 HC 化合物排放量增加，排气中 O_2 含量略有降低，发动机会出现严重工作不稳定的情况。

9. 空燃比传感器

空燃比传感器也称为宽带氧传感器，空燃比传感器也探测排气中的氧浓度。其电压在 0~5V 之间变化（图 4-96）。空燃比传感器所施加的是恒定电压，即几乎和氧浓度成正比的电压，这可提高空燃比探测精度。空燃比传感器的数值怠速时在 3.23~3.31 之间变化。采用空燃比传感器后，发动机 ECU 可以监控的混合气浓度范围大幅度提高（从 11∶1 提高到 19∶1），空燃比传感器电压在 2.2~4.2V 之间变化。

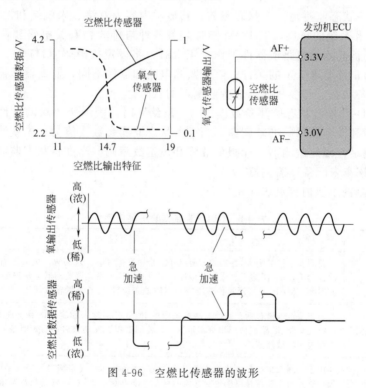

图 4-96　空燃比传感器的波形

10. 反馈状态

反馈状态开环或闭环是一种状态参数，它表示发动机 ECU 的控制方式是开环还是闭环。在冷车运转中，应显示为开环状态；当发动机达到正常工作温度后，发动机 ECU 对氧传感器的信号有反应时应显示为闭环状态。

有些故障（通常会显示出故障码）会使发动机 ECU 回到开环控制状态。此外，有些车型在怠速运转一段时间后也会回到开环状态，这常常是因为氧传感器在怠速时温度太低所

致。对此，可以踩下加速踏板，让发动机以快怠速运转来加热氧传感器。如果该参数一直显示为开环状态，快怠速运转后仍不能回到闭环状态，说明氧传感器或发动机燃油系统有故障。

为了保证发动机具有良好的工作性能，混合气的空燃比不是在发动机所有工况下都进行反馈控制。在下述情况下 ECU 对空燃比将不进行反馈控制，而是进行开环控制。

① 发动机启动工况。此时需要浓混合气，以便启动发动机。

② 发动机启动后暖机工况。此时发动机温度低于正常工作温度（80℃），需要迅速升温。

③ 发动机大负荷（节气门全开）工况。此时需要加浓混合气，使发动机输出最大功率。

④ 加速工况。此时需要发动机输出最大转矩，以便提高汽车速度。

⑤ 减速工况。此时需要停止喷油，使发动机转速迅速降低。

⑥ 氧传感器温度低于正常工作温度。氧化锆式氧传感器的温度低于300℃、氧化钛式氧传感器温度低于600℃，氧传感器不能正常输出电压信号。

⑦ 氧传感器输入 ECU 的信号电压持续 10s 以上时间保持不变时，说明氧传感器失效，ECU 将自动进入开环控制状态。

11. OBD-Ⅱ准备状态监测

OBD-Ⅱ准备状态监测是一个状态参数，其显示内容为就绪、未就绪和无。

使用 OBD-Ⅱ系统的车型，其 PCM 随时监测各种与排放物有关电路和器件的功能及工作效率。当一个被监测的电路或器件工作不正常时，将设定故障码（DTC）。每个监测器在监测相关电路前，都要求一定的条件。随被监测电路和器件不同，监测器所需的条件也不相同。OBD-Ⅱ准备状态监测参数显示这些监测器的状态。

当一个 OBD-Ⅱ准备状态监测参数读值为"就绪"时，表示所要求的条件已满足，监测器已为报告故障和设定故障码准备就绪。当准备状态监测参数读值为"未就绪"时，表示所要求的条件未满足，因此监测器不能报告故障和设定故障码。当准备状态监测器参数读值为"无"时，表示该车未配备该监测器。

OBD-Ⅱ监测的主要内容见表 4-8。

表 4-8　OBD-Ⅱ监测的主要内容

监测对象	监测目的
失火（失火监测）	监测发动机的失火,并用故障码(DTC)指明哪个气缸出现失火。失火是由于丢失高压火、燃油计量不正确、压缩不足或因其他原因造成的燃烧不良。该监测器通常需要 ECT(发动机冷却液温度)、MAF(空气流量传感器)和 CKP(曲轴位置)传感器的输入信号
器件（其余器件监测）	用于确定未被包括在其他监测系统中的 PCM 任何输入和输出电路出现的故障。这些故障可能是短路、断路或值超出规定范围。该监测器仅在发动机启动后短时进行，因此某些器件可能在瞬间未被监测
空气（二次空气系统监测）	用于监测二次空气系统的功能和检测该空气系统向排气系统喷射空气的能力。该监测依赖氧传感器的反馈信号以确定空气流的存在。该监测需要 ECT(发动机冷却液温度)、IAT(进气温度)、CKP(曲轴温度)传感器和氧传感器的信号
氧传感器和氧传感器加热器（氧传感器监测）	监测氧传感器切换的频率以确定其是否老化。监测氧传感器的加热器是否工作正常(若装有)
ECR 系统（废气再循环系统监测）	用于检测 EGR 系统的总量和流量特性;在某些发动机运转的基本条件被满足后,该监测需要 ECT(发动机冷却液温度)、IAT(进气温度)、CKP(曲轴位置)和 TP(节气门位置)传感器的输入信号,并在 EGR 系统工作时进行

监测对象	监测目的
燃油系统(燃油系统监测)	监测自适应燃油控制系统和确定自学习值是否超出了规定的范围。该监测需要 ECT(发动机冷却液温度)、IAT(进气温度)、MAF(空气流量传感器)和 MAP(进气歧管绝对压力)传感器的输入信号
催化器(催化器效率监测)	用于确定催化转化器效率是否低于最小规定标准。该监测需要 ECT(发动机冷却液温度)、IAT(进气温度)和 TP(节气门位置)传感器的输入信号。某些车型还要求 CKP(曲轴位置)和 VSS(车速)传感器的输入信号。当传感器准备就绪后,主要依赖于氧传感器的输入信号
EVAP 系统(蒸发排放物控制系统监测)	检查 EVAP 各器件的功能和燃油蒸发物(HC)流向发动机的能力。该监测因 EVAP 系统器件不同,所要求的条件也会有所变化

二、排放控制系统波形分析

1.氧传感器的波形

(1)氧传感器的波形检测 氧传感器是燃油反馈控制系统的重要部件,用汽车示波器观察到的氧传感器的信号电压波形能够反映出发动机的机械部分、燃油供给系统以及发动机电脑控制系统的运行情况。并且,所有汽车的氧传感器信号电压的基本波形都是一样的,利用波形进行故障判断的方法也相似。常用的氧传感器有氧化锆式和氧化钛式两种,如图 4-97 和图 4-98 所示。

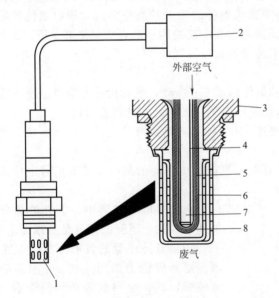

图 4-97 氧化锆式氧传感器
1—保护罩;2—接线端子;3—外壳(接地);4—空气侧
铂电极;5—氧化锆陶瓷体(锆管);6—排气侧
铂电极;7—加热器;8—陶瓷涂层

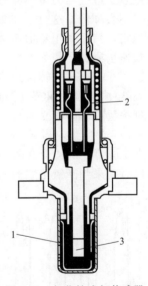

图 4-98 氧化钛式氧传感器
1—保护套管;2—连接线;
3—二氧化钛厚膜元件

测试氧传感器信号波形常用的方法有两种:丙烷加注法和急加速法。

① 丙烷加注法。氧传感器信号测试中有三个参数(最高信号电压、最低信号电压和混合气从浓到稀时信号的响应时间)需要检测,只要在这三个参数中有一个不符合规定,氧传感器就必须予以更换。更换氧传感器以后还要对新氧传感器的这三个参数进行检测,以判断

新的氧传感器是否完好。

测试步骤（氧化钛型传感器和氧化锆型传感器都适用）如下。

a. 连接并安装加注丙烷的工具。

b. 把丙烷接到真空管入口处（对于有 PCV 系统或制动助力系统的汽车应在其连接完好的条件下进行测试）。

c. 接上并设置好波形测试设备。

d. 启动发动机，并让发动机在 2500r/min 下运转 2～3min。

e. 使发动机怠速运转。

f. 打开丙烷开关，缓慢加注丙烷，直到氧传感器输出的信号电压升高（混合气变浓）。此时，一个运行正常的燃油反馈控制系统会试图将氧传感器的信号电压向变小（混合气变稀）的方向拉回。然后继续缓慢地加注丙烷，直到该系统失去将混合气变稀的能力。接着再继续加注丙烷，直到发动机转速因混合气过浓而下降 100～200r/min。这个操作步骤必须在 20～25s 内完成。

g. 迅速把丙烷输入端移离真空管，以造成极大的瞬时真空泄漏（这时发动机失速是正常现象，并不影响测试结果），然后关闭丙烷开关。

h. 待信号电压波形移动到波形测试设备显示屏的中央位置时锁定波形，测试完成。接着就可以通过分析信号电压波形来确定氧传感器是否合格。

② 急加速法。对有些汽车，用丙烷加注法测试氧传感器信号电压波形是非常困难的，因为这些汽车的发动机控制系统具有真空泄漏补偿功能（采用速度密度方式进行空气流量的计量或安装了进气压力传感器等），能够非常快地补偿较大的真空泄漏，所以氧传感器的信号电压绝不会降低。这时，在测试氧传感器的过程中就要用手动真空泵使进气压力传感器内的压力稳定，然后再用急加速法来测试氧传感器。

急加速法测试步骤如下。

a. 以 2500r/min 的转速预热发动机和氧传感器 2～6min，然后再让发动机怠速运转 20s。

b. 在 2s 内将发动机节气门从全闭（怠速）至全开 1 次，共进行五六次。

特别提醒： 不要使发动机空转转速超过 4000r/min，只要用节气门进行急加速和急减速即可。

c. 定住屏幕上的波形（图 4-99），接着就可根据氧传感器的最高、最低信号电压值和信号的响应时间来判断氧传感器的好坏。

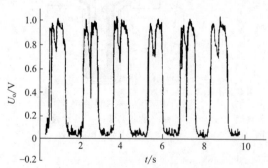

图 4-99　急加速法测试时氧传感器的信号电压波形

在信号电压波形中，上升的部分是急加速造成的，下降的部分是急减速造成的。

（2）氧传感器的波形分析　一个好的氧传感器应输出如图 4-100 所示的信号电压波形，其 3 个参数值必须符合表 4-9 所列的范围。一个已损坏的氧传感器可能输出如图 4-101 所示的信号电压波形，其中，最高信号电压下降至 427mV，最低信号电压小于 0，混合气从浓到稀时信号的响应时间却延长为 237ms，所以这 3 个参数均不符合标准。用汽车示波器对氧传感器进行测试时可以从显示屏上直接读取最高和最低信号电压值，还可以用示波器游动标尺读出信号的响应时间（这是汽车示波器特有的功能）。汽车示波器还会同时在其屏幕上显示测试数据值，这对分析波形非常有帮助。

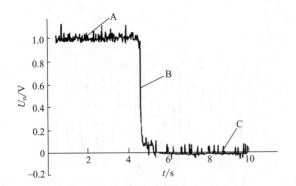

图 4-100　氧传感器标准信号电压波形
A—最高信号电压（1.1V）；B—信号的响应
时间（40ms）；C—最低信号电压（0V）

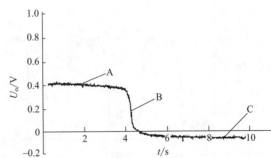

图 4-101　已损坏的氧传感器信号电压波形
A—最高信号电压（427mV）；B—信号的响应
时间（237ms）；C—最低信号电压（-130mV）

表 4-9　氧传感器信号波形参数标准

序号	测量参数	允许范围
1	最高信号电压（左侧波形）	＞850mV
2	最低信号电压（右侧波形）	75～175mV
3	混合气从浓到稀的最大允许响应时（波形的中间部分）	＜100ms（波形中在 300～600mV 之间的下降段应该是上下垂直的）

如果在关闭丙烷开关之前，发动机怠速运转时间（即混合气达到过浓状态的时间）超过 25s，则可能是氧传感器的温度太低，这不仅会使信号电压的幅值过低，而且会使输出信号下降的时间延长，造成氧传感器不合格的假象。因此，在检测前应将氧传感器充分预热（即让发动机在 2500r/min 下运转 2～3min）。如果发动机仅怠速运转 5s，就可能有一个或多个参数不合格，而这种不合格的现象并不说明氧传感器是坏的，只是测试条件没有满足的缘故。

多数损坏的氧传感器都可以从其信号电压波形上明显地分辨出来，如果从信号电压波形上还无法准确地断定氧传感器的好坏，则可以用示波器上的游动标尺读出最大和最小信号电压值以及信号的响应时间，然后用这 3 个参数来判断氧传感器的好坏。

（3）多点燃油喷射系统中的氧传感器波形　通常有两种不同的燃油喷射系统：节气门体燃油喷射（TBI）系统和多点式燃油喷射（MFI）系统。由于它们的结构、原理不同，其氧传感器的信号也稍有不同。下面以多点燃油喷射系统为例进行说明。

多点燃油喷射系统大大改变了电子与机械部分设计，因而其性能超过节气门体（单点式）燃油喷射系统。该系统的进气通道明显缩短，从节气门体燃油喷射系统的喷油器到进气门的距离没有了，氧传感器信号电压变化的频率为 0.2（怠速时）～5Hz（2500r/min 时），如图 4-102 所示。

因此，该系统对燃油的控制更精确，氧传感器的信号电压波形更标准，三元催化转化器的效果更好。但因该系统分配至各气缸的燃油也不完全相等，所以氧传感器的信号电压波形会产生杂波或尖峰。

（4）双氧传感器信号电压波形分析　在许多汽车发动机的燃油反馈控制系统中，安装了两个氧传感器（图 4-103）。为适应美国环境保护署（EPA）对废气控制的要求，从 1994 年起有些汽车在三元催化转化器的前后都装有一个氧传感器，这种结构在装有 OBD-Ⅱ 的汽车上可用于检查三元催化转化器的性能，在一定情况下还可以提高对混合气空燃比的控制精度。

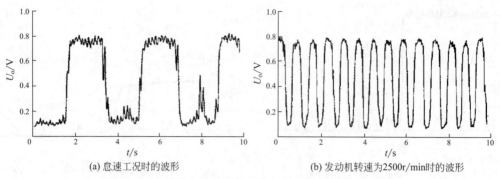

(a) 怠速工况时的波形   (b) 发动机转速为2500r/min时的波形

图 4-102　典型多点燃油喷射系统氧传感器的信号电压波形

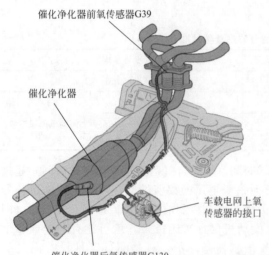

催化净化器前氧传感器G39

催化净化器

车载电网上氧
传感器的接口

催化净化器后氧传感器G130

图 4-103　双氧传感器系统

由于氧传感器信号的反馈速度快，其信号电压波形就成为最有价值的判断发动机性能的依据之一。通常，氧传感器的位置越靠近燃烧室，燃油控制的精度就越高，这主要是由尾气气流的特性（例如尾气的流动速度、排气通道的长度和传感器的响应时间等）决定的。

许多制造厂在每个气缸的排气歧管中都安装有一个氧传感器，这就使汽车维修人员容易判断出工作失常的气缸，减少判断失误。在许多情况下只要能迅速地判断出大部分无故障的气缸（至少为气缸总数的 1/2 以上），就能缩短故障诊断时间。双氧传感器信号电压波形及分析如图 4-104 所示。

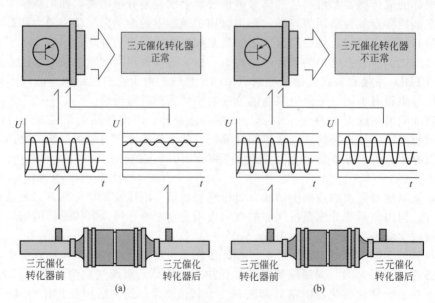

图 4-104　双氧传感器信号电压波形分析

　　一个工作正常的三元催化转化器，再配上燃油反馈控制系统后就可以保证将尾气中的有害成分转变为相对无害的 CO_2 和水蒸气。但是，三元催化转化器会因温度过高（如点火不良时）而损坏（催化剂有效表面减少和板块金属烧结），也会因受到燃油中的磷、铅、硫或发动机冷却液中的硅的化学污染而损坏。OBD-II诊断系统的出现改进了三元催化转化器的随车监视系统。在汽车匀速行驶时，安装在三元催化转化器后的氧传感器信号电压的波动应比装在三元催化转化器前的氧传感器（前氧传感器）信号电压的波动小得多［图 4-104(a)］，因为正常运行的三元催化转化器在转化 HC 和 CO 时要消耗氧气。OBD-II监视系统正是根据这个原理来检测三元催化转化器的转化效率的。

　　当三元催化转化器损坏时，其转化功能丧失，这时在其前后排气管中的氧气含量十分接近（几乎相当于没有安装三元催化转化器），前后氧传感器的信号电压波形就趋于相同［图 4-104(b)］，并且电压波动范围也趋于一致。出现这种情况时应更换三元催化转化器。

　　(5) 氧传感器故障波形诊断分析

　　① 个别缸喷油器堵塞造成各缸喷油不均衡的故障现象。个别缸喷油器堵塞会造成发动机怠速非常不稳、加速迟缓、动力下降等方面的故障现象。在冷启动后或重新热启动后的开环控制期间情况稍好，一旦燃油反馈控制系统进入闭环控制，症状就变得显著。

　　用示波器检测氧传感器，检测发动机在 2500r/min 和其他稳定转速下的氧传感器波形，以检查燃油反馈控制系统：氧传感器在所有的转速、负荷下都显示了严重的杂波（图 4-105）。

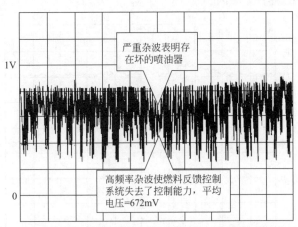

图 4-105　个别缸喷油器堵塞造成各缸喷油不均衡时的氧传感器信号电压波形

　　波形故障分析：严重的杂波表明排气氧含量不均衡或存在缺火，这些杂波彻底毁坏了燃油反馈控制系统对混合气的控制能力。通常可以采用排除其他故障可能性的方法（即排除法）来判定喷油不均衡，包括用示波器检查、判断点火系统和气缸压缩压力以排除其可能性；用人为加浓或配合其他仪器等方法排除真空泄漏的可能性。总之，对于多点喷射式发动机，如果没有点火不良、压缩泄漏、真空泄漏问题引起的缺火，则可假定是喷射不均衡引起的缺火。此例中，进一步检查了上述点火、压缩、真空的各方面情况，结果表明可以排除这些方面问题的可能性。因此，判断为喷油器损坏。

　　还应注意到，上述"在冷启动后或重新热启动后的开环控制期间情况稍好"，这进一步说明了有个别缸喷油器存在堵塞问题。这是因为，在当时情况下，喷油脉宽稍长，加浓了混合气，多少起到一些补偿作用。当更换了好的喷油器后，故障现象消失，波形恢复正常。

　　② 间歇性点火系统缺火故障。如图 4-106 所示为发动机在 2500r/min 时间歇性点火系统缺火故障波形，波形反映出点火系统存在间歇缺火故障。波形两边部分显示正常，但波形中段严重的杂波显示燃烧极不正常甚至缺火。

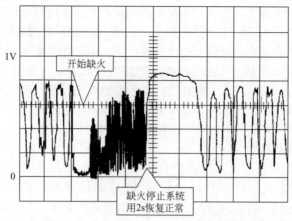

图 4-106　发动机在 2500r/min 时间歇性点火系统缺火故障波形

　　③ 氧传感器配合喷油脉宽检查分析。如图 4-107 所示为发动机在 2500r/min 时的氧传感器配合喷油脉宽波形。氧传感器波形显示为不正常的持续浓混合气信号（上边波形），而微机控制系统能正确地发出较短的喷油脉宽指令（下边波形，正常应为 5ms）试图使混合气变稀两个波形的关系是正确的负反馈关系。这说明故障不在燃料反馈控制系统，可能是燃油压力过高或喷油器存在漏油等原因。

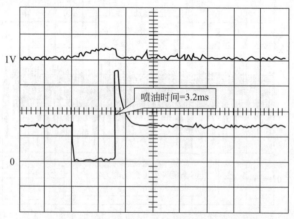

图 4-107　发动机在 2500r/min 时氧传感器配合喷油脉宽波形

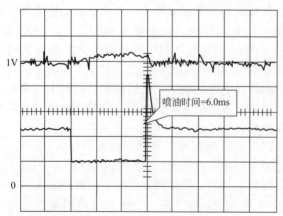

图 4-108　发动机在 2500r/min 时浓氧传感器
信号配合喷油脉宽信号波形

　　若氧传感器波形显示为不正常的持续稀混合气信号（低电压），而微机控制系统能发出较长的喷油脉宽指令（例如 6ms），这两个波形的关系也是正确的负反馈关系。这同样说明故障不在燃油反馈控制系统，可能是燃油压力过低或喷油器存在堵塞等原因。如图 4-108 所示为发动机在 2500r/min 时浓氧传感器信号配合长喷油脉宽信号波形。

　　氧传感器波形显示为不正常的持续浓混合气信号（上边波形），而微机控制系统正在发出的却仍然是要加浓混合气的较长的喷油脉宽指令（下边波形，正常应为5ms），即两个波形的关系出现方向性错误。这说明故障存在于燃油反馈控制系统内部，例如可能是微机控制系统接收了错误的进气流量信号或错误的发动机冷却液温度信号等原因。

④ 进气真空泄漏。如图4-109所示为发动机在2500r/min时进气真空泄漏波形，故障为个别气缸的进气歧管真空泄漏。

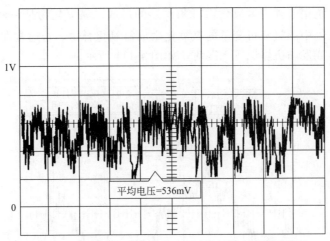

图4-109　发动机在2500r/min时进气真空泄漏波形

真空泄漏使混合气过稀，每当真空泄漏的气缸排气时，氧传感器就产生一个低电压尖峰。一系列的低电压尖峰在波形中形成了严重的杂波。而平均电压高达536mV则可解释为：当氧传感器向微机控制系统反馈低电压信号时，燃油反馈控制系统使气缸内的混合气立即加浓，排气时氧传感器对此给出高电压信号，这说明燃油反馈控制系统的反应是正确的。

⑤ 氧传感器良好与损坏的波形比较。如图4-110所示为良好的氧传感器波形与损坏的氧传感器波形叠加比较。

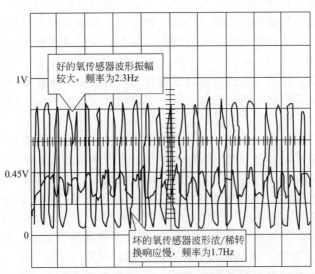

图4-110　良好的氧传感器波形与损坏的氧传感器波形比较

振幅大的波形表示良好者，振幅小的波形表示损坏者。损坏的氧传感器波形表明，燃油反馈控制系统的正常运行受到了严重的抑制。但从其波形中的"稍浓、稍稀"振动来分析，燃油反馈控制系统一旦接收到正确的氧传感器反馈信号是有控制空燃比能力的。

由于损坏的氧传感器的反应速度迟缓，限制了浓稀转换次数，使混合气空燃比超出了三元催化转化器要求的范围，故此时排放指标恶化。图 4-110 中良好的氧传感器波形反映的是更换了氧传感器之后的情况。

2. 废气再循环阀波形分析

废气再循环系统用于减少氮氧化物（NO_x）的形成。氮氧化物是一种有害的尾气排放，在燃烧过程中，大气中的氮和可变量的氧氧化生成氮氧化合物，这通常发生在燃烧温度超过 1371℃、在大负荷或发动机爆燃等工况时，如图 4-111 所示。

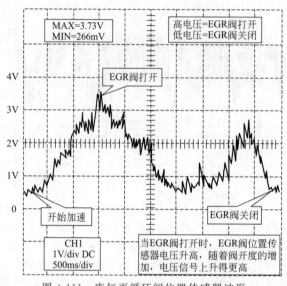

图 4-111　废气再循环阀位置传感器波形

排放的废气（相对惰性的气体）与进入进气管的混合气混合的结果，可提供一个在燃烧室中化学缓冲或空气和燃油分子缓冲（冷却）的方式，这导致进入气缸的混合气的燃烧受到更多的控制。它可以防止过度速燃，甚至爆燃的发生，而过度速燃和爆燃的发生可使燃烧温度超过 1371℃。

废气流入进气管，然后与新鲜的混合气混合进入燃烧室，这就限制了最初氢氧化合物的形成，然后，当燃烧后的尾气离开气缸时，三元催化转化器起作用，减少进入大气中的氢氧化合物。

废气再循环系统何时开始工作，以及流量多少对排放和行驶性能是非常重要的。废气再循环流量调整非常精确，过多的废气再循环流量会使汽车喘振或功率下降甚至熄火，没有足够的废气再循环流量会使尾气排放氮氧化合物的量猛增，同时发动机也可能发生爆燃。为正确地控制废气再循环流量，一些发动机控制系统用电子反馈控制，控制模块（PCM）发出开关或脉冲宽度及调制信号给废气再循环的真空电磁阀来控制流入废气再循环控制电磁阀的真空度，向废气再循环位置传感器发出一个与废气再循环阀开启成比例的信号给控制模块（PCM），控制模块（PCM）能够将这个信号转变成废气再循环流动率。

在启动、发动机暖机以及减速或怠速时，大多数发动机控制系统不能使废气再循环运行，在加速时废气再循环系统用正确的控制去优化发动机转矩。

几乎所有的 EVP 传感器都以相同的方式工作，所以这个示波器程序由大多数三线 EVP 传感器的构造和模式来确定。通常 EVP 传感器在废气再循环阀关闭时会产生恰好在 1V 以下的电压，在废气再循环阀打开时会产生恰好在 5V 以下的电压。

（1）废气再循环阀位置传感器试验步骤　启动发动机，保持在 2500r/min 转速下运转 2~3min，直到发动机充分暖机，燃烧反馈系统进入闭环状态，可以在示波器上观察传感器信号来确认上述步骤。关闭所有附属电器，按以下步骤驾驶汽车，从停车状态起步，到轻加速、急加速、巡航和减速。

在观察波形时用手动真空泵连接废气再循环阀去打开、关闭阀门是有帮助的。确认判定性幅值是适当的、可重复的，并在废气再循环流动的条件下所存在的传感器信号与废气再循环阀的动作成正比例。

确认从进气管、废气再循环阀真空电磁阀的进出管道均完好无损且安装正常，无泄漏，确认废气再循环阀的膜片能够正确地保持真空度（看制造厂资料），确认废气再循环进入和绕过发动机的通道是清洁的，没有由于内部积炭造成的堵塞（按照制造商给出的步骤执行废气再循环功能检查），这可以确认当控制模块收到 EVP 传感器来的信号时，废气实际流入了燃烧室。

（2）废气再循环阀位置传感器波形分析说明　一台发动机达到废气再循环工作条件时，控制模块 PCM 就开始推动废气再循环阀，当废气再循环阀打开时波形将上升，当废气再循环阀关闭时波形则下降。翻阅制造商的资料确定正确的电压范围，但通常在阀关闭时电压在 1V 以下，当阀打开时电压接近 5V。

在正常加速时废气再循环阀需要打开特别大，在怠速和减速时阀是关闭的，不需要废气再循环，波形上不应出现任何断线、指向地（零电位）的尖峰和波形下掉等，特别注意波形开始上升时的形状（在第一次阀运动时的 1/2 段），这是传感器最经常动作的碳膜段，通常首先损坏。

许多汽车在没有开动或行驶中还没有踩过制动踏板的条件下，不会有废气再循环流动。没有控制模块给废气再循环阀的信号，所以也就没有 EVP 电压的变化。

三、排放控制系统数据流与波形故障案例精解

案例 1： 2013 年款大众捷达轿车尾气排放指示灯报警

故障现象　一辆 2013 年款大众捷达轿车，搭载型号为 BJG 的发动机，仪表上的尾气排放指示灯报警，但行驶中无异常感觉。

故障诊断　首先使用 VAS 5051 查询发动机 ECU，有故障码 16724——凸轮轴位置传感器 A 电路不正确配置。在怠速状态下，读取 01-08-12 组 3 区和 4 区数据，均显示为 0（其正常值应分别为 28 和 87），3 区和 4 区表示曲轴位置信号与凸轮轴位置信号的对应关系，简言之就是信号凸轮的高低点与曲轴位置参考点的相对位置识别。3 区和 4 区皆显示为 0，说明发动机 ECU 不能识别凸轮 G 信号与曲轴位置 Ne 信号。

凸轮轴正时位置错误或传感器线路故障都会使 ECU 接收到的凸轮轴位置感应值不正确而报故障（此时如断开 G40 也会报出同样的故障码）。为此，首先检查发动机配气正时，正常，鉴于凸轮轴本身出现机械故障的概率小到可以忽略，因此排查思路可确定为对传感器线路故障的评估。

根据 2013 年款捷达 BJG 发动机凸轮轴位置传感器电路图（图 4-112），凸轮轴位置传感器 G40 的 T3a/1 脚为供电端，T3a/3 脚为 ECU 内部搭铁端，T3a/2 脚连接 ECU 的 T80/80 脚，向发动机 ECU 提供反馈信号电压。用 VAS 5051 检测仪的波形检测工具，实测 T3a/3 脚和 T3a/1 脚有 5V 的供电电压和正常接地，再以 ECU 的 T80/80 脚为监测点，测量其波形振幅为 2.55V 不规则信号波形（图 4-113），脉宽时有时无，偶尔也表现为波形振幅为

2.55V 凸轮轴信号波形（图 4-114），而正常的 G40 信号波形为振幅为 5V、连续周期变化的方波，检测结果说明传感器信号产生失真。

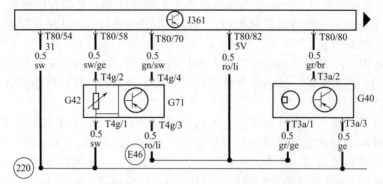

图 4-112　2013 年款捷达 BJG 发动机凸轮轴位置传感器电路图

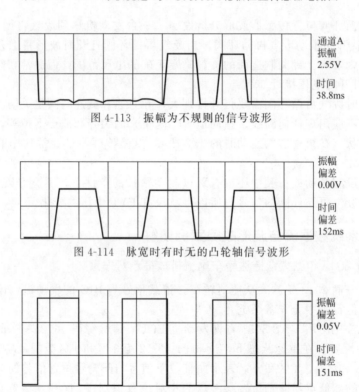

图 4-113　振幅为不规则的信号波形

图 4-114　脉宽时有时无的凸轮轴信号波形

图 4-115　标准凸轮轴信号波形

根据观察到的波形无异常干扰和突变现象，分析传递凸轮轴信号的线路出现故障或受周边电磁干扰的可能性不大，至此可将故障源锁定为发动机 ECU 和凸轮轴位置传感器两个部件上，应分别对其做功能性检测。断开 G40 插头，以连接发动机 ECU 的 T80/80 脚和 T3a/2 脚为检测点，测量在点火挡位上由 ECU 输出的直线电压为 2.5V，而对比测量正常车的信号电压为 5V。

凸轮轴位置传感器为霍尔器件，可以把它视作具有导通和截止作用的状态开关，线路的断开模拟了凸轮轴位置传感器的截止状态，截止状态的信号电压直接反映了发动 ECU T80/80 脚的状态，由此可分析推断出 ECU 的信号处理模块出现电路故障，提供的基准电压有问题，导致故障存储码（16724——凸轮轴位置传感器 A 电路不正确配置）。此故障码在报警机制上归属为废气排放指示灯报警范畴,此信号失效可以用发动机转速传感器 G28 的信号代替计算,并模糊识别出气缸的喷油和点火顺序,从而实现 ECU 应急行驶工况,因其他执行元件工作正常,从驾驶员的感受来讲,是感觉不到故障对行驶工况有明显影响的。

故障排除　更换发动机 ECU 后再测量凸轮轴电压信号,为如图 4-115 所示的标准波形,幅值为正常的 5V,尾气排放指示灯也不再报警,故障彻底排除。

🔧 **案例 2:** 2011 年款新宝来轿车排放灯常亮

故障现象　一辆 2011 年款宝来轿车,行驶里程为 7205km,车辆冷车启动后发动机排放灯经常亮起(图 4-116)。

故障诊断　接车后使用 VAS 5052 进行检测,发现 01(发动机)中存在故障码(图 4-117):01092 P0444 004——燃油蒸发排放(EVAP)活性炭罐净化调节阀(N80)断路(静态)。

图 4-116　新宝来轿车的发动机排放灯亮起

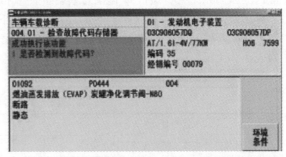

图 4-117　使用 VAS 5052 检测的故障码

如图 4-118 所示,首先了解活性炭罐电磁阀 N80 控制过程:活性炭罐电磁阀 N80 根据发动机控制单元的负荷及转速信号开或关,开启时间由具体信号决定。开启时由于进气歧管的真空作用,新鲜空气经活性炭罐底通风口被吸入,活性炭罐中燃油蒸气及新鲜空气被送出燃烧,同时节流阀可以确保排空活性炭罐。

于是对活性炭罐电磁阀 N80 的线路进行检测,其外形及电路如图 4-119 所示。

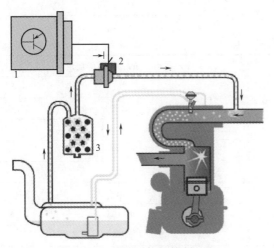

图 4-118　排放系统的控制过程
1—控制单元;2—燃油箱通风阀;3—活性炭罐

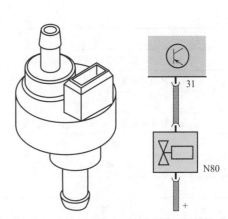

图 4-119　活性炭罐电磁阀的外形及电路

① 检查活性炭罐电磁阀 N80 的供电线的电压为 13.88V,正常电压应大于 11V(供电电压正常)。

② 检查活性炭罐电磁阀 N80 是否工作，用电脑进行自诊断功能测试，电磁阀工作正常。

③ 检查活性炭罐电磁阀的电阻为 75.2Ω，正常的阻值为 10～45Ω。显然阻值偏大，超出正常的范围。由于活性炭罐电磁阀的阻值发生变化，导致活性炭罐电磁阀 N80 的工作发生异常，从而使排放灯经常亮起。

故障排除 更换活性炭罐电磁阀，启动发动机，检查正常，故障消除。

案例 3： 2008 年款宝马 730Li 轿车三元催化器堵塞

故障现象 一辆 2008 年款宝马 730Li 轿车，行驶里程约 80000km。驾驶人反映车辆行驶中感觉加速吃力，发动机故障灯点亮。

故障诊断 接车启动车辆，发动机故障灯一直点亮。连接 ISID 进行诊断检测，读取发动机控制系统故障内容如下：2C7F DME——废气催化剂转换器的后氧传感器 2 空燃比控制异常；2C2C DME——废气催化剂转换器的前氧传感器 2。

对于故障码的类型和故障产生的环境条件如下。

① 故障码 2C7F DME 表示当前不存在故障；废气催化剂转换器后的废气太稀，环境条件如表 4-10 所示。

② 故障码 2C2C DME 表示当前不存在故障；混合气过浓，环境条件如表 4-11 所示。

表 4-10 环境条件（一）

项目	第一条故障记录	最后一条/当前故障记录
废气催化剂转换器 2 前氧传感器的电压/V	0.08	0.06
废气催化剂转换器 2 后氧传感器的电压/V	1.99	1.97
再循环调节器 2 的空气过量系数偏移	0	0
再循环调节器 2 输入信号/V	0.56	0.58
频率/Hz	15	15
逻辑斯谛计数器/个	40	40
SAE 故障码	P114D	P114D
里程数/km	76064	78360

表 4-11 环境条件（二）

项目	最后一条/当前故障记录
废气催化剂转换器 2 前氧传感器的温度/℃	768
废气触媒转换器 2 后氧传感器的电压/V	0.02
空气过量系数标准值 2	1.15
废气触媒转换器 2 前氧传感器的电压/V	2.05
频率/Hz	1
逻辑斯谛计数器/个	39
SAE 故障码	P2198
里程数/km	78368

接下来调用控制模块功能，读取发动机控制系统空燃比控制的数据流，如图 4-120 所示。数据流显示废气催化剂转换器 2 前氧传感器的电压和废气催化剂转换器 1 前氧传感器的电压基本一致。废气催化剂转换器 2 后氧传感器的电压为 0.10V，正常的电压应该为 0.7～0.8V，废气催化剂转换器 1 后氧传感器的电压在正常范围之内。废气催化剂转换器 2 后氧

传感器的故障类型为废气催化剂转换器后的废气太稀。

功能和状态显示	
功能：	信号氧传感器气缸列2废气催化剂转换器前
状态：	1.97V
功能：	信号氧传感器气缸列1废气催化剂转换器前
状态：	2.01V
功能：	信号氧传感器气缸列2废气催化剂转换器后
状态：	0.10V
功能：	信号氧传感器气缸列1废气催化剂转换器后
状态：	0.69V
功能：	Adaptation module,bank1,multiplicative
状态：	−6.69%
功能：	Adaptation module,bank1,multiplicative
状态：	−5.38%
功能：	气缸列1混合气的叠加式调校
状态：	−0.21mg/Hub
功能：	气缸列2混合气的叠加式调校
状态：	0.02mg/Hub

图 4-120　数据流 2

前氧传感器不断测量废气中的残余氧含量，残余氧含量的摆动值被作为电流信号转发到发动机控制模块。DME 通过喷射修正混合气成分。在废气催化剂转换器后安装有第二个氧传感器（监控用传感器）。废气催化剂转换器具有较高的氧气存储能力，因此在废气催化剂转换器后只有少量氧气。监控用传感器输出几乎恒定的（经平缓处理的）电压。随着不断老化，废气催化剂转换器的氧气存储能力下降。监控用传感器于是越来越频繁地通过电压波动对空气过量系数偏差做出反应。这种特性可通过一项专用的诊断功能用于废气催化剂转换器监控。通过排放警示灯显示废气催化剂转换器的功能异常。该监控用传感器用于废气催化剂转换器诊断。监控用传感器识别空气过量系数数值 1 的可靠偏差，但不能确定混合气浓度偏差的大小。

最后拆卸后部废气催化剂转换器 2，通过内窥镜观察气缸列 2 的废气催化剂转换器内部是否存在堵塞情况。观察结果显示废气催化剂转换器表面存在严重堵塞的现象。接着拆卸后部废气催化剂转换器 1，检查气缸列 2 的废气催化剂转换器的表面，也有轻微堵塞的情况。

故障排除　更换两个废气催化剂转换器，删除故障码，发动机故障灯熄灭。再次读取发动机控制系统空燃比控制的数据流，如图 4-121 所示，数据流显示电压都恢复了正常，故障排除。

案例 4：奔驰 S350 轿车发动机异常抖动

故障现象　一辆 2006 年产奔驰 WDB220 S350 轿车，驾驶人反映发动机启动后严重抖动，冷热车无明显变化，但仪表板发动机故障警告灯未点亮。若急踩几下加速踏板，怠速运转抖动的发动机又会恢复平稳运行状态，不过重新启动几次发动机后故障会再次出现。

故障诊断　接车后，试车启动发动机，从冷车启动到发动机达到正常工作温度，发动机一直严重抖动。但在急踩几下加速踏板后，发动机的确恢复正常，反复启动几次后故障再现。根据该车的故障症状，先连接专用故障诊断仪对车辆进行检测，设备提示发动机控制单元内无故障码存储。当发动机运转平稳时，利用故障诊断仪观察发动机控制系统动态数据流，发现各参数均正常。当发动机运转出现抖动时，再利用故障诊断仪观察相关数据流，超出规定的参数如下：发动机怠速转速在 585～787r/min 变化（标准值为 670～770r/min）；发动机 1～6 缸平稳

功能和状态显示

功能：	信号氧传感器气缸列2废气催化剂转换器前
状态：	1.94V
功能：	信号氧传感器气缸列1废气催化剂转换器前
状态：	2.01V
功能：	信号氧传感器气缸列2废气催化剂转换器后
状态：	0.77V
功能：	信号氧传感器气缸列1废气催化剂转换器后
状态：	0.69V
功能：	Adaptation module,bank1,multiplicative
状态：	−6.69%
功能：	Adaptation module,bank1,multiplicative
状态：	−5.38%
功能：	气缸列1混合气的叠加式调校
状态：	−0.21mg/Hub
功能：	气缸列2混合气的叠加式调校
状态：	0.02mg/Hub

图 4-121 数据流 3

性值均呈现无规律变化，在 −4.42～−5.05L/s² 之间变动（标准值为 −3.50～3.50L/s²）；进气压力值为 52.5～63.6kPa（规定值为 ≤50.0kPa）。另外，自适应值左右两侧均为 0.659ms（规定值为 −1～1），两侧喷油脉宽显示为 3.5～4.4ms 跳动（规定值为 2.7～4.4ms）。

对于这种有故障症状但没有故障码的车辆，一般需要对相关数据流进行分析，尤其要对那些异常参数进行重点分析。然后按照由简到繁、由易到难的思路进行排除。

对于进气压力参数异常的问题，在发动机出现抖动故障时拔下进气压力传感器（图 4-122）上的真空管，利用故障诊断仪观察压力值发现，其值为 102.5kPa。在真空管接头处连接真空表（图 4-123），真空表读数围绕 36.4kPa 变化，与故障诊断仪显示的进气压力值一致。真空表及故障诊断仪显示值一致，表明进气压力传感器工作正常，同时也说明来自发动机进气歧管的真空度确实偏低。那么会是什么原因导致发动机进气系统真空度偏低呢？一般情况下，导致发动机进气系统真空度偏低的主要原因包括发动机进气系统泄漏、气缸工作不良及排气系统堵塞等。接着针对上述几种可能的原因逐一进行排除。

图 4-122 进气压力传感器的安装位置

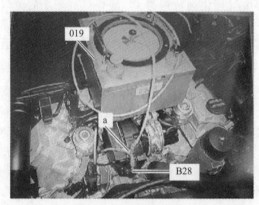

图 4-123 连接真空表

首先松开排气管接口处螺栓，此时排气管噪声立即变大，但进气压力参数未呈现明显变化，发动机仍然严重抖动，因此排除了排气管堵塞可能。接下来，对进气管及各真空管进行了泄漏测试。利用化油器清洗剂对各接口处及进气系统接口垫进行喷洒试验，未发现发动机转速有明显变化。为进一步确定进气系统是否泄漏，用软布堵住进气口，发动机瞬时熄火。以上2种方法虽然不是很严谨，但可以排除局部严重漏气的可能。

之后，对该车发动机进行了燃油系统压力、喷油器雾化及流量测试，未发现任何异常。拆下火花塞观察火花塞的燃烧情况时发现，火花塞电极处比正常燃烧要黑，通过内窥镜进一步观察气缸内及气门颈部的积炭发现，该车发动机的积炭很少。测量气缸压力及点火正时也均符合要求。根据喷油脉宽的显示值及拆检火花塞的结果，可以确定该车发动机混合气偏浓，但查看空气流量传感器显示值为12kg/h（标准值为12～20kg/h），符合标准。由于发动机喷油脉宽主要取决于转速信号和空气流量传感器信号，修正量取决于冷却液温度及氧传感器等信号，所有基本信号及修正信号都在标准范围内（3.0～3.2ms），多出的1ms喷油脉宽是从何而来的呢？

根据维修经验，一般燃油蒸发排放系统和废气再循环系统出现问题会导致混合气异常，且容易被人忽视，为此决定对这两个系统进行检查。断开活性炭罐控制电磁阀（图4-124），用手堵住进气口，发动机怠速时依旧抖动，发动机控制系统动态数据流各参数无明显变化，表明燃油蒸发排放系统无泄漏现象。继续拆下废气再循环阀（图4-125），堵住进气口，此时发动机恢复正常。将废气再循环阀装复，断开Y31/1废气再循环真空控制电磁阀（图4-126）插头，发动机依旧抖动。若断开Y31/1废气再循环真空控制电磁阀的真空管，发动机则能恢复正常；若将真空管插好，发动机立刻抖动，看来问题很有可能出在此处。随后用真空泵驱动EGR阀常开（图4-127），故障再次出现。测量此管口真空度为17.5kPa，急踩几下加速踏板时发现，真空表真空度显示接近零。此时再插上真空管，试车发动机不再抖动。

图 4-124　断开活性炭罐控制电磁阀管路

图 4-125　拆下废气再循环阀

图 4-126　断开 Y31/1 废气再循环真空控制电磁阀插头

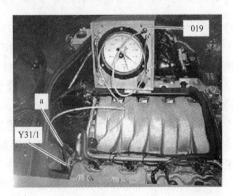

图 4-127　用真空泵驱动 EGR 阀常开

至此，可以判定导致该车故障出现的原因是 Y31/1 电磁阀内部有时常通，不受发动机控制单元控制。从而使得废气再循环阀处于常通状态，这样废气在发动机怠速运转时便过早进入气缸，造成发动机各缸工作不良。一般情况下，在装有废气再循环装置的发动机上，当因废气再循环装置故障导致废气过早进入发动机时，多会造成发动机混合气偏稀。而该车在出现同样故障时为什么会出现混合气偏浓的现象呢？这是因为在奔驰 M112 型发动机控制系统中既安装了空气流量传感器，也安装了进气压力传感器。由于废气的过早进入，导致发动机进气系统的真空度异常，从而使得发动机控制单元通过进气压力传感器感知到的进气压力值异常变化（即通过故障诊断仪观察到的发动机控制系统动态数据流中参数的异常变化）。当进气压力传感器监测到异常的进气压力信号后，使得进气压力传感器误认为进入进气系统的废气导致进气压力的变化为进入了更多的新鲜空气。发动机控制单元在接收到此信号后，便控制喷油器增加喷油脉宽，最终致使发动机混合气偏浓。由于进气歧管真空度不稳定，导致发动机运转不平稳，从而造成发动机严重抖动。

故障排除　在更换已经常通的 Y31/1 废气再循环真空控制电磁阀后，试车故障排除。

第五节　发动机其他参数数据流分析与案例精解

一、发动机其他参数数据流分析

1. 发动机转速

在读取电控装置数据流时，检测仪上所显示出来的发动机转速是由发动机电子控制系统的 ECU 根据发动机转速（或曲轴位置传感器）的脉冲信号计算得到的，有的电控发动机通过采集点火信号计算发动机的转速。因此，发动机转速数据流反映了发动机的实际转速，其单位一般采用 r/min，其变化范围为 0 至发动机的最高转速。

发动机转速参数本身并无分析的价值，通常用于对其他相关参数进行分析时作为参考基准。

2. 发动机启动转速

发动机启动转速是指启动发动机时由起动机带动的发动机转速，该参数的单位也是 r/min，显示的数值范围通常为 0～800r/min。发动机启动转速参数是发动机 ECU 控制启动喷油量的重要依据之一。分析发动机启动转速可以有助于找到发动机启动困难的故障原因，也可分析发动机的启动性能。例如，发动机启动时，如果启动转速为 0，说明发动机 ECU 没有收到发动机转速传感器的信号，故障可能出自发动机转速传感器及其电路。

3. 发动机负荷

发动机负荷是一个数值参数，在怠速时的数值范围为 1.3～4.0ms 或 15%～40%。用来反映发动机负荷大小的喷油时间是一个纯计算的理论值。在怠速下的发动机负荷可以理解为发动机克服自身摩擦力和驱动相关附件装置所需的油量，通常用观察怠速时的发动机负荷（喷油时间）来判断车辆是否存在故障。

发动机负荷是由电子控制器根据氧传感器参数计算出来的，并以进气压力或喷油量显示。反映发动机负荷的喷射时间和基本喷油量仅与发动机转速及负荷有关，通常不包括喷油修正量。怠速时，正常显示范围为 1.00～2.50ms；海拔每升高 1000m，发动机负荷降低约 10%；当外界温度很高时，发动机输出功率也会降低，最大降低幅度可达 10%；汽车行驶中，当发动机达到最大负荷时，在 4000r/min 显示值应达到 7.5ms，在 6000r/min 的显示值应达到 6.5ms。

发动机负荷异常的主要原因是进气系统漏气、真空管堵塞、配气正时错误、有额外负载等。

4. 发动机运转时间

发动机运转时间也是一个数值参数，其数值范围为 00：00：00～99：99：99(h：min：s)，发动机的运转时间参数表示从发动机启动后所运转的时间。当发动机关闭（熄火）时，发动机的运转时间会重新设定为 00：00：00 (h：min：s)。

5. 车速

车速是由发动机 ECU 或自动变速器 ECU 根据车速传感器的信号计算得到的汽车行驶速度数值，其单位为 km/h 或 mile/h（英里/小时），显示什么单位可以通过故障诊断仪的显示调整来改变。

车速信号的实质是给发动机 ECU 提供一个车辆处于行驶状态中的信号。车速信号是发动机 ECU 启动车速补偿作用的前提条件。没有车速信号时，发动机 ECU 就无法识别倒拖工况，这可能导致踩下离合器踏板时发动机转速过低甚至熄火。由于车速补偿的作用，在车辆滑行过程中出现发动机转速高于怠速工况的情况属于正常范围。

车速参数是自动变速器自动换挡控制的主要参数，也是巡航控制系统进行自动车速控制的重要参数，在发动机燃油喷射控制系统中，车速参数也是参考数据之一。有些带自动变速器的汽车没有车速传感器，此时检测仪上显示的车速为 0。该参数一般作为对自动变速器的其他控制参数进行分析的参考依据。

6. 曲轴位置传感器

曲轴位置传感器是发动机电子控制系统中最主要的传感器之一，它提供点火时刻（点火提前角）、确认曲轴位置的信号，用于检测活塞上止点、曲轴转角及发动机转速。曲轴位置传感器安装在气缸体或变速器壳上，在发动机运行时通过这个传感器和信号轮构成的磁场产生交流电。某些车型的信号轮在 360°CA（曲轴角）上包括 58 个导槽和 2 个缺齿。如图 4-128 所示，曲轴位置传感器数据流通过诊断仪读取，然后进行对比即可了解到发动机的工作状态。

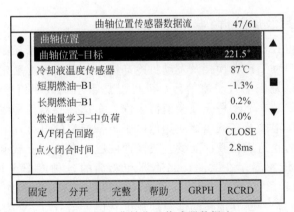

图 4-128　曲轴位置传感器数据流

7. 凸轮轴位置传感器

凸轮轴位置传感器一般是霍尔传感器，使用霍尔元件检测凸轮轴位置。它与曲轴位置传感器有关，检测凸轮轴位置传感器不能判断的各气缸活塞位置。它安装在发动机罩上并使用安装在凸轮轴上的信号轮。此传感器有一个霍尔效应集成电路（IC），当有电流流动时，IC上产生磁场，从而使IC输出电压改变。如图4-129所示，凸轮轴位置传感器数据流通过故障诊断仪读取，然后进行对比即可了解到发动机的工作状态。

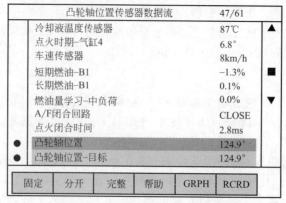

凸轮轴位置传感器数据流		47/61	
冷却液温度传感器		87℃	▲
点火时期-气缸4		6.8°	
车速传感器		8km/h	
短期燃油-B1		−1.3%	■
长期燃油-B1		0.1%	
燃油量学习-中负荷		0.0%	▼
A/F闭合回路		CLOSE	
点火闭合时间		2.8ms	
●	凸轮轴位置	124.9°	
●	凸轮轴位置-目标	124.9°	
固定	分开	完整	帮助	GRPH	RCRD

图 4-129　凸轮轴位置传感器数据流

8. 凸轮轴信号

凸轮轴信号是一个数值参数，该参数显示输入至发动机控制单元的凸轮轴信号数百分比（%），其范围为0～255，在达到255后，读值会返回到0。

9. 凸轮轴调整机构

可调式凸轮轴有两个位置（一个正常位置，另一个调整位置），该参数表示凸轮轴调整机构所处的状态。如果其状态为ON，则此时凸轮轴为可调整状态；当其显示状态为OFF时，此时凸轮轴为不可调状态。为了使凸轮轴进入调整位置，可以2挡低速行驶，然后将加速踏板踩到底加速，凸轮轴高速功能启动后，凸轮轴位置才可以进行调整。如果调整功能不工作，则检查ECU是否识别全负荷工况。

注意：凸轮轴调整功能只在全负荷时才能工作。

二、发动机其他参数波形分析

车速传感器检测电控汽车的车速，控制模块用这个输入信号来控制发动机怠速、自动变速器的变矩器锁止、自动变速器换挡及发动机冷却风扇的开闭和巡航定速等其他功能。车速传感器的输出信号可以是磁电式交流信号，也可以是霍尔式数字信号或者是光电式数字信号。车速传感器通常安装在驱动桥壳或变速器壳内，车速传感器信号线通常装在屏蔽的外套内，这是为了消除高压电线及车载电话或其他电子设备产生的电磁及射频干扰，用于保证电子通信不产生中断，防止造成驾驶性能变差或其他问题。在汽车上磁电式及光电式传感器是应用最多的两种车速传感器，在欧洲、北美洲和亚洲的各种汽车上比较广泛地采用车速（VSS）传感器、曲轴转角（CKP）传感器和凸轮轴转角（CMP）传感器来共同进行车速的控制，同时还可以用它来判断其他转动部位的速度和位置信号，例如压缩机离合器等。

（1）磁电式车速传感器　磁电式车速传感器（图4-130）是一个模拟交流信号发生器，它们产生交变电流信号，通常由带两个接线柱的磁芯及线圈组成。这两个线圈接线柱是传感器输出的端子，当由铁质制成的环状翼轮（有时称为磁阻轮）转动经过传感器时，线圈内将产生交流电压信号。

磁阻轮上的轮齿将逐个产生一一对应的系列脉冲，其形状是一样的。输出信号的振幅（峰对峰电压）与磁阻轮的转速成正比，信号的频率大小正比于磁阻轮的转速大小。传感器磁心与磁阻轮间的气隙大小对传感器的输入信号的幅度影响极大，如果在磁阻轮上去掉一个或多个齿就可以产生同步脉冲来确定上止点的位置。这会引起输出信号频率的改变，而在齿减少时输出信号幅度也会改变，发动机控制模块或点火模块正是靠这个同步脉冲信号来确定触发点火时间或燃油喷射时刻的。

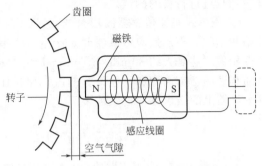

图 4-130 磁电式车速传感器的结构

① 磁电式车速传感器波形测试。可以将系统驱动轮顶起，来模拟行驶时的条件，也可以将汽车示波器的测试线加长，在行驶中进行测试。

② 磁电式车速传感器波形分析说明。磁电式车速传感器波形如图 4-131 所示，车轮转动后，波形信号在示波器显示中心线上开始上下跳动，并随着车速的提高跳动幅度越来越高。波形显示与例子十分相似，这个波形是在大约 30mile/h（1mile/h＝1.6km/h）的速度下记录的，它又不像交流信号波形，车速传感器产生的波形与曲轴和凸轮轴传感器的波形的形状特征是十分相似的。

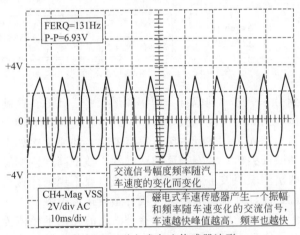

图 4-131 磁电式车速传感器波形

（2）霍尔式车速传感器 霍尔效应传感器（开关）在汽车应用中是十分特殊的，这主要是由于变速器周围空间位置冲突。霍尔效应传感器是固体传感器，它主要应用在曲轴转角传感器和凸轮轴位置传感器上，用于开关点火和燃油喷射电路触发，它还应用在其他需要控制转动部件的位置和速度控制模块电路中。

霍尔效应传感器或开关，由一个几乎完全闭合的包含永久磁铁和磁极部分的磁路组成，一个软磁铁叶片转子穿过磁铁和磁极间的气隙，在叶片转子上的窗口允许磁场不受影响地穿过并到达霍尔效应传感器，而没有窗口的部分则中断磁场。因此，叶片转子窗口的作用是开关磁场，使霍尔效应像开关一样地打开或关闭，该组件实际上是一个开关设备，而它的关键功能部件是霍尔效应传感器。

① 霍尔式车速传感器波形测试。将驱动轮顶起模拟行驶状态，也可以将汽车示波器测

试线加长进行行驶的测试。

② 霍尔式车速传感器波形分析说明。霍尔式车速传感器波形如图4-132所示,当车轮开始转动时,霍尔效应传感器开始产生一连串的信号,脉冲个数将随着车速增加而增加,与图例相像。这是大约30mile/h(1mile/h＝1.6km/h)时记录的,车速传感器的脉冲信号频率将随车速的增加而增加,但位置的占空比在任何速度下都保持恒定不变。车速越快,传感器在示波器上的波形脉冲也就越多。

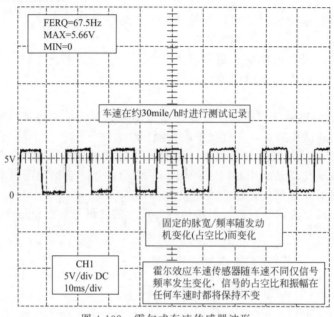

图4-132　霍尔式车速传感器波形

确认从一个脉冲到另一个脉冲的幅度、频率和形状是一致的,这就是说幅度的大小通常等于传感器的供电电压,两脉冲间隔一致,形状一致,且与预期的相同。

确定波形的频率与车速同步,并且占空比没有变化,还要观察如下内容:观察波形的一致性,检查波形顶部和底部尖角;观察幅度的一致性,波形高度应相等,因为给传感器的供电电压是不变的。有些实例表明波形底部或顶部有缺口或不规则。这里关键是波形的稳定性不变,若波形对地电位过高,则说明电阻过大或传感器接地不良。

(3) 光电式车速传感器　光电式车速传感器是固态的光电半导体传感器,它由带孔的转盘和两个光导体纤维、一个发光二极管、一个作为光传感器的光敏晶体管组成。

一个以光敏晶体管为基础的放大器为发动机控制模块或点火模块提供足够功率的信号,光敏晶体管和放大器产生数字输出信号(开关脉冲)。发光二极管透过转盘上的孔照到光敏晶体管上实现光的传递与接收。转盘上间断的孔可以开闭照射到光敏晶体管上的光源,进而触发光敏晶体管和放大器,使之像开关一样打开或关闭输出信号。

从示波器上观察光电式车速传感器输出波形(图4-133)的方法与霍尔式车速传感器完全一样,只是光电传感器有一个弱点,即它们对油或脏物十分敏感,所以光电传感器的功能元件通常被密封得十分好,但损坏的分电器或密封垫容器在使用中会使油或脏物进入敏感区域,这会引起行驶性能问题并产生故障码。

① 使用示波器测试光电车轮速度传感器。可使用示波器显示可疑车轮速度传感器的输出信号与电压,从而使维修技术人员能通过波形查看与脉冲环相关的车轮速度传感器故障,否则用其他工具很难检测出此类故障。

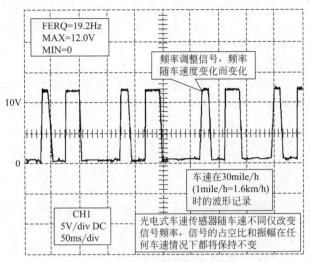

图 4-133　光电式车速传感器波形

　　② 光电式车速传感器波形分析说明。如图 4-134 所示，正常的车速传感器信号将产生一个正弦波 [图 4-134(a)]，其波幅高度 A 和频率宽度 B 与车轮速度成正比。如果脉冲环不圆或者未正确对准车轮速度传感器，则车轮速度传感器与脉冲环之间的空气间隙会随车轮旋转而变化，该故障条件会产生一个幅值变化的车速传感器信号 [图 4-134(b)]。如果脉冲环缺齿或坏齿，示波器显示的正弦波波形会出现平点 [图 4-134(c)]，这表示脉冲环齿缺损。

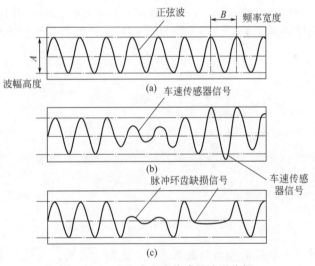

图 4-134　光电式车速传感器波形分析

三、发动机其他参数数据流故障案例精解

案例 1： 奔驰 E260 轿车发动机有时高温

　　故障现象　一辆奔驰 E260 轿车，行驶里程为 46990km，驾驶人反映发动机有时高温。

　　故障诊断　接车后启动着车，发现仪表上冷却液温度指示正常，连接故障诊断仪进行快速测试，没有发现任何相关故障码。询问驾驶人得知，车辆正行驶中，仪表上冷却液温度出现报警，指针指示到 120℃，于是赶紧靠边熄火停车，后来自己观察几次，发现发动机负荷稍大时（车速超过 50km/h，挡位在 5 挡以上）就会出现高温，此时用换挡拨片强制降挡，一旦发动机负荷减小，冷却液温度马上就又恢复正常。

根据驾驶人所描述的现象，首先检查冷却液，液位正常；检查电子扇，也正常；轴承没有发卡现象，激活电子扇高低速工作都正常。只好利用诊断仪进入发动机控制模块的实际值，发动机怠速运转并关闭空调，以便观察电子扇工作情况，如图 4-135 所示。

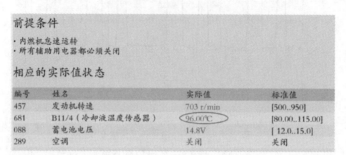

图 4-135 冷却液温度实际值

随着冷却液温度的逐渐升高，在温度达到 97℃ 左右时，节温器打开，触摸节温器到散热散热器之间的水管，热得烫手。通过观察冷却液温度传感器的实际值发现，冷却液温度值每次以 0.75℃ 递增，在冷却液温度达到 105.75℃ 时，电子扇开始低速运转，过一会儿冷却液温度下降，电子扇停止运作，经过初步检测一切正常。

根据维修经验，车辆一般在原地怠速或市区走走停停的路况下，由于散热不良，容易产生高温。因为没有发现故障点，就对散热器进行了清洗（散热器上粘了许多柳絮之类的物质），带上诊断仪和驾驶人一起试车，发现车速在 60km/h 以上时，并且打开空调行驶几分钟后，冷却液温度突然快速上升，由原来的 100℃ 左右，在 10s 内上升至 120℃。实际值如图 4-136 所示。

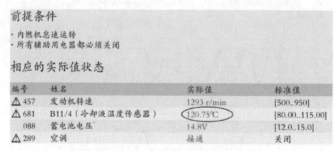

图 4-136 发动机出现高温的实际值

在发动机高温时用手触摸节温器到散热散热器之间的水管，发现很凉，说明节温器没有打开，尝试利用故障诊断仪对节温器进行测试，结果正常。根据此车冷却系统的工作原理及维修经验，怀疑冷却液泵工作不正常。于是拆掉冷却液泵检查，发现冷却液泵已卡死，如图 4-137 所示。

故障排除　更换冷却液泵后，试车故障排除。

🔧 **案例 2：** 2011 年款宝马 X1 车自动变速器因过热而报警

故障现象　一辆 2011 年款宝马 X1 车（E84），装备 N46T-GM6L45E 动力及传动系统，该车在行驶过程中自动变速器因过热而报警。

此处卡死

图 4-137　冷却液泵

故障诊断　车辆进厂后诊断发现如图 4-138 所示的故障码。从驾驶人处了解到，此车不仅变速器油温报警，发动机冷却液温度也偏高。检查了变速器油位及油质，均显示正常，但却发现散热器非常脏。于是彻底清洗了散热器后，即交车给驾驶人，并叮嘱驾驶人边使用边观察。遗憾的是，没过多长时间，该车再次回厂报修。据驾驶人反映，发动机冷却液温度略有下降，但变速器依旧因温度过高而报警。

故障码存储器		
ECU-DF-Var	设码编号	说明
CAS	0x00A0B6	CAS 选挡杆锁定装置
CICR	0x00E1E3	信息 (倒车挡，0x3B0) 错误，接收器 CIC，发射器 FRM
DXC_90	0x005F45	DSC 制动液面高度过低
DXC_90	0x00D358	DSC：信息 (变速箱 0BA) 缺失
GS1912	0x005780	EGS 齿轮油温度过高
GS1912	0x005788	EGS 过热断路
GS1912	0x00578A	EGS 提高的变速箱温度 2
GS1912	0x00578E	EGS 齿轮油：磨损
JBBF70	S 0706	中央网关电源（总线端 KL15 缺失）
MEV17N46	0x002788	DME 怠速下单位时间的混合气调校 2
MEV17N46	0x00278A	DME 怠速下混合气调校的时间因数
MEV17N46	0x002889	DME：进气门，积炭
MEV17N46	0x002EE9	DME 机油温度，EGS 强制换高挡
MEV17N46	0x003099	EGS 信息缺失，接收器：DME，发射器 EGS/SMG/DKG
ZBE_60_2	0x00E2C7	CON：K-CAN 通信故障

图 4-138　宝马 X1 故障车的故障码

根据之前的维修信息，还是先读取故障码的冻结数据，如图 4-139 所示。从冻结数据中可以得到以下信息。

① 发生故障时，自动变速器油温处于 130～140℃ 之间，油温确实过高。

② 冻结数据中，虽然没有车速信号数值，但是根据输出轴转速与车速的对应关系可以推算出，发生故障时，该车的车速处于 120～150km/h 之间，属于高速行驶状态。

③ 发生故障时，该车的行驶里程在 89702～89720km 之间。

④ 发生故障时，自动变速器处于 5 挡位置。根据输入轴的转速与输出轴的转速，可以计算出处于 5 挡时的实际传动比 $i=4280/5024=0.85$，与理论值一致，说明自动变速器内部的离合器未出现打滑现象。

从理论上讲，车辆在高速行驶时，因为有较强的自然风来冷却发动机和自动变速器，发动机冷却液温度和自动变速器油温一般都会偏低，可是为什么这辆车在高速时自动变速器油温反而过高？

5780	0x5780 - Transmission Fluid Hot	1	38
Environmental conditions			
89,712 km			
0xFFFE – U batt		13.6	Volt
0xFFD2 - Commanded Shift		5thShft	0-n
0xFFFC - Trans Temperature Range		130°C <= T < 140°C	0-n
0xFFE4 - PRNDL_A state		1	0/1
0xFFE3 - PRNDL_B state		0	0/1
0xFFE2 - PRNDL_C state		1	0/1
0xFFE1 - PRNDL_P state		1	0/1
0xFFF0 - Shifting Program		D	0-n
0xFFEF - Buffered 12 V Fault		0	0/1
0xFFEE - Brake status		not pressed	0-n
0xFFED - Interlock state		0	0/1
0xFFEC – Shift lock state		0	0/1
0xFFEB - HSD2 state		0	0/1
0xFFEA – Power Mode		Run	0-n
0xFFE9 - Last positive PRNDL state		Drive	0-n
0xFFF5 - Transmission Raw Input Speed		4280	RPM
0xFFF6 - Transmission Raw Output Speed		5024	RPM
0xFFD3 - Commanded Shift History		5thTo6th	0-n
0xFFFD - Substrate Temperature Range		130°C <= T < 140°C	0-n

图 4-139　宝马 X1 故障车的故障码冻结数据

正常情况下，对于一款 6 速自动变速器来说，当车速达到 70km/h 左右，自动变速器的挡位就可以上升到最高挡 6 挡。而这辆车在车速达到 120km/h 以上，为什么还处于 5 挡而不是最高挡 6 挡？

为了查明原因，查阅了该车近期的几次故障码记录，发现该车的发动机方面一直存在一个故障码 002889——进气门积炭，如图 4-140 所示。每次进店的诊断数据必定会出现的故障码，竟然持续了将近 2 年。

5780	0x5780 - Transmission Fluid Hot	1	38

Environmental conditions

4.1. 故障清单 上部

故障码存储器

Dauer: 04.05.2015 11:31:54.2938549+08:00 … 04.05.2015 11:31:54.976894+08:00

Fehlerspeicher		
Steuergerät	Code	Beschreibung
DXC_90	005F13	DSC 后桥制动摩擦片的制动摩擦片磨损
MEV17N46	002889	DME：进气门，积炭
DXC_90	006E82	DSC 后桥制动摩擦片磨损传感器

图 4-140　故障车上持续了 2 年之久的故障码

再次回忆故障码的冻结数据记录：输入轴转速 4300r/min、输出轴转速 5200r/min，车速 140km/h，挡位 5 挡。

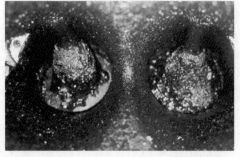

因为故障码的程序设计原因，故障冻结数据中唯独缺少发动机转速，所以不太好判断变矩器是打开还是关闭，只能实际试车。在试车时发现，车速在 120km/h 以上时，发动机转速明显高于 4300r/min，也就是说变矩器在高速时一直处于打开状态，原来变速器过热是发动机导致的。于是检查、清洗发动机的积炭，如图 4-141 所示。

图 4-141　故障车发动机内的积炭

故障排除　彻底清洗了发动机的积炭后试车，发动机动力充足，再次高速试车，泵轮涡轮转速无滑差、变矩器进入正常的闭合状态，变速器油温也不再出现报警提示。这些常规的 6 速变速器中，变矩器的锁止离合器是膜片压合式，这种离合器的结合范围有限。因此，这些常规的 6 速变速器的变矩器没有油温测算程序，完全依靠阀体上的油温传感器感应而来。

另外，变速器的热量绝大部分是由变矩器产生的，而变矩器的热量大部分又是在变矩器的锁止离合器打开增扭阶段产生的，变矩器增扭就是靠着液体的循环流动来实现扭矩的增大，所以搅油运动势必会产生大量的热量。

案例 3：瑞风车怠速抖动、加速无力

故障现象　一辆 2003 年款 HFC6470KA 瑞风车，装备韩国原装 G4JS 2.4L 双顶置凸轮轴 16 气门电控汽油发动机和手动变速器，行驶里程约 156000km。出现发动机怠速抖动、加速无力现象。

故障诊断　据驾驶人陈述，该车发动机怠速抖动现象已有一个星期了，而且这两天越来越明显。在行车过程中加速无力，最高车速达不到 100km/h。有时发动机故障灯也会点亮，但将发动机熄火后重新启动，故障灯也会熄灭。

造成电控汽油发动机怠速抖动的可能因素有：燃油系统压力不足、燃油系统管路脏堵、燃油品质不良、进气系统有漏气现象、节气门阀体及怠速控制阀脏堵（积炭）、点火系统火花塞及点火线圈工作不良、发动机电控系统相关传感器及其线路连接器接触不良、发动机 ECU 故障、发动机机械故障等。

接车后，首先借助元征 X-431 诊断仪读取发动机系统的故障码。故障码为 P0110——进气温度传感器线路不良，ID 未定义。清除故障码，上述故障码消失。读取系统怠速时数据流，发动机转速在 $580\sim700$r/min 之间变化不停，喷油持续时间为 4.9ms，发动机负载为 37.8%，怠速控制阀占空比为 48.7%，氧传感器信号电压一直持续在 $800\sim900$mV 之间，长期燃油 B1 为 0，短期燃油 B1 为 8.6%。接着用故障诊断仪对发动机做动作测试（断缸试验），经反复验证，在对 1、4 缸分别做动作试验时，发动机没有异常现象；而在对 2、3 缸分别进行动作试验时，发动机转速明显下降，且抖动严重，有自动熄火现象。

通过上述检测基本可以判断该车 1、4 缸不工作。为了快速找出故障点，拆下气门室罩塑料盖板，拆下 1、4 缸及 2、3 缸点火线圈的固定螺栓，然后将 1、4 缸及 2、3 缸的点火线圈对调装车试验。经故障诊断仪进行动作测试，发现 1、4 缸现工作正常，2、3 缸不工作，由此可以判断故障出在 1、4 缸点火线圈，而不是 1、4 缸点火线圈供电线路。

故障排除　更换一个新的点火线圈，装车，发动机怠速运转平稳，加速流畅。读取发动机故障码，前述故障码没有再次出现，读取系统怠速时数据流，发动机转速恢复到正常转速为 749.9r/min，喷油持续时间为 2.3ms，发动机负载为 17.8%，怠速控制阀占空比为 37.8%，氧传感器信号电压也能在 $0\sim900$mV 之间变化不停，且长期燃油、短期燃油均在 ±8% 范围内变化。经反复路试，该车加速无力现象彻底消失。

由于该车 1、4 缸点火线圈不工作，从而导致发动机工作不稳定（缺缸）。另外发动机在运行中因 1、4 缸喷油器喷的未燃烧尽的油排入排气管，引起氧传感器工作不良，造成氧传感器信号电压一直以较浓的信号发送给发动机 ECU，发动机 ECU 对喷油器持续喷油时间因而延长。

案例 4：北京现代途胜越野车偶尔加速不畅，有时还突然熄火

故障现象　一辆北京现代途胜越野车，配置 2.7L 发动机，行驶里程 145652km。驾驶人反映车辆在最近一段时间的行驶中出现偶尔加速不畅的情况，有时还出现突然熄火的现象，并有一定的规律，每次等红灯或者正常行驶中松开加速踏板后出现的次数较多。熄火后

如果立即启动，发动机则很难着车，只能启动几次或者把加速踏板轻轻踩一下，才可以顺利启动。为此更换过怠速控制阀，清洗过节气门，每次维修后当时的症状好像消失了，但没有多久又会出现同样的问题，故障始终无法彻底解决。

故障诊断　接车后首先用故障诊断仪对发动机系统进行了检测，读取故障码为P0170——燃油修正（混合比）不良；P0150——氧传感器信号卡滞在混合气浓的状态（1排/传感器1）；P0123——节气门/踏板位置传感器电路信号电压高。有 3 个故障码，表示混合气过浓和节气门位置传感器信号过高。

通过路试观察车辆的实时数据流，看是否可以准确地找出故障点。用故障诊断仪清除车辆的故障码后，连接好故障诊断仪，进入发动机的数据流检测中，锁定了几个关键的数据流进行实时观察，分别是怠速控制阀占空比、节气门位置开度、节气门位置传感器电压、发动机目标转速及实际转速、净化控制阀占空比、氧传感器电压、空气流量传感器进气量、净化控制阀占空比等。一路行驶中，除了感觉加速不畅外，车辆并没有熄火，观察的几个数据流也没有发现异常，怠速控制阀占空比、节气门开度、电压随着车辆的速度变化而变化，净化控制阀占空比没有异常，氧传感器的电压在 0.1～0.9V 之间快速变化。再次用故障诊断仪读取故障码，系统正常，没有故障码。重点模拟这两种工况，看是否可以把故障试出来，再通过上述的几个关键数据分析，看是否可以找出故障。

通过反复刻意停车、加速、松开加速踏板，果然没有多久，锁定的几个关键数据流出现了车辆的异常情况。再一次急加速后，驾驶员的脚已经彻底离开了加速踏板，车辆处于滑行阶段。但数据流中节气门位置开度一直显示为 34°不动，节气门位置传感器电压为 1.7V，氧传感器电压在 0.6～0.8V 之间缓慢跳动。最后车辆几乎停稳不动的时候，实际数据流如图 4-142 所示。

节气门本来已经关闭，空气通过旁通气道怠速控制阀进入进气道，车辆实际应该是在怠速下工作，但数据流显示节气门开度为 23.9°，给 ECM 的信号电压为 1.3V，几乎达到了全开的 1/3，即使控制模块对节气门是松油门踏板后的缓冲控制，但车辆已经停稳，处于怠速状态下，而此时 ECM 给执行器的控制信号也不会按怠速工况执行。此时喷油器脉宽为 15ms，这个喷油脉宽很不正常，怠速下喷油脉宽为 2.5～6ms，进气不够，喷油过多，混合气过浓，所以车辆当然会熄火了。果然没过一会儿，车辆自然熄火。在不踩加速踏板的情况下启动车辆，几次都失败了，轻踩加速踏板，发动机顺利启动，和驾驶人反映的情况一样。很明显都是节气门位置传感器引起的，它在车辆怠速工况下给 ECM 一个几乎中等负荷的错误信号，使发动机燃烧室混合气过浓，火花塞短路，最终车辆熄火。启动时如果轻踩加速踏板，节气门打开后，混合气被稀释，所以也就容易启动了。

故障排除　更换节气门位置传感器后进行路试，测得数据流如图 4-143 所示。发动机工作正常，熄火现象消失，路试加速有力，故障彻底解决。

传感器数据流	8/47	
✓ ISA占空比	6.5	%
✓ 净化控制阀	0.0	%
✓ 节气阀位置传感器	23.9	
节气阀位置传感器(电压)	1.3	V
TPS学习值	8.1	
空气量	10.8	kg/h
空气流量计(V)	0.6	V
车速传感器	0	km/h
发动机转速	906	RPM
目标怠速	650	RPM

图 4-142　不正常的节气门位置传感器数据流

✓ ISA占空比	3.0	
✓ 净化控制阀	0.0	
✓ 节气阀位置传感器	0.0	
空气量	0.3	
空气流量计(V)	0.4	
车速传感器	0	
发动机转速	660	
目标怠速	650	
空调开关	OFF	

图 4-143　正常的节气门位置传感器数据流

该案例虽然有相关节气门位置传感器的故障记录，但是单从故障码分析肯定是节气门位置传感器的问题，未免有点太武断，而结合数据流就可以迅速准确地做出判断。此车故障现象虽然很明显，但也只有在怠速状态下通过数据流才可以发现。而在行驶中车辆本身也还是存在问题的，但由于在行驶中各项数据是不断变化的，没有标准的数据流可以相比较，自然也就很难分析出真伪。而在怠速工况下，有标准的数据流可以供参考比较，并且在怠速下有很明显的故障现象，所以利用怠速状态下的数据流可以很快、准确地解决问题。

第六节　典型车系发动机数据流

一、丰田车系发动机控制单元（ECU）数据流

丰田车系发动机控制单元（ECU）数据流，见表 4-12。

表 4-12　丰田车系发动机控制单元（ECU）数据流

参数	解析	显示标准值
Injector(喷油器)	1 号气缸的喷射时间：0～32ms	怠速时为 1.92～3.37ms
IGN Advance(点火提前角)	1 号气缸的点火正时提前角：5°～15°	怠速时为 BTDC 8°
Calculate Load(计算出的负荷)	ECM 计算的负载：0～100%	怠速时为 3.3%～26.7%
		当发动机以 2500r/min 的转速运转时为 12%～14.7%
Vehicle Load(车辆负荷)	车辆负荷：0～25700%	实际车辆负荷（负荷百分比）
AF(空气流量)	用空气流量传感器测定的空气流量：0～160.0g/s	怠速时为 0.58～4.67g/s
		当发动机以 2500r/min 的转速运转时为 3.33～9.17g/s
Engine Speed(发动机转速)	发动机转速：0～8000r/min	怠速时为 610～710r/min
Vehiele Speed(车速)	车速：0～255km/h	实际车速
Coolant Temp(冷却液温度)	发动机冷却液温度：−40～140℃	暖机后为 80～100℃
		−40℃时为传感器电路存在断路
		140℃时为传感器电路存在短路
Intake Air(进气)	进气温度：−40～140℃	显示环境空气温度
		−40℃时为传感器电路存在断路
		140℃时为传感器电路存在短路
Air-Fuel Ratio(空燃比)	和理论值相比的空燃比：0～1.999V	怠速为 0.8～1.2V
		小于 1 表示过稀
		大于 1 表示过浓
Purge DensityLearn Value(净化浓度习得值)	净化密度学习值（标准范围−50～350）	怠速时为−40～10
Purge Flow(净化流)	蒸发净化流和进气量的比率：0～102.4%	怠速时为 0～10%
EVAP(Purse) VSV(EVAP 净化 VSV)	净化 VSV 控制占空比：0～100%	怠速时为 10%～50%
Knock Feedback Value(爆燃反馈值)	爆燃反馈值：−64～1984CA	行驶速度 70km/h 时为−20～0CA

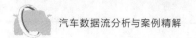

参数	解析	显示标准值
Accelerator Idle Position(加速踏板怠速位置)	加速踏板位置传感器状态：ON或OFF	ON：怠速
Fail Safe Drive(失效驱动)	执行失效保护功能：ON或OFF	ON：ETCS(电子节气门控制系统)失效
STI(制动踏板信号)	制动踏板信号：ON或OFF	ON：踩下制动踏板
Throttle Position(节气门位置)	节气门位置传感器：0～100%	节气门全关时为 10%～22%
		当节气门全开时为 66%～98%
Throttle Idle Position(节气门怠速位置)	节气门位置传感器状态：ON或OFF	ON：怠速
Throttle Require Position(节气门要求位置)	节气门位置：0～5V	当急速时为 0.5～1.0V
Throttle Position Command(节气门位置指令)	节气门位置指令值：0～5V	点火开关 ON(IG)(发动机不启动)时读取数值为 0.5～4.9V
Throttle Motor(节气门电动机)	节气门执行器控制：ON或OFF	ON：怠速
Throttle Motor Current(节气门电动机电流)	节气门执行器电流：0～80A	0～3.0A：怠速
Throttle Motor Duty(Open)(节气门电动机开启时的占空比)	节气门执行器占空比(开度 0～100%)	0～40%：怠速
O_2S B1 S2	2 号加热式氧传感器的输出电压：0～1.275V	行驶速度 70km/h 时为 0.1～0.9V
AFS B1 S1	1 号 A/F 传感器电压输出：0～7.999V	怠速时为 2.8～3.8V
Initial Engine Coolant Temp(发动机冷却液初始温度)	发动机启动时冷却液温度：−40～120℃	接近于环境空气温度
Initial Intake Air Temp(进气初始温度)	发动机启动时的进气温度，最小为−40～120℃	接近于环境空气温度
Injection Volume(Cylinder 1)(1 号气缸喷油量)	喷油量(1 号气缸)：0～2.048mL	怠速时为 0～0.15mL
Starter Signal(起动机信号)	起动机开关(STSW)信号：ON或OFF	转动：ON
Power Steering Switch(动力转向机构开关)	动力转向机构信号：ON或OFF	动力转向机构操作：ON
A/C Singal(空调信号)	空调信号：ON或OFF	空调：ON
Neutral Positon SWsignal(空挡位置 SW 信号)	PNP 开关状态：ON或OFF	P 挡或 N 挡：ON
Stop Light Switch(制动灯开关)	制动灯开关：ON或OFF	踩下制动踏板：ON
ETCS Actuator Power(ETCS 执行器电源)	ETCS 电源：ON或OFF	ON：点火开关 ON(IG)，系统正常
＋BM Voltage(＋BM 电压)	＋BM 电压	9～14V：点火开关 ON(IG)，系统正常
Actuator Power Supply(执行器电源)	执行器电源供给：ON或OFF	怠速：ON

参数	解析	显示标准值
Atmosphere Pressure(大气压力)	大气压力:0～255kPa	点火开关 ON(IG)约 100kPa
EVAP Purge VSV（EVAP 净化 VSV）	净化 VSV 状态:ON 或 OFF	加速:ON
Fuel Pump/Speed Status(燃油泵/转速状态)	燃油泵状态:ON 或 OFF	发动机运转:ON
VVT Control Status(Bank 1)(1 列 VVT 控制状态)	VVT 控制状态(1 列):ON 或 OFF	—
Electric Fan Motor(电动风扇电动机)	电动风扇电动机:ON 或 OFF	电动风扇电动机运行:ON
IdleFuel Cut(急速燃油切断)	燃油切断后空转:ON 或 OFF	燃油切断运行:ON
Ignition(点火)	点火计数器:0～400	0～400
Cylinder ♯1 MisfireRate(1 号气缸缺火率)	1 号气缸缺火率:0～255	0
Cylinder ♯2 Misfire Rate(2 号气缸缺火率)	2 号气缸缺火率:0～255	0
Cylinder ♯2 Misfire Rate(3 号气缸缺火率)	3 号气缸缺火率:0～255	0
Cylinder ♯2 Misfire Rate(4 号气缸缺火率)	4 号气缸缺火率:0～255	0
Cylinder ♯2 Misfire Rate(所有气缸缺火率)	所有气缸缺火率:0～255	0

二、本田车系发动机控制单元（ECU）数据流

本田车系发动机控制单元（ECU）数据流，见表 4-13。

表 4-13　本田车系发动机控制单元（ECU）数据流

参数	解析	显示标准值
散热器风扇控制	启动散热器风扇继电器	散热器风扇运转时约为 0V
		散热器风扇停止时为蓄电池电压
空调冷凝器风扇控制	启动空调冷凝器风扇继电器	空调冷凝器风扇运转时约为 0V
		空调冷凝器风扇停止时为蓄电池电压
PGM-F1 主继电器 1	启动 PGM-FI 主继电器 1	打开点火开关至 ON(Ⅱ)时约为 0V
		关闭点火开关时为蓄电池电压
空调压缩机离合器继电器	启动空调压缩机离合器继电器	压缩机启动时约为 0V
		压缩机关机时为蓄电池电压
防启动装置燃油泵继电器	启动 PGM-F1 主继电器 2(燃油泵)	打开点火开关至 ON(Ⅱ)后 2s 时约为 0V,然后为蓄电池电压
		发动机运转时为 0V
空调压力传感器	测试空调压力传感器信号	接通空调开关时为 1.4～4.8V

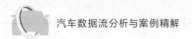

参数	解析	显示标准值
加速踏板位置（APP）传感器A	测试APP传感器A信号	打开点火开关至ON（Ⅱ）并踩下加速踏板时约为4.7V
		打开点火开关至ON（Ⅱ）并释放加速踏板时约为1.0V
加速踏板位置（APP）传感器B	测试APP传感器B信号	打开点火开关至ON（Ⅱ）并踩下加速踏板时约为2.4V
		打开点火开关至ON（Ⅱ）并释放加速踏板时约为0.5V
电子节气门控制系统控制继电器	启动电子节气门控制系统（ETCS）控制继电器	打开点火开关至ON（Ⅱ）时约为0V
PGM-F1副继电器	启动PGM-F1副继电器	打开点火开关至ON（Ⅱ）时约为0V
废气再循环（EGR）阀	驱动EGR阀	当EGR运转时为负荷控制
		当EGR未运转时约为0V
燃油蒸发（EVAP）活性炭罐净化阀	驱动EVAP活性炭罐净化阀	发动机处于运转状态，并且发动机冷却液温度低于60℃时为蓄电池电压
		发动机处于运转状态，并且发动机冷却液温度高于60℃时为负荷控制
副加热氧传感器（副HO2S）加热器	驱动副HO2S加热器	打开点火开关至ON（Ⅱ）时为蓄电池电压
		发动机工作温度正常时为负荷控制
油压开关	测试发动机油压信号	打开点火开关至ON（Ⅱ）时约为0V
		发动机运转时约为5.0V
发动机冷却液温度（ECT）传感器1	测试ECT传感器1信号	打开点火开关至ON（Ⅱ）时为0.1～4.8V（根据发动机冷却液温度而变化）
废气再循环（EGR）阀位置传感器	测试EGR阀位置传感器信号	发动机运转时为1.2～3.0V（取决于EGR升程）
空气质量流量计（MAF）传感器	测试MAF传感器信号	怠速时约为1.5V
进气温度（IAT）传感器	测试IAT传感器信号	打开点火开关至ON（Ⅱ）时为0.1～4.0V（正常运行温度下约为1.8V）
摇臂油控电磁阀	驱动摇臂油控电磁阀	怠速时约为0V
进气歧管调节（IMT）作动器	驱动IMT作动器	打开点火开关至ON（Ⅱ）时约为0V
进气歧管调节（IMT）阀监控器	测试IMT作动器	打开点火开关至ON（Ⅱ）时约为0V
交流发电机控制	发送交流发电机控制信号	工作温度下发动机运转时约为7.5V
交流发电机L信号	测试交流发电机L信号	打开点火开关至ON（Ⅱ）时约为0V
		发动机运转时为蓄电池电压
交流发电机FR信号	测试交流发电机FR信号	发动机运转时为0.5～3.0V（根据电负荷）
节气门作动器	驱动节气门作动器	打开点火开关至ON（Ⅱ）且加速踏板释放时约为0V
		打开点火开关至ON（Ⅱ）且加速踏板踩下时约为0V

参数	解析	显示标准值
1 号喷油器	驱动 1 号喷油器	打开点火开关至 ON(Ⅱ)时为蓄电池电压
		急速时为负荷控制
2 号喷油器	驱动 2 号喷油器	打开点火开关至 ON(Ⅱ)时为蓄电池电压
		急速时为负荷控制
3 号喷油器	驱动 3 号喷油器	打开点火开关至 ON(Ⅱ)时为蓄电池电压
		急速时为负荷控制
4 号喷油器	驱动 4 号喷油器	打开点火开关至 ON(Ⅱ)时为蓄电池电压
		急速时为负荷控制
A/F 传感器加热器控制(传感器 1)	驱动 A/F 传感器加热器(传感器 1)	打开点火开关至 ON(Ⅱ)时为蓄电池电压
		暖机后发动机运转时为负荷控制
进气歧管绝对压力传感器(MAP)	测试 MAP 传感器信号	打开点火开关至 ON(Ⅱ)时约为 3.0V
		急速时约为 1.0V
1 号点火线圈脉冲	驱动 1 号点火线圈	打开点火开关至 ON(Ⅱ)时为 0V
		发动机运转时为脉冲信号
2 号点火线圈脉冲	驱动 2 号点火线圈	打开点火开关至 ON(Ⅱ)时为 0V
		发动机运转时为脉冲信号
3 号点火线圈脉冲	驱动 3 号点火线圈	打开点火开关至 ON(Ⅱ)时为 0V
		发动机运转时为脉冲信号
4 号点火线圈脉冲	驱动 4 号点火线圈	打开点火开关至 ON(Ⅱ)时为 0V
		发动机运转时为脉冲信号
节气门位置(TP)传感器 A	测试 TP 传感器 A 信号	打开点火开关至 ON(Ⅱ)且加速踏板踩下时约为 3.9V
		打开点火开关至 ON(Ⅱ)且加速踏板释放时约为 0.9V
节气门位置(TP)传感器 B	测试 TP 传感器 B 信号	打开点火开关至 ON(Ⅱ)且加速踏板踩下时约为 4.1V
		打开点火开关至 ON(Ⅱ)且加速踏板释放时约为 1.7V
副 H02S(传感器 2)	测试副 HO2S(传感器 2)信号	急速时节气门完全开启,使发动机暖机运转:约为 0.9V
		节气门快速关闭时低于 0.4V
空燃比(A/F)传感器(传感器 1)信号	测试信号 A/F 传感器(传感器 1)信号	急速时约为 2.2V
凸轮轴位置(CMP)传感器	测试 CMP 传感器信号	发动机运转时为脉冲
曲轴位置(CKP)传感器	测试 CKP 传感器信号	发动机运转时为脉冲
发动机机油液位传感器信号	测试发动机机油液位传感器信号	打开点火开关至 ON(Ⅱ)时为脉冲
发动机装配座控制电磁阀	驱动发动机装配座控制电磁阀	急速时约为 0V
		超过急速时为蓄电池电压
		打开点火开关至 ON(Ⅱ)时:蓄电池电压

三、通用车系发动机控制单元（ECU）数据流

通用车系中，发动机控制单元（ECU）数据流主要包括发动机转速、车速、氧传感器的工作状态、λ控制模式、发动机负荷及其他输出指令等参数，各参数的含义及变化范围见表4-14。

表 4-14 通用车系发动机控制单元（ECU）数据流

参数	显示单位	显示数值	解析
58X 曲轴传感器	RPM	与发动机转速相同	变化范围为 0～9999，显示发动机转速
空调（A/C）因节气门全开而关闭	YES/NO	无	YES 表明发动机控制单元（ECU）命令空调压缩机离合器断开，因为节气门位置大于空调压缩机工作的阈值（TP 角度大于 90%）
不适合的空调（A/C）压力	YES/NO	无（YES 表示低或高的制冷压力）	YES 表示发动机控制单元（ECU）所监测到的空调制冷压力信号电压对接合压缩机离合器而言太高或太低
空调请求	YES/NO	无（YES 表示空调启动）	空调请求表示由空调系统（HVAC）控制的空调请求输入电路的状态。发动机控制单元（ECU）根据空调（A/C）的请求信号来决定是否请求空调（A/C）压缩机操作
真实的排气再循环（EGR）位置	%	0～100%	真实的排气再循环（EGR）位置以百分制表示排气再循环（EGR）轴的实际位置。0 表示该轴完全转动（EGR 阀关闭）
空燃比	比例	（14.2∶1）～（14.7∶1）	空燃比表示发动机控制模块指令值。在闭环中，正常空燃比应大致为（14.2∶1）～（14.7∶1）。较低的空燃比表示较浓的指令混合气，它可以在动力增强（混合气加浓）或三元催化器（TWC）保护模式时观察到。较高的比值表示较稀的指令混合气，它可以在减速燃油模式时观察到
大气压力（BARO）	V/kPa	10～105V/kPa（根据海拔和气压而定）	大气压力（BARO）读数由进气歧管绝对压力（MAP）传感器信号确定，该信号在海拔升高和节气门全开（WOT）状况时被监控。大气压力用于补偿海拔的变化
制动开关	RELEASED（松开）或 APPLIED（踩下）	显示 RELEASED（松开）或 APPLIED（踩下）	该信号被送到发动机控制单元（ECU）反映车辆制动踏板的状况。当制动器开关显示制动踏板处于 APPLIED（踩下）位置时，ECU 将命令液力变矩器离合器分离
凸轮当前信号	YES/NO	YES/NO	该信号表明最后 6 个正确的 3X 凸轮参考脉冲信号是否被 ECU 所接收。NO 表示无凸轮信号，YES 表明凸轮信号有脉动
空调 A/C 启动命令	ON/OFF	ON/OFF	该参数表示空调压缩机离合器脱开电路的发动机控制单元（ECU）指令状态。当显示 ON 时表明空调压缩机离合器被接合
燃油泵启动命令	ON/OFF	ON/OFF	该参数表示燃油泵脱开电路的发动机控制单元（ECU）指令状态。当燃油流动或进气歧管绝对压力高于平均水平以及系统电压低于 10V 时，燃油泵将高速运转
燃油减速模式	激活/不激活	激活/不激活	如果发动机控制单元（ECU）检测到的状态与减速燃油模式中操作相适合，则显示激活；当汽车行驶速度超过 40km/h 而节气门位置突然减小时，发动机控制单元（ECU）将指令减速燃油模式。在减速燃油模式时，发动机控制单元（ECU）将进入开环模式以及减小喷油器脉冲宽度以便减少燃油传输量

参数	显示单位	显示数值	解析
理想的排气再循环位置	%	0～100%	显示发动机控制单元(ECU)指令的排气再循环轴位置。理想的排气再循环位置应与实际的排气再循环位置相近
理想的怠速转速	RPM	ECU控制的怠速转速(随温度而变化)	该怠速由ECU所控制,发动机控制单元(ECU)基于发动机冷却液温度补偿各种发动机负载以便将发动机保持在理想的怠速速度
发动机冷却液温度(ECT)	℃	−40～151℃	发动机冷却液温度(ECT)传感器安装在冷却液流内并将发动机温度信息传送给发动机控制单元(ECU)。ECU向ECT传感器电路提供5V电压。该传感器是一个热敏电阻,其内部电阻可随温度变化。当传感器处于冷态时(内部电阻大),发动机控制模块检测到高的电压信号并将其译码为发动机处于冷机。当传感器加热后(内部电阻减小),电压信号降低,发动机控制单元将较低电压解释为发动机已处于热机状态
排气再循环EGR关闭阀轴	V	0～5.0V	该信号表示发动机控制单元用于确定排气再循环阀是否全关(0轴位置)的电压值
排气再循环EGR工作循环	%	0～100%	显示发动机控制单元向排气再循环阀给出的脉冲宽度调制(PWM)信号。0表示没有排气再循环流,100%表示最大排气再循环流
排气再循环EGR反馈	V	0～5.0V	该参数表示排气再循环轴位置传感器信号电压由发动机控制单元(ECU)所监控。低电压表示轴完全伸张(阀门关闭)。接近SV的电压表示轴完全收缩(阀门打开)
排气再循环EGR位置错误	%	0～100%	该参数表示理想排气再循环位置和被发动机控制单元监控的实际排气再循环位置之间的差异
排气再循环EGR流量测试计数	计数	0～255	该参数表示当前点火循环时所收集的排气再循环流测试样本数。正常操作时,最大允许的样本数为1
发动机负荷	%	怠速时为2%～5%;2500r/min时为7%～10%	该参数显示0～100%变化。发动机负载是由发动机控制单元(ECU)通过发动机速度和空气流量传感器读数计算的。发动机负载随转速或气流的增加而增加
发动机运转时间	时:分:秒	从启动开始计时	该参数表示自发动机启动后所消耗的时间。若发动机熄火,发动机运行时间则会重设定至00:00:00
发动机速度	r/min	0～9999r/min	发动机速度由发动机控制单元(ECU)通过3X参照输入计算而得。它应保持与各种发动机怠速负载下的理想怠速速度相近
蒸发排气(EVAP)活性炭罐清洗	%	0～100%	该参数表示发动机控制单元向蒸发排放清洗电磁阀发出的脉冲宽度调制负载周期。显示0表示没清洗,100%表示完全清洗
低速风扇/高速风扇	ON/OFF	ON/OFF	发动机控制单元对低速和高速风扇实际工况的命令
燃油调节学习	有效/无效	有效/无效	如果条件与使长期(LT)燃油调节校正有效相适合时,燃油调节学习将显示有效。它表示长期燃油调节与短期(ST)燃油调节相对应。如果燃油调节学习显示无效,长期燃油调节将不与短期(ST)燃油调节相对应

参数	显示单位	显示数值	解析
发电机指示灯	ON/OFF	ON/OFF	ON 表示系统电压低或发电机出现故障时,发电机指示灯/检测灯的发动机控制单元指令状态
加热氧传感器(HO2S)传感器 1	就绪/未就绪	就绪/未就绪	它表示燃油控制废气氧传感器的状态。当发动机控制单元检测至加热氧传感器波动电压足以使闭路操作时,扫描工具则指示废气氧传感器已经就绪。除非废气氧传感器热起来,否则不会出现该情况
加热氧传感器(HO2S)传感器 1	mV	0~1000mV,经常变化	该参数表示燃油控制废气氧传感器输出电压。在闭路工作时应在 10(稀废气)~1000mV(浓废气)间稳定波动
急速空气控制(IAC)位置	计数	0~255	显示计数中急速空气控制(IAC)轴的指令位置。计数大表示指令通过急速空气通道的空气量增加。急速空气控制位置应能非常快速地随发动机负载改变以保持理想的急速转速
进气温度(IAT)	℃	−40~151℃(随环境空气温度而变化)	发动机控制单元将进气温度(IAT)传感器的电阻转变为温度,发动机控制单元通过进气温度传感器并根据进气密度调整燃油供给和点火正时
点火模式	点火控制/旁路	显示旁路(BYPASS)或点火控制(IC)	当显示旁路时,点火装置控制模块控制点火提前角位于上止点(BTDC)(旁路模式)之前固定的 10°。点火装置控制模块根据 ECU 传送到该模块上的旁路电路中的电压值检测工作状态是否正确。如果发动机控制单元没有向旁路电路提供 5V 电压,或是点火装置控制模块没有通上电压,那么模块将控制点火正时。显示 IC(点火装置控制器)则表示发动机控制 DA 单元已接到点火模块的信号,说明 ECU 正在控制点火提前角(IC 模式)。点火装置控制模块根据 ECU 传送到该模块上的旁路电路中的电压值检测工作状态是否正确。当条件符合点火正时发动机控制单元控制(IC 模式)时,发动机控制单元向点火装置控制模块旁路电路提供 5V 的电压。如果发动机控制单元没有向旁路电路提供 5V 电压,或是点火装置控制模块没有通上电压,那么模块将控制点火正时(旁路模式)
点火脉冲宽度	ms	0~1000ms(随发动机负荷而变化)	该参数表示在发动机每个循环中,发动机控制单元指令每个喷油器接通的次数。喷油器脉冲宽度(IPW)越大,喷入的燃油越多。喷油器脉冲宽度随发动机负载增加而增加
爆燃延迟	(°)	0°~25.5°	该参数表示发动机控制单元为响应爆燃传感器(KS)信号从 IC 点火提前移去的火花数量。当牵引力控制启用时,来自电子制动器和牵引力控制模块(EBTCM)的牵引力控制系统理想转矩信号可能导致爆燃延迟(Knock Retard),将显示一个大于 0° 的数值
长期燃油调节	%	−23%~+16%	长期(LT)燃油调节来源于短期(ST)燃油调节并表示燃油传输的长期校正。0 表示燃油传输无需补偿即可保持发动机控制单元指令的空燃比。远低于 0 的负值表示燃油系统过浓以及燃油传输减小(喷油器脉冲宽度减小)。远大于 0 的正值表示燃油系统过稀以及发动机控制单元通过增加燃油进行补偿(喷油器脉冲宽度增加)。因为长期燃油调节趋于遵循短期燃油调节,由于急速时活性炭罐清洗而引起的负数范围内的值应认为是正常的。发动机控制单元最大控制长期燃油调节认可范围为 −23%~+16%。处于或接近最大认可值的燃油调节值表示过浓或过稀的系统

参数	显示单位	显示数值	解析
控制状态	开环或闭环	开环(OPEN)或闭环(CLOSED)	闭环说明 ECU 根据氧传感器电压控制燃油喷射。在开环状态，ECU 不考虑氧传感器的电压而根据 TP 传感器、ECT 传感器和 MAF 传感器信息加以控制
机油液面过低警告灯	ON/OFF	ON/OFF	根据发动机机油液面开关输给 ECU 的信号显示过低的机油液面状态
进气歧管绝对压力(MAP)	kPa/V	10～105kPa/0～4.97V(随发动机负荷和压力表压力变化)	传感器从发动机负载、排气再循环流和速度变化中测量到进气歧管绝对压力的变化。当进气歧管绝对压力增加时，进气真空度的降低导致进气歧管绝对压力传感器电压读数升高。进气歧管绝对压力传感器信号用于监控 EGR 气流测试时进气歧管压力的变化，更新大气压力(BARO)读数和作为诸多诊断中一个有效因素
故障指示灯(MIL)	ON/OFF	ON/OFF	该参数表示指示发动机控制模块工作状态
永久性	Pass/Fail	Pass(通过)或Fail(失败)	该参数表示发动机控制单元存取随机存储器的状态
动力增强	启用(ACTIVE)或未启用(INACTIV)	启用(ACTIVE)或未启用(INACTIV)	显示启用表示发动机控制单元已检测到适合于动力增强操作模式的条件。当检测到节气门位置及负载增加较大时，发动机控制模块指令动力增强模式。在动力增强时，发动机控制模块通过进入开环和增加喷油器脉冲宽度以便增加燃油传输量，以防止在加速过程中可能产生的降速
短期燃油调节	%	−10%～+10%	短期燃油调节表示通过发动机控制单元对燃油传输的短期校正，使得燃油控制氧传感器长时间维持在 450mV 极限上下。如果氧传感器电压经常低于 450mV，则表示较稀的混合气，短期燃油将增加到大于 0 的正数范围，发动机控制单元将增加燃油；如果氧传感器电压主要保持在极限之上，短期燃油调节将减小到低于 0 的负数范围，而发动机控制单元将降低燃油传输以补偿所显示的混合气过浓的现象。在诸如过长的急速时间和过高的环境温度条件下，炭罐清洗可能会引起正常操作时短期燃油调节出现负读数。发动机控制单元最大的燃油调节认可范围在 −11%～+20%，处于或接近最大认可值的燃油调节值表示过浓或过稀的系统
点火	(°)	−64°～+64°	显示由发动机控制单元在 IC 电路上给出的点火正时。负值表示上止点之前(BTDC)或点火提前的角度；正值表示上止点后(ATDC)或点火延迟的角度。因为在旁路模式操作时点火装置控制模块(ICM)将点火提前角设置在固定的上止点之前 10°，当发动机控制单元指令 IC 模式时，显示的点火提前角反映实际的点火正时
启动时发动机冷却液温度(ECT)	℃	根据启动时的发动机冷却温度	该参数表示汽车启动时的发动机冷却液温度(ECT)。通过用加热氧传感器诊断来确定上次启动是否为冷启动
启动时进气温度(IAT)	℃	根据启动时的进气温度	该参数表示车辆启动时的进气温度。通过加热氧传感器诊断来确定上次启动是否为冷启动
总缺火当前计数	计数	0～99	缺火当前计数表示每个气缸内作为缺火所检测到的次数。它以 200 个曲轴转数为一个循环周期

续表

参数	显示单位	显示数值	解析
节气门位置(TP)开度	%	0～100%	节气门位置开度由发动机控制单元通过节气门位置传感器电压计算得到。节气门位置开度在怠速时显示0以及在节气门全开(WOT)时显示100%
节气门(TP)传感器	V	0.5～5.00V	该参数电压由动力节气门位置信号电路上的系统控制单元监控
三元催化器(TWC)保护	激活/不激活	激活/不激活	该参数反映三元催化器是否处于正常工作状态

第五章 其他控制系统数据流分析与案例精解

第一节 自动变速器数据流分析与案例精解

一、自动变速器数据流分析

如图 5-1 所示，在自动变速器数据流中，可以得到发动机转速、车速、计算负荷、节气门开度、冷却液温度、输入涡轮轴转速、输出涡轮轴转速、空挡位置开关信号、停车灯开关状态、蓄电池电压、怠速燃油切断、挡位状态、换挡杆位置、运动模式选择开关、A/T 油液温度、锁止电磁阀状态、管路压力电磁阀（SLT）状态、锁止离合器电磁阀（SLU）状态等一系列数据。

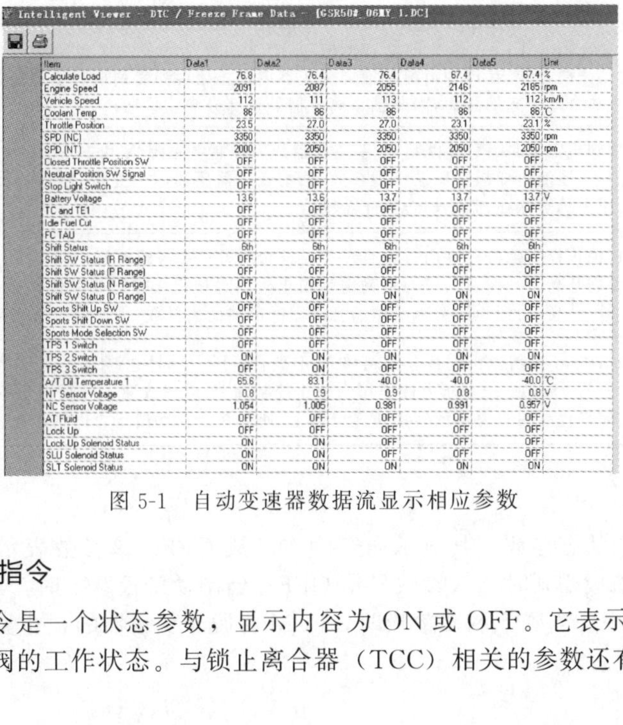
Intelligent Viewer - DTC / Freeze Frame Data - [GSR50#_06MY_1.DC]

Item	Data1	Data2	Data3	Data4	Data5	Unit
Calculate Load	76.8	76.4	76.4	67.4	67.4	%
Engine Speed	2091	2087	2055	2146	2185	rpm
Vehicle Speed	112	111	113	112	112	km/h
Coolant Temp	86	86	86	86	86	℃
Throttle Position	23.5	27.0	27.0	23.1	23.1	%
SPD (NC)	3350	3350	3350	3350	3350	rpm
SPD (NT)	2000	2050	2050	2050	2050	rpm
Closed Throttle Position SW	OFF	OFF	OFF	OFF	OFF	
Neutral Position SW Signal	OFF	OFF	OFF	OFF	OFF	
Stop Light Switch	OFF	OFF	OFF	OFF	OFF	
Battery Voltage	13.6	13.6	13.7	13.7	13.7	V
TC and TE1	OFF	OFF	OFF	OFF	OFF	
Idle Fuel Cut	OFF	OFF	OFF	OFF	OFF	
FC TAU	OFF	OFF	OFF	OFF	OFF	
Shift Status	6th	6th	6th	6th	6th	
Shift SW Status (R Range)	OFF	OFF	OFF	OFF	OFF	
Shift SW Status (P Range)	OFF	OFF	OFF	OFF	OFF	
Shift SW Status (N Range)	OFF	OFF	OFF	OFF	OFF	
Shift SW Status (D Range)	ON	ON	ON	ON	ON	
Sports Shift Up SW	OFF	OFF	OFF	OFF	OFF	
Sports Shift Down SW	OFF	OFF	OFF	OFF	OFF	
Sports Mode Selection SW	OFF	OFF	OFF	OFF	OFF	
TPS 1 Switch	OFF	OFF	OFF	OFF	OFF	
TPS 2 Switch	ON	ON	ON	ON	ON	
TPS 3 Switch	OFF	ON	OFF	OFF	OFF	
A/T Oil Temperature 1	65.6	83.1	-40.0	-40.0	-40.0	℃
NT Sensor Voltage	0.8	0.9	0.9	0.8	0.8	V
NC Sensor Voltage	1.054	1.005	0.981	0.991	0.957	V
AT Fluid	OFF	OFF	OFF	OFF	OFF	
Lock Up	OFF	OFF	OFF	OFF	OFF	
Lock Up Solenoid Status	ON	ON	OFF	OFF	OFF	
SLU Solenoid Status	ON	ON	OFF	OFF	OFF	
SLT Solenoid Status	ON	ON	ON	ON	ON	

图 5-1　自动变速器数据流显示相应参数

1. 锁止离合器指令

锁止离合器指令是一个状态参数，显示内容为 ON 或 OFF。它表示自动变速器锁止离合器（TCC）电磁阀的工作状态。与锁止离合器（TCC）相关的参数还有以下几种。

① TCC 负荷周期（0～100％）。

② TCC 释放压力（是或否）。

③ TCC 滑动速度（−4080～＋4080r/min）。

④ TCC 延时（0～25.5s）。

⑤ TCC 强制脱开（YES 或 NO）。

在本田雅阁轿车上，锁止离合器（TCC）的控制有 5 种工作状态，即不锁止、部分锁止、半锁止、全锁止和减速锁止。各锁止状态下，相关电磁阀的工作情况见表 5-1。

表 5-1　各锁止状态下相关电磁阀的工作情况

锁止状态	锁止控制电磁阀	A/T 离合器压力控制阀	
		A	B
不锁止	断开	低压	低压
部分锁止	接通	低压	低压
半锁止	接通	中压	中压
全锁止	接通	高压	高压
减速锁止	接通	中压	中压

锁止离合器 5 种工作状态的控制过程见表 5-2。

表 5-2　锁止离合器 5 种工作状态的控制过程

锁止状态	锁止控制过程
不锁止	当车速较慢或进入非锁止控制状态，PCM 将断开锁止控制阀，此时锁止换挡阀左边作用着锁止控制电磁阀压力，右边作用着调制器压力，两力的作用结果使换挡阀右移并打开液力变矩器左侧的出口，液力变矩器的压力传出口转变压力后进入液力变矩器的左侧（即变矩器壳内壁与锁止活塞之间），于是锁止活塞分离，处于不锁止状态
部分锁止	当车速达到规定值时，锁止控制电磁阀被 PCM 打开，以释放锁止换挡阀左侧的 LC(LA) 压力。锁止换挡阀被移向左侧，以打开通向液力变矩器的出口，使液力变矩器内 ATF 流向变矩器的左侧或右侧。液力变矩器内 ATF 流到液力变矩器右侧使锁止离合器啮合。PCM 还控制 A/T 离合器压力控制电磁阀 A 和 B，使 LSA 或 LSB 压力输送到锁止控制阀和锁止正时阀。锁止控制阀的位置由液力变矩器压力以及 LSA 或 LSB 压力决定。当 LSA 或 LSB 压力低时，液力变矩器从调节阀经过锁止控制阀，流到液力变矩器左侧，以分离锁止离合器，在这种情况下液力变矩器内锁止离合器受到从右侧使锁止离合器啮合的压力以及左侧使锁止离合器分离的压力，因此锁止离合器处于部分锁止状态
半锁止	当车速达到规定值时，PCM 控制 A/T 离合器压力控制电磁阀 A 和 B，较高的 LSA 或 LSB 压力作用到锁止控制阀上，使液力变矩器反馈压力释放，液力变矩器反馈压力变低，使得较高的压力作用到锁止离合器上，反馈压力仍然存在，阻止离合器完全啮合
全锁止	当车辆在锁止控制挡位范围内行驶且车速足够快时，PCM 将控制 A/T 离合器压力控制电磁阀 A、B，使两者的压力均升高。升高后的压力将输送到锁止换挡阀和锁止控制阀并使两阀左移。于是，锁止活塞工作腔内的油压升高，而锁止活塞与变矩器壳内壁间的油压被释放，因而锁止活塞与变矩器壳体完全锁止
减速锁止	在减速时，PCM 控制锁止控制电磁阀和 A/T 离合器压力控制电磁阀 A 或 B，控制方式与在半锁止状态下相同，中压的 LSA 或 LSB 压力被作用到锁止控制阀上，以释放液力变矩器反馈压力。液力变矩器反馈压力变低，使得较高的压力作用到锁止离合器上，使之啮合。反馈压力仍然存在，阻止离合器完全啮合

2. 制动开关

制动开关是一个状态参数，其显示内容为 ON 或 OFF。该参数表示常开式制动开关的位置状态。当制动踏板松开时，该参数显示 OFF；当制动踏板踩下时，该参数显示 ON，并被送至 ECM/PCM 中。当踩下制动踏板时，PCM 将脱开变矩器的锁止离合器。制动开关位置及电路如图 5-2 所示。

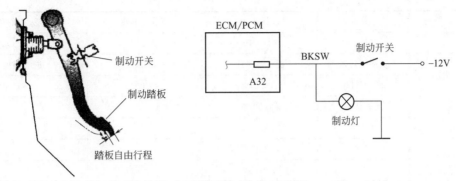

图 5-2　制动开关位置及电路

3. 离合器开关信号分析

离合器开关的功能是在离合器结合和分离过程中，向 ECU 输入离合器的工作状态信号，以其作为喷油量及点火提前角控制的修正信号。也就是说，离合器开关是用来反映离合器踏板被踩下（分离）或未被踩下（结合）的状态的，ECU 接收到离合器开关的信号将其用于喷油量和点火提前角的修正。当离合器踏板未被踩下时，离合器开关接通，动力处于传递状态，适当加大喷油量和提前点火提前角度；当离合器踏板被踩下时，离合器开关断开，动力处于非传递状态，适当减小喷油量和推迟点火提前角度，为下一步离合器的平稳结合做好铺垫。但是如果离合器开关出现异常，使电脑始终认为离合器处于被踩下的状态时，从而喷油量和点火提前角度与车辆的实际状况不匹配，就会导致车辆行驶不良，如加速发闯、油耗增加等。

如一辆大众捷达车，松开加速踏板时耸车，察看数据流，01～08 第 066 组第 2 区第 6 位常为 1（表示发动机 ECM 识别出此时驾驶人已踩下离合器踏板。如果为自动变速器，此项常为 1）。下坡时驾驶人松开加速踏板，节气门开度显示为 0，车辆耸动。

在正常加速时，发动机为防止驾驶人踩下离合器后转速上升过快，会采用减慢节气门开度的策略。如果此时离合器踏板开关出现故障——长期处于打开（踩下）位置时，车辆就会有轻微发闯。

驾驶人松开加速踏板出现倒拖工况时，离合器踏板开关未被踩下，发动机转速先快速升至 1200r/min，然后恢复喷油，再慢速下降，如果驾驶人踩下离合器后，发动机转速会直接下降到怠速转速再恢复喷油，这样可防止在 1200r/min 恢复喷油时，发动机转速反而上升，因此，此时没有发动机倒拖，如果此时离合器踏板开关出现故障——长期处于打开（踩下）位置，节气门会完全关闭，使发动机转速快速下降，这样会造成变速器拖发动机，而使车身发闯。

如表 5-3，001、002、004 和 030 组的数据表示发动机基本处于正常工况；066 组第 2 区第 6 位表示离合器长期处于打开（踩下）状态。ECM 为防止发动机转速上升过快而将点火时间推迟（003 组第 4 区），所以造成加速发闯。

表 5-3　相关参数数据

	发动机转速	水温	λ 调节器	发动机状态位
001 组	830r/min	99.0℃	−4.3%	10111110
	发动机转速	发动机负荷	喷油脉宽	进气压力
002 组	830r/min	18%	3.1ms	33.7kPa

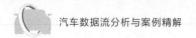

续表

003 组	发动机转速	进气压力	节气门开度	点火提前角
	830r/min	33.7kPa	2.4%	3.0°v. OT
004 组	发动机转速	蓄电池电压	水温	进气温度
	830r/min	13.9V	99.0℃	48℃
030 组	前λ状态	后λ状态		
	00111	0000		
066 组	车速	开关状态		
	0	00000100		

4. 稳定状态数据

自动变速器的稳定状态是个数值参数,其数值范围为0～621kPa。为了防止自动变速器在某一挡位时离合器或制动器打滑,压力控制(PC)电磁阀对主油路压力进行适配控制,以保持该挡位下压力适配量。

稳定状态参数有如下几种状态。

(1)稳定状态的 TAP 1GR 施加于 PC 电磁阀压力保持第一挡齿轮传动比的压力适配量(消除离合器或制动器滑动)。较大的数字表示自动变速器 ECU 已检测到有元件滑动,并且正在用适配压力进行补偿。

(2)稳定状态的 TAP 2GR 施加于 PC 电磁阀压力中以保持第二挡齿轮传动比的压力适配量(消除离合器或制动器滑动)。较大的数字表示自动变速器 ECU 已检测到有元件滑动,并且正在用适配压力进行补偿。

(3)稳定状态的 TAP 2GR/TCC 采用 TCC 时,施加于 PC 电磁阀压力中以保持第二挡齿轮传动比的压力适配量(消除离合器或制动器滑动)。较大的数字表示自动变速器 ECU 已检测到有元件滑动,并且正在用适配压力进行补偿。

(4)稳定状态的 TAP 3GR 施加于 PC 电磁阀压力中以保持第三挡齿轮传动比的压力适配量(消除离合器或制动器滑动)。较大的数字表示自动变速器 ECU 已检测到有元件滑动,并且正在用适配压力进行补偿。

(5)稳定状态的 TAP 3GR/TCC 采用 TCC 时,施加于 PC 电磁阀压力中以保持第三挡齿轮传动比的压力适配量(消除离合器或制动器滑动)。较大的数字表示自动变速器 ECU 已检测到有元件滑动,并且正在用适配压力进行补偿。

(6)稳定状态的 TAP 4GR 施加于 PC 电磁阀压力中以保持第四挡齿轮传动比的压力适配量(消除离合器或制动器滑动)。较大的数字表示自动变速器 ECU 已检测到有元件滑动,并且正在用适配压力进行补偿。

(7)稳定状态的 TAP 4GR/TCC 采用 TCC 时,施加于 PC 电磁阀压力中以保持第四挡齿轮传动比的压力适配量(消除离合器或制动器滑动)。较大的数字表示自动变速器 ECU 已检测到有元件滑动,并且正在用适配压力进行补偿。

(8)稳定状态的 TAP 倒挡 TAP 施加到 PC 电磁阀压力中以保持倒挡齿轮传动比的压力适配量(消除离合器或制动器滑动)。较大的数字表示自动变速器 ECU 已检测到有元件滑动,并且正在用适配压力进行补偿。

5. 换挡控制

换挡控制参数为数值参数,四挡自动变速器的数值范围是0、1、2、3、4,它表示自动变速器当前的挡位。自动变速器当前的挡位是根据换挡电磁阀的状态来确定的，对于只有两个换挡电磁阀的自动变速器，四个挡位的电磁阀状态见表5-4。

表5-4　四个挡位的电磁阀状态（两个换挡电磁阀）

挡位	电磁阀 A	电磁阀 B	挡位	电磁阀 A	电磁阀 B
1 挡	ON	ON	3 挡	OFF	OFF
2 挡	OFF	ON	4 挡	ON	OFF

本田雅阁等一些轿车的自动变速器，采用三个换挡电磁阀，四个挡位的电磁阀状态如表5-5所示。

表5-5　四个挡位的电磁阀状态（三个换挡电磁阀）

挡位	电磁阀 A	电磁阀 B	电磁阀 C	挡位	电磁阀 A	电磁阀 B	电磁阀 C
1 挡	OFF	ON	ON	3 挡	ON	OFF	ON
2 挡	ON	ON	OFF	4 挡	OFF	OFF	OFF

6. 变速器挡位

变速器挡位参数也是一个数值参数，通常其数值范围为 P、R、N、D、3、2、1。变速器挡位参数反映了自动变速器操纵手柄目前所处的位置。挡位开关有滑动开关式和多功能组合开关式两种形式。

滑动开关式挡位开关是根据滑动触点在不同位置而接通相对应挡位电路，此类挡位开关应用较广，轿车大都采用此类挡位开关。滑动开关式挡位开关的结构如图5-3所示，该挡位开关各挡位下各端子的通路情况见表5-6。

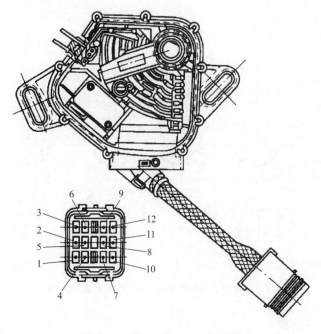

图 5-3　滑动式挡位开关的结构

表 5-6　滑动开关式挡位开关各挡下各端子的通路情况

触点/端子 挡位	S 9-7	S 10-7	S 11-7	S 12-7	R 5-8	P/N 5-4
P				○		○
N			○			○
R	○	○		○	○	
D				○		
3	○			○		
2	○	○	○			

注：○表示通路。

多功能组合开关式挡位开关由若干个常闭或常开开关组成，根据各开关的组合方式来确定变速器挡位。别克君威轿车采用此种开关（图5-4），这种多功能组合开关由6个压力开关（3个常闭和3个常开）组成，利用手动阀的油液压力，将一个或多个开关搭铁，自动变速器 ECU 即可检测到所选择的挡位。

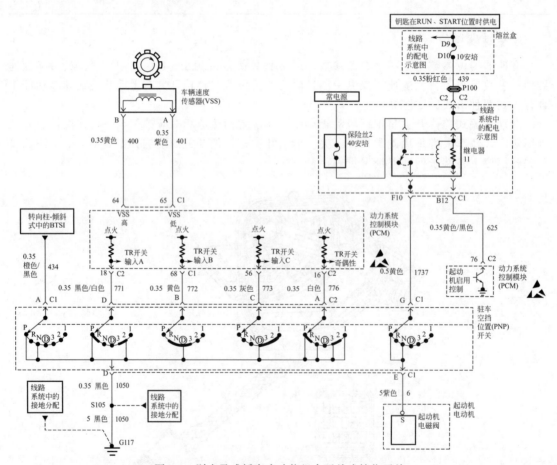

图 5-4　别克君威轿车多功能组合开关式挡位开关

7. 自动变速器油温度

自动变速器油（ATF）温度为数值参数，单位为℃时的变化范围为－40～199℃。它表示自动变速器 ECU 根据油温传感器送来的信号计算后得出的油温数值。该参数在汽车行驶过程中应逐渐升高，正常时油温应在 60～80℃ 之间。ATF 温度参数用于检测自动变速器油的温度，以作为 ECU 进行换挡控制、油压控制和锁止离合器控制的依据。若 ATF 温度在 35～45℃ 恒定不变，则可能是油温传感器损坏或其线路不良。

在有些车型中，自动变速器油温度参数的单位为 V，此时的数值则直接来自油温传感器信号电压。该电压与油温之间的比例关系依据电路方式的不同而不同，一般成反比例关系，即油温低时其传感器的信号电压高，油温高时其传感器的信号电压低。也有 ATF 与传感器信号电压成正比关系的。在油温传感器正常工作时，自动变速器油温度参数的数值范围是 0～5.0V。

ATF 传感器的安装位置如图 5-5 所示。

8. 压力控制电磁阀（PCS）实际电流

压力控制电磁阀（PCS）实际电流为数值参数，其变化范围为 0～1.1A。它反映流过 PCS 电路的实际电流，高的电流表示低的主油路压力，低的电流则表示高的主油路压力。PCS 的功用是根据挡位、运动型/经济型模式选择、负荷和车速，通过调整电磁阀的电流来调节主油路压力。

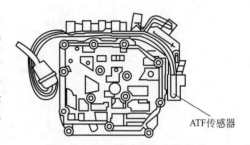

ATF传感器

图 5-5 ATF 传感器的安装位置

PCS 由自动变速器 ECU 通过占空比信号控制，其电阻为 3～5Ω。与 PCS 实际电流相关的参数还有如下几种。

① PCS 额定电流、参考电流或设定电流，数值参数，其变化范围为 0～1.1A。

② PCS 载荷周期，数值参数，变化范围为 0～100%。

③ 电压控制电磁阀（PCS），数值参数，变化范围为 0～1779.9kPa。

④ PCS 实际电流与额定电流差值，数值参数，变化范围为 0～4.98A。

⑤ PCS 低电压，状态参数，由 YES 或 NO 表示。

⑥ PCS 占空比，数值参数，变化范围为 0～100%。

⑦ 压力控制，数值参数，变化范围为 0～100%。

⑧ 指令管压，数值参数，变化范围为 396～1530kPa。

9. 速比

速比指的是自动变速器的输入转速与输出转速之比，它为数值参数。该参数反映变速器实际输入与输出的转速比，变速器 ECU 通过比较指令值与内部计算值来判断是否存在故障。自动变速器输入与输出转速比如表 5-7 所示。

表 5-7 自动变速器输入与输出转速比

变速器工作挡位	1 挡	2 挡	3 挡	4 挡
输入与输出转速比	2.38～2.63	1.43～1.58	0.95～1.05	1.97～2.17

装备电控自动变速器的汽车上有三个传感器向自动变速器 ECU 提供发动机转速、输入轴转速和输出轴转速信号，自动变速器 ECU 用这些信号计算超速速比。变速器输入轴转速用于确定实际的涡轮转速以控制管路压力；变速器输出轴转速用于控制 TCC 管路压力、换挡时间和转矩。

当变速器处于 1 挡、2 挡和 3 挡时，涡轮转速直接取自输入轴转速传感器。但当变速器处于 4 挡时，由于前进离合器超速转动，若直接从输入轴传感器信号读取涡轮转速，就会得到不正确的涡轮转速。因此，变速器 ECU 将会根据此标定值增加的输入轴转速计算 4 挡时的涡轮转速。

二、自动变速器波形分析

1. 变速器换挡控制电磁阀

自动变速器换挡控制电磁阀波形图如图 5-6 所示。这个测试步骤帮助检查控制模块控制的自动变速电子换挡电磁阀或变矩器锁止电磁阀的工作情况，这个测试程序也可以用于检查电子控制压力调节电磁阀。

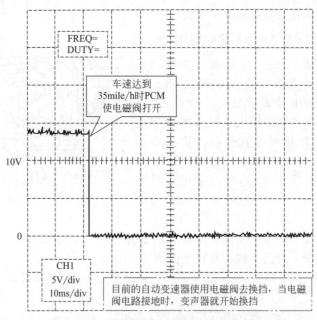

图 5-6　自动变速器换挡控制电磁阀波形

1mile＝1.609km

（1）变速器换挡控制电磁阀波形测试　在发生行驶性能故障的条件下试车，或者在试车中试验所怀疑的换挡阀电路，变矩器锁止电磁阀及油压调节电磁阀。

对于直流开关的电磁阀，要确认幅值这个判定性尺度对怀疑变速运行故障是否适当。对于用脉冲宽度调制电磁阀要确认幅值、频率和脉冲宽度判定性尺度是正确的、可重复的和一致的。

（2）变速器换挡控制电磁阀波形分析说明　一些系统用控制电源式电磁阀，其他系统电磁阀中有一根线总是与电源相接。它靠控制接地电路去操作电磁阀。在检查这些结果之前，先应确认检查的是哪种类型。一旦控制模块推动电磁阀，波形就会变化。

在控制模块推动之前，直流开关电源控制电磁阀波形将出现一条直线，当控制模块推动电磁阀时波形上升到系统电压值，接地控制的电磁阀工作方式相反，控制模块推动电磁阀工作的波形从一条等于系统电压的值突变到接地电压。

翻阅制造厂商的修理资料，了解变速器电路的特殊功能控制方式，正确理解假设有故障的电路是怎样工作的，这对提高诊断故障的准确性和速度是会有帮助的。可能产生的缺陷和可以观察到的判定性尺度的偏差是尖峰高度变短，这可能是变速器电磁阀线圈有短路，或者没有信号（一条直线），也可能是控制模块故障，控制模块换挡条件不具备（转换点、TCC 锁止等），或线路或插头的故障。

许多汽车的控制模块被程序设定为不能进入某种功能状态，例如锁止离合器（TCC）的动作要等到发动机达到确定温度和车速才能实现。

2. 液力变矩器离合器电磁阀

锁止离合器的接合和分离是由发动机控制单元（PCM）通过锁止离合器（TCC）电磁阀来控制的。发动机控制单元根据节气门位置传感器、车速传感器、涡轮轴传感器、挡位、换挡时刻和制动开关等信号进行分析，给 TCC 电磁阀提供占空比信号，改变了 TCC 电磁阀的开度，从而控制离合器的动作。

对于 TCC 电磁阀的工作情况，发动机控制单元是通过发动机的转速和涡轮轴（输入轴）的转速差来监测的。当锁止离合器不工作时，发动机转速应大于涡轮轴转速 200～300r/min；在锁止离合器接合过程中，两者的转速差应逐渐减小；当锁止离合器完全接合后，两者的转速差应该基本为零。因此，可以通过观察发动机转速和涡轮转速（输入轴转速）的差值，来判断离合器工作的状态和好坏程度。

如果人为控制离合器电磁阀的工作故障仍存在，说明电控部分没有任何情况。如果故障出在电控部分上，应该先检查影响 TCC 电磁阀工作的各传感器提供的信号是否正常，再检查发动机控制单元（PCM）是否能按各传感器信号正确工作，最后检查导线的连接是否良好。

（1）数据分析

① 启动发动机。

② 使用诊断仪，选择"变速器"的"数据监控"模式。

③ 行驶时读取"TCC 电磁阀工作"的显示值，根据行驶速度检查数值的变化情况，见表 5-8。

表 5-8　TCC 电磁阀数据

项目	状态	显示值（近似值）
TCC 电磁阀工作	锁止 OFF ←→ 锁止 ON	4%←→94%

（2）波形分析　使用示波器读取 TCC 电磁阀的信号波形变化，如图 5-7 所示。如果 TCC 电磁阀线圈短路，会使很大的电流通过电路，将会造成波形幅值超出最大的允许范围，此时说明 TCC 电磁阀故障。

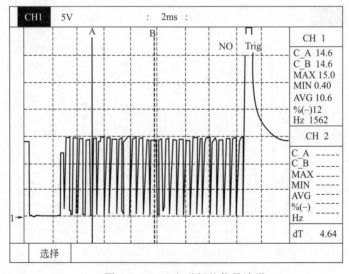

图 5-7　TCC 电磁阀的信号波形

3. 管路压力电磁阀

（1）数据分析

① 将点火开关转至"ON"位置，但不要启动发动机。

② 使用诊断仪，选择"变速器"的"数据监控"模式。

③ 车辆行驶过程中读取"管路压力"的值。根据行驶速度检查数值的变化情况，见表5-9。

表 5-9　管路压力电磁阀数据

项目	状态	显示值(近似值)
管路压力	节气门开度小(管路压力低)←—→节气门开度大(管路压力高)	4%←—→94%

④ 此外，也可通过万用表测量管路压力电磁阀的电阻进行分析。以上海通用别克轿车为例，测量管路压力电磁阀端子间的电阻。在20℃的条件下，管路压力电磁阀电阻值应在最小电阻和最大电阻曲线之间，如图5-8所示；如果管路压力电磁阀电阻值不在最小电阻和最大电阻曲线之间，则说明管路压力电磁阀故障，应更换管路压力电磁阀。

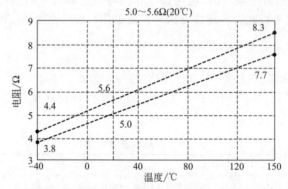

图 5-8　管路压力电磁阀最小电阻和最大电阻曲线

（2）波形分析　使用示波器读取管路压力电磁阀的信号波形变化，如图5-9所示。如果管路压力电磁阀线圈短路，会使很大的电流通过电路，将会造成波形幅值超出最大的允许范围，此时说明管路压力电磁阀故障。

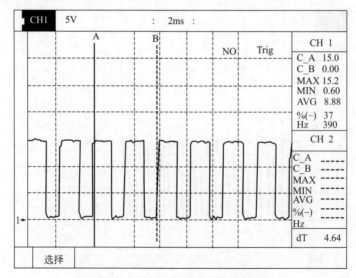

图 5-9　管路压力电磁阀信号波形

4. 涡轮转速传感器

涡轮转速传感器（动力传动系转速传感器）检测前进挡离合器鼓转速，它位于自动变速器的输入侧。自动变速器转速传感器位于自动变速器的输出侧。通过使用这两个传感器，就可以准确检测变速器的输入和输出转速，得到最佳的换挡时机，从而改善换挡质量。

（1）数据分析

① 启动发动机。

② 使用诊断仪，在"变速器"的"数据监控"模式中选择"ECM 输入信号"。

③ 车辆行驶过程中读取"涡轮转速"的值，见表 5-10。如果与规定值不符合，则更换涡轮转速传感器或排除其他故障。

表 5-10　车辆行驶过程中读取"涡轮转速"的值

项目	状态	显示值
涡轮转速传感器	行驶过程中(锁止 ON)	大致与发动机转速相符

（2）波形分析　使用示波器读取涡轮转速传感器的信号波形，随着转速的增加，波形的密度将会更加密，如图 5-10 所示。如果与规定不符合，说明涡轮转速传感器存在故障。

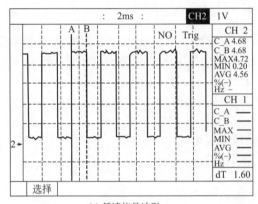

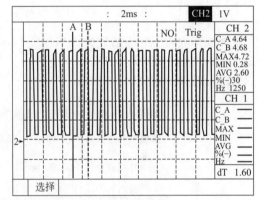

(a) 低速信号波形　　　　　　　　　　　(b) 高速信号波形

图 5-10　涡轮转速传感器的信号波形

三、自动变速器数据流故障案例精解

案例 1：宝马 760 轿车变速器油温高

故障现象　一辆宝马 760 轿车，底盘型号为 F02，行驶里程 20 万千米，装备 N74 发动机与 ZF 8HP 自动变速器，车辆因变速器油温过高报警（图 5-11）而进厂维修。

图 5-11　仪表显示变速器过热

故障诊断 用诊断仪检测车辆，读取到如图 5-12 所示故障码。检查变速器油位和油质，均正常；检查变速器散热油管，无弯曲、变形，变速器油的热交换器无碰撞损坏迹象；同时查看此车报警记录，并没有发动机过热报警的历史，测试发现，车辆的电子扇功能也正常。奇怪的是，反复试车，却不能重现变速器过热的现象。

4.1. 故障清单 上部

故障代码存储器

ECU-DF-Var	ECU-Var	设码编号	说明	目前是否存在？
FAS_01	SM-02-FA	0x8029B1	坐垫座椅温控控制：对负极短路或断路	77：上次试验周期的状态：存在故障
FAS_01	SM-02-FA	0xE44C1E	驾驶员开关组：坐椅调节开关未应答	8：当前不存在故障
GSB231	EGS-GKEB23-EGS	0x4209A1	温度传感器：热方式 1，可能匹配换挡程序	8：当前不存在故障
GSB231	EGS-GKEB23-EGS	0x4209A2	温度传感器：扭矩减小的热方式 2	8：当前不存在故障
GSB231	EGS-GKEB23-EGS	0x4209A3	温度传感器：带驾驶员信息的热方式 2	8：当前不存在故障
MSD87_R0	DME-MSD87_12-DME1	0x210501	发电机，可信度，温度：计算出温度过高	40：
MSD87_R0	DME-MSD87_12-DME1	0x213901	电源管理：单个用电器功率减小或关闭	40：
TRSVC01	TRSVC-01-TRSVC	0x800BDB	右侧侧摄像机未连接	13：当前存在故障
TRSVC01	TRSVC-01-TRSVC	0x800BE0	右侧侧摄像机未学习	13：当前存在故障

图 5-12 宝马 760 故障车上的故障码

查阅该车故障码的冻结数据，如图 5-13 所示。该数据说明：此车变速器模块的芯片温度是 133℃，齿轮油温是 131℃，而 [1004] 组数据的过热关闭的阈值是 145℃，而让人费解的数据是转换器温度为 156℃。

故障码：4327841 频率：1 现有编号：8

环境条件记录：0（当前的）环境条件数量：18

[5888] 里程数：200357 [km]

[5889] 时间系统：233846218 [s]

[1] 齿轮油温：131 [℃]

[1002] 芯片温度（CG130）：133 [℃]

[1003] 温度传感器的状态：undefiniert; LM71: 正常; CG130: 正常

[2] 蓄电池电压：13 [V]

[5] 传感器供电电压：9 [V]

[9] 输出转速：0 [r/min]

[13] 发动机实际扭矩：52 [N·m]

[1001] 芯片温度（LM71）：132 [℃]

[1004] 过热关闭的阈值：145 [℃]

[36] 转换器温度：156 [℃]

[24] 点火开关状态 接通

[30] DME / DDE 的信号状态：undefiniert

[8] 油门踏板角度：0 [%]

[11] 发动机转速：768 [r/min]

[10] 涡轮机转速：0 [r/min]

图 5-13 宝马 760 轿车故障码的冻结数据

经过分析认为：变速器过热关闭的阈值是变速器程序设置的变速器过热保护温度值，如果超过这个温度值，变速器会进入过热的故障模式。进入过热的故障模式后，变矩器提前进入闭合状态，以避免变矩器温度进一步上升。当发动机收到变速器过热信号后会自动进入输出受限模式，以避免变速器损坏。而冻结数据中"［36］转换器温度"中的"转换器"则是翻译出现了偏差，这个实际是指变矩器。由此可以看出该车变矩器的油温超过了过热保护的阈值，因此变速器出现了过热报警的现象。

从故障冻结数据来看，发动机在怠速、车辆静止时，变速器涡轮轴转速（输入轴转速）为0，这显然是堵车的驾驶工况！

因此，进行下面的测试检查。

① 检查油位，并在标准油位的基础上，再多加50mL。

② 启动发动机，在阳光下，打开空调，踩住刹车踏板，挡位保持在N挡、D挡和M1挡，观察变速器油温和发动机水温。

③ 完成上述测试后，拆卸变速器油底壳，检查油底壳有无油泥。

④ 拆卸变速器油热交换器，检查有无堵塞。

⑤ 检查散热器、冷凝器表面有无脏污。

经过仔细排查，确认如下信息。

① 故障车变速器油位处于正常范围，检查之后又多加了50mL。

② 开空调踩刹车踏板挂挡时，发动机温度为118℃，变速器油温为134℃，明显偏高。

③ 拆卸变速器油底壳，变速器油质无异常，油底壳上无沉积的油泥，如图5-14所示。

④ 拆卸检查变速器热交换器，发现冷却水道堵塞，如图5-15所示。

⑤ 检查冷凝器表面脏污。

图5-14　宝马760故障车变速器油底壳无油泥　　　图5-15　宝马760故障车冷却水道堵塞

故障排除　由上可见，变速器报警是因为变速器油热交换器冷却循环水道堵塞，车辆散热不良，变速器油的热量无法及时释放，热量经过一定的堆积后，出现过热报警的故障现象。更换变速器油的热交换器，清洗发动机的冷却循环以及冷凝器、散热器表面。维修过后试车，在怠速堵车的情况下开空调，变速器油温保持与水温一致，变速器油温过热的故障现象消失。

案例2：宝马3系轿车变速器油温高

故障现象　一辆宝马3系轿车，底盘型号为F35，装备N20型发动机与ZF 8HP自动变速器，行驶中仪表台上变速器油温过高报警灯点亮，并且存在发动机熄火的并发症状。

故障诊断　维修人员用诊断仪读取了该车的故障码，如图5-16所示。

根据故障码，维修人员又运行了检测计划ABL程序，但没有得出任何结果，只有"删除故障码存储器""在此涉及一个伪故障，该伪故障主要在车辆编程之后出现"等字样的提

故障码存储器		
ECU-DF-Var	设码编号	说明
BDC	8040B5	启动装置运行时车辆启动故障：控制时无发动机转速
GSB231	4209A1	温度传感器：热方式 1，可能匹配换挡程序
GSB231	4209A2	温度传感器：扭矩减小的热方式 2
GSB231	4209A3	温度传感器：带驾驶员信息的热方式 2
GSB231	4209A4	温度传感器：热方式 3 - 识别到温度过高，变速箱油冷却管道有可能损坏
GSB231	4209A5	温度传感器：热方式 4 - 识别到温度过高，齿轮油受损。虽然红色报警灯亮起，仍然继续行驶
MEVD1724	120408	增压压力调节：作为后续反应关闭
MEVD1724	160001	曲轴传感器，信号：缺失
MEVD1724	160020	曲轴传感器：信号不可信
MEVD1724	160021	曲轴传感器：一般同步损失
MEVD1724	1C3101	发动机油压力温度传感器，可信度：车辆启动前的压力过高

图 5-16　宝马 3 系故障车的故障码

示。也就是说，根据诊断软件的检测计划描述，过热报警的故障码是虚假的，可能是在编程后出现的，请删除故障码。

于是，维修人员删除故障码后再次测试，结果发现变速器的过热报警依然出现。同时维修人员可以肯定的信息是，变速器出现过热报警时，变速器的温度绝对不高，车辆在厂里停了 4h 后上路，刚行驶了 3min 系统就开始报警，因此维修人员怀疑是程序方面的问题，导致变速器油温的误报警，但是对车辆编程之后重新试车，故障依然存在。

然后，查看了该车故障码的冻结数据，如图 5-17 所示。

首先，从故障码的冻结数据来看，维修人员的判断没有错，0001 组变速器油温为 33℃，的确是变速器处于预热阶段的油温。其次，数据中清晰地记录着：0024 组的变速器温度为 200℃，温度报警的阈值还是 145℃，所以一定是虚假报警，但是这个 200℃ 的温度是哪里来的？此外，从数据可以看出车辆当时的状态：挡位为 2 挡，发动机扭矩为 56N·m，节气门开度为 0，变速器模块 EGS 的芯片温度为 31℃。

让人感觉比较奇怪的是，变速器模块 EGS 系统传感器供电的电压是 8.9V，属于正常，而系统电压才 11.44V，难道是系统电压出了问题？此时发动机转速高达 4096r/min！

经过沟通得知，出现变速器油温过热报警故障时，发动机立即熄火，车速为 20km/h 左右，虽然未注意到熄火前发动机的转速，但肯定到不了 4096r/min。发动机熄火？这个线索比较新奇！自动变速器能把发动机拖熄火的唯一可能只有变矩器卡滞了，但这个概率很小。那么反过来想，为什么变速器虚报油温高？这是不是因为发动机熄火造成的？

回过头去看一下图 5-16 所示的该车所有的故障码，除了变速器过热的故障码外，还有 5 个发动机模块的故障码，其中有 3 个居然都是与曲轴传感器有关。很显然，车辆出现熄火的

Environmental conditions

11,698km/16,402,799s

0×0001-Gearbox oil temperature	33℃
0×0002-Battery Voltage	11.44 V
0×0005-supply voltage sensor	8.96 V
0×0009-Output Speed	448r/min
0×000D-Engine set point torque	56N·m
0×03E9-overheating protection:Substrate temperature (LM71)	31℃
0×03EC-threshold for overheating protection	145℃
0×0024-transmission temperature	200℃
0×0018-state ignition	2　0-n
0×001E-Signal status for CAN signals from DME	0　0-n
0×F097-set point gear	2　0-n
0×F098-set point gear	32　0-n
0×0008-accelerator-pedal angle	0%
0×000B-Engine speed	4320r/min
0×000A-Turbine speed(rpm)	1408r/min

0×03EA-overheating protection:Substrate temperature (CG130)　　　31℃

图 5-17　宝马 3 系轿车故障码的冻结数据

故障是因为曲轴位置传感器信号缺失、不可信或者同步失败，所以发动机模块 DME 就会使其他模块（变速器控制模块 EGS）收到一个错误的曲轴转速信号，因此 EGS 中显示的 4320r/min 转速信号是虚假值。

　　故障排除　检查曲轴位置传感器，结果发现，信号盘磁性物质脱落。更换此信号盘后，再次试车，发动机熄火、变速器油温过热报警故障一并消失。

　　案例 3： 2006 年款雷克萨斯 ES350 轿车挂挡冲击

　　故障现象　一辆 2006 年款雷克萨斯 ES350（车型代码：GSV40L-BETGKC），装备 U660E 型自动变速器，行驶里程约 173000km。驾驶人反映，将 D 挡换至 N 挡，然后再由 N 挡换至 D 挡时，变速器会出现换挡冲击现象，而由 P 挡、R 挡或是 N 挡直接换至 D 挡则无冲击现象，且行驶正常，无打滑和换挡冲击现象发生。据驾驶人介绍，该车曾更换过旧变速器和变矩器（均为拆车件）。

　　故障诊断　导致换挡冲击的常见原因有：阀体上的换挡阀卡滞；蓄压器故障；1 号单向离合器故障；C1 离合器故障；SL1 换挡电磁阀故障；SLT 油压调节电磁阀故障。

　　具体到该车，由于故障只发生在由 D 挡换至 N 挡，然后再由 N 挡换至 D 挡时，其他换挡方式不会出现。分析自动变速器的运作原理，推测机械故障导致换挡冲击的可能性较小，故障多数发生在电控部位。该车自动变速器控制系统设有换挡控制逻辑，通过调节变速器管路油压和发动机输出扭矩来实现离合器的平稳接合，应侧重检查与换挡冲击相关联的传感器或执行器。为此，对该车进行了如下检查。

　　① 使用检测仪检测变速器系统，变速器系统无故障码存储。

　　② 检查变速器管路油压调节电磁阀（SLT）的工作状态，检查结果为 SLT 在挂 D 挡时有时不工作，当其不工作时（图 5-18），发生换挡冲击现象。

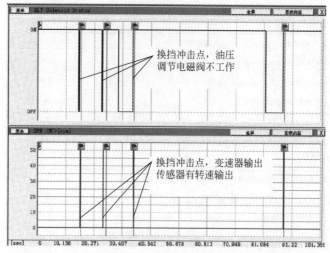

图 5-18　变速器管路油压调节电磁阀（SLT）工作状态

③ 检查 SLT 控制系统。SLT 为管路压力控制电磁阀，它根据发动机扭矩信息，以及变矩器和传动桥的内部工作情况对管路压力进行优化控制，进而使换挡平顺并优化机油泵工作量。SLT 由变速器 ECU 控制，变速器 ECU 根据接收的换挡杆位置信息来控制 SLT 工作。当车辆发生挂挡冲击时，变速器 N 挡位置信号与实际的挡杆位置不相符（N 挡位置开关信号一直显示 OFF），挂挡冲击是由于变速器 ECU 没有收到换挡信号（图 5-19），也就没有向 SLT 发出油压调节指令，SLT 不调节油压，所以发生换挡冲击。

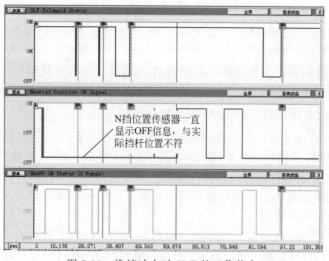

图 5-19　换挡冲击时 SLT 的工作状态

④ 检查挡位开关。挡杆处于 N 挡位置时，测量 Park/Neutarl Position SW 的 4 号端子与 9 号端子之间的电阻值为无穷大（正常值为小于 1Ω），开关阻值不正确，与数据流中 N 挡位置信号不能准确相对应。

　　故障排除　检查挡位信号不准确原因。经检测，挡位信号不准确的原因为挡位开关的调整位置不正确，当挡位处于 N 挡时，空挡基准线和凹槽不相对，凹槽向右偏离了 5°左右，调整挡位开关位置，将空挡基准线和凹槽完全对正（图 5-20），然后进行多次换挡测试，测试结果为 N 挡位置信号正常，变速器换挡无冲击，故障排除。

案例 4：2005 年款广汽本田 CITY 轿车挂 D 挡和 R 挡熄火

故障现象　一辆 2005 年款广汽本田 CITY（GD3）轿车，挂入 D 挡和 R 挡时发动机抖动且会熄火，熄火后再次起步车辆正常。

故障诊断　读取发动机数据（图 5-21）进行分析，发现自动变速器入挡后发动机转速会下降到 422r/min，节气门位置（TP）传感器正常，进气歧管绝对压力（MAP）传感器参数达到 76kPa，喷油脉宽达到 9.22ms，这说明发动机控制单元在控制增加喷油以提高怠速，但是发动机转速并没有提高，自动变速器换到 N 挡后发动机怠速运转和加速均正常，由此判定该车的发动机工作是正常的，发动机转速下降甚至熄火的故障，应该 CVT 无级变速器故障引起的。

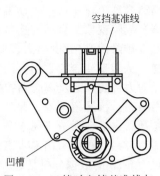

图 5-20　N 挡时空挡基准线与凹槽应完全对正

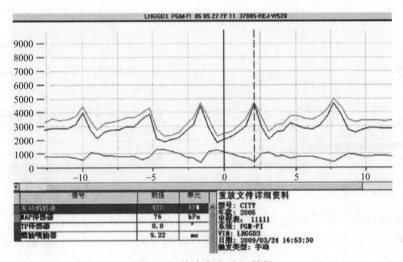

图 5-21　故障车发动机数据

读取 CVT 前进挡数据（图 5-22），发现发动机转速、主轴转速基本重合，这说明前进

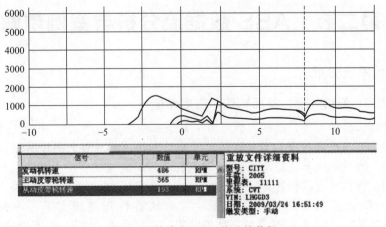

图 5-22　故障车 CVT 前进挡数据

挡离合器工作正常；主动带轮转速和从动带轮转速的变化基本一致，这说明钢带没有打滑。该车故障现象为自动变速器挂入 D 挡和 R 挡抖动，且发动机熄火，但是起步后正常，因此可以排除前进挡/倒挡离合器同时损坏的可能性，怀疑 D 挡和 R 挡共用的起步离合器有问题。从起步离合器数据（图 5-23）可以看出，此时的起步离合器滑移为 0，处于滑移状态，无动力传递，起步离合器控制电磁阀的控制电流为 0，说明此时起步离合器应是无油压的分离状态。按照道理说，此时不应该出现负荷过大引起发动机抖动，因此怀疑该车是因为起步离合器内部卡滞造成无法分离而导致发动机抖动熄火的。读取相同车型起步离合器的数据（图 5-24），可以看出起步离合器电磁阀的控制电流为 0.39A，且发动机运转平稳，由此可见对图 5-23 的数据分析是正确的，因此决定分解自动变速器，检查起步离合器的状况。

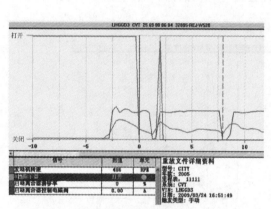

图 5-23　故障车起步离合器数据

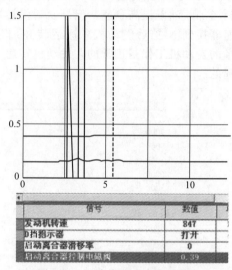

图 5-24　正常车起步离合器数据

拆解自动变速器，拆下起步离合器卡簧，发现离合器缓冲毂没有自动弹起，这说明起步离合器的确有卡滞，分解起步离合器检查，发现胶圈有磨损的痕迹，从而造成弹出的活塞回位卡滞；离合器片有轻微磨损，确认该车故障就是起步离合器回位卡滞导致发动机抖动、熄火。

故障排除　更换起步离合器，装车并进行起步离合器学习后试车，故障排除。

第二节　ABS 数据流分析与案例精解

一、ABS 数据流分析

1. 左前轮速、右前轮速、左后轮速、右后轮速

各车轮转速为数值参数，这些参数反映了每个车轮转速传感器输入 ECU 的车轮转速信号，数值范围为 0 至最大车速。当车辆直线行驶且未制动时，四个车轮的轮速（轮缘速度）应与车速相等。当汽车转弯及制动而 ABS 未起作用时，轮速就会发生变化；当 ABS 起作用时，四个轮速应保持接近或相等。

各轮的 ABS 轮速信号无论车速高低，在车辆直行行驶状态下，均偏差不应超过 3km/h。低速制动时，出现 ABS 系统工作的情况，一般是由于 ABS 轮速传感器的安装位置不正确、间隙过大、齿圈脏污、车轮轴承松旷、传感器损坏等原因所致。

2. ABS 电压

ABS 电压为数值参数，显示的是 ABS 在打开点火开关和未打开点火开关时的电压。电压范围为 0～13.5V。

3. 制动开关

在 ABS 中，ABS ECU 根据制动开关信号来确定制动工况，用以启动 ABS 使其进入工作状态。制动开关参数反映制动开关的状态，其状态为 ON/OFF。当系统功能正常时，ON 表示制动开关触点已闭合，制动灯点亮。为使 ABS 工作，制动开关参数读值必须是 ON，或触点闭合。在某些车型上，该参数反映制动开关当前的位置和电路在下述三种状态。

① 当踩下制动踏板时，制动开关参数应为 ON，该制动开关电路应闭合。

② 当未踩下制动踏板时，该参数读值应为 OFF，制动开关电路应开路。

③ 如果在任何时候，该参数读值都为开路（OFF），则表示 ABS 控制模块已检测到制动开关电路有故障，此时 ABS 的功能已全部或部分中断。

4. ABS 指示灯

ABS 指示灯为状态参数，该参数可反映仪表板上 ANTI-LOCK 灯的状态。ABS 指示灯状态参数有下述三种状态。

① 当 ABS 指示灯参数读值为 OFF 时，ANTI-LOCK 灯应熄灭，此时系统处于全功能工作状态。

② 当 ABS 指示灯参数读值为闪动时，则 ANTI-LOCK 灯也应闪动，它表示故障码已被检测出，但它并不影响当前 ABS 的工作，然而为避免出现更多的问题，系统将被锁定。

③ 当 ABS 指示灯参数读值为 ON 时，ANTI-LOCK 灯将始终点亮，它表示故障码已被检测出，并且已影响 ABS 的工作。如果故障影响前轮 ABS，则后轮 ABS 功能仍存在，而前轮已无 ABS 功能。如果故障影响后轮 ABS 和系统其他关键部件工作，则 ABS 功能将全部中断。该车四轮制动将转为普通制动过程，即无 ABS 功能。

5. 制动液位开关

制动液位开关为状态参数，该参数反映制动液位状态。当制动主缸中的制动液位低时，制动液位指示开关将回路搭铁，点亮仪表板上的指示灯。

二、 ABS 波形分析

1. ABS 轮速传感器波形分析

防抱死制动系统（ABS）车轮速度传感器是交流信号发生器，这就是说它们产生交流电流信号。防抱死系统车轮速度传感器是模拟传感器。这些传感器安装在轮盘内侧或前轴上，它们是两线传感器，而两线常封装于屏蔽编织线的导管中，这是因为它们的信号有些敏感，用电子术语说，容易被高压线、车载电话或轿车上其他电子设备的电磁辐射或射频干扰。从安全的角度看，防抱死系统车轮速度传感器更是十分重要的。

电磁干扰和射频干扰会扰乱信号的标准度量，并使"电子通信"中断。它会使防抱死系统失效或设定诊断故障码（DTC）。如果电磁干扰或射频干扰在错误的时间扰乱该传感器信号，这会引起防抱死系统失效，在这里的编织屏蔽保证在防抱死系统传感器和防抱死系统控制模块间的"电子通信"不中断，在测试控制模块发出信号时，不能损坏线的外表屏蔽。

两个最常见的探测转轴的方法是用磁电式或光电式传感器，也可以用来传感其他转动部件的速度或位置，例如车速传感器、曲轴和凸轮轴位置传感器等。

如图 5-25 所示，磁电式轮速传感器通常由线圈以及带两个端子的软棒状磁体构成。线圈插头是传感器的输出端子，当环状齿轮（有时称为尺度轮）使铁质金属转动通过传感器时，它在线圈中感应出电压。在环状轮上单一的齿形会产生单一的正弦形状的输出，振幅（峰值电压）与尺度轮的转速成正比（轮毂或轴），信号的频率是基于磁阻器的转动速度，传感器的磁舌和磁阻器轮之间的气隙对传感器信号幅度有较大的影响。

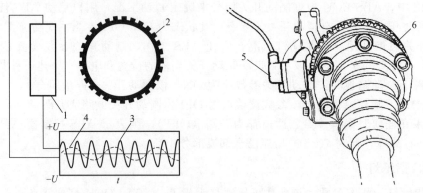

图 5-25　轮速传感器的结构及安装
1,5—轮速传感器；2,6—脉冲环（齿圈）；3—高速信号；4—低速信号

（1）ABS 轮速传感器波形测试　如图 5-26 所示，如果传感器安在驱动轮上，可将车轮抬高，离开地面，以模拟转动条件。如果传感器没安在转动轮上，用示波器探头延长线在车轮转动时从前盖移到传感器，用千斤顶上抬车轮，用手转动车轮是一种选择，但让轿车行驶是最好的方法。

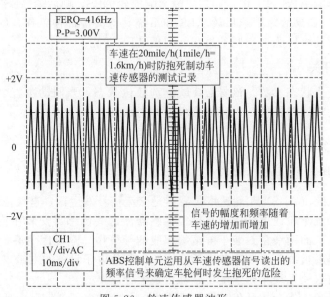

图 5-26　轮速传感器波形

（2）ABS 轮速传感器波形分析说明　当车轮开始转动时，在示波器中部的水平直线开始在零线的上下摆动，当转速增加时，摆动将越来越高。与本例十分相似的波形将会出现。这个波形是在 20mile/h（1mile/h＝1.6km/h）时记录的，与车速传感器产生的波形类似。防抱死系统车轮转速传感器形成的波形形状看上去都相似，通常摆动（波形的"上"和

"下"）相互对应于零线，零线的"上"和"下"十分符合对称关系。

当车辆加速时，轮速传感器的交流信号幅值增加。速度越快，波形越高，当车速增加时，频率增加，意味着在示波器显示上有较多的摆动。确定振幅、频率、形状的标准度量正确，重复性好，并与预期的一致，这意味峰值的幅度应足够，两个脉冲间的时间不变，形状不变且可预期，锯齿形尖峰是由传感器磁体碰击轮壳上的磁阻环所致，这是因车轮轴承磨损或轴弯曲所造成的，尖峰的缺少表明磁阻环物理损坏。

不同形式的传感器峰值电压将有些改变。另外，由于传感器的整体部分是线圈或绕组，它的损坏与温度或振动有关，在大多数情况下，波形将变短很多或十分无序，这将导致设定DTC。通常最普通的防抱死系统轮速传感器的损坏是传感器根本不产生信号，但是，如果波形是好的，先检查传感器和示波器连线，确定回路没有接地，再检查传感器的气隙是否正确，确定旋转的部件在转动（磁阻环存在等），然后对传感器进行判断。

2. ABS 电磁阀波形分析

ABS 电磁阀波形如图 5-27 所示。这个测试程序帮助检查控制 ABS 电磁阀的防抱死制动系统电路的工作情况。ABS 是一个闭环的电子控制系统，它可以完善在附着力减小时（例如冰或雨水路面）的制动性能。ABS 系统可防止车轮滑移，在紧急制动时也能使驾驶人较好地控制汽车，ABS 系统也明显地减少了制动的停车距离。

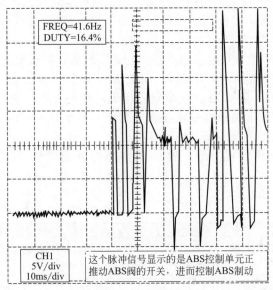

图 5-27　ABS 电磁阀波形

大多数 ABS 系统用常规制动部件，例如主缸、轮缸、制动钳或制动片及制动油管、制动器等，除常规制动系统部件外，ABS 系统还有车轮传感器、电子控制模块和液压制动调节器（电磁阀）。ABS 控制模块接收车轮速度信号，并去调节接近抱死状态或滑移状态的车轮制动压力。当优化制动在有效状态时，可以改善车轮牵引力，给驾驶人提供较好的操作控制。

（1）ABS 电磁阀波形测试　按照能使 ABS 系统开始动作所需要的条件驾驶汽车，找一条碎石路面或有冰和雨水的路面来帮助判断是有益的，这会对试验车轮抱死和 ABS 功能带来方便。确认波形幅值、频率、形状和脉冲宽度等判定性尺度是正确的、可重复的，并且与被测的 ABS 电磁阀类型相一致。

（2）ABS 电磁阀波形分析说明　当在示波器上分析 ABS 电磁阀波形时，用动态行驶

ABS 制动测试仪可能是很有帮助的，它可以帮助分析是 ABS 电气故障，还是机械或液压制动系统的故障，但动态行驶 ABS 制动测试仪比较昂贵，而且不容易操作。

一旦 ABS 控制模块启动电磁阀，波形就会开始变化，这些脉冲宽度调制电磁电路波形看起来与燃油喷油器或废气再循环清洗控制电磁阀波形相似。当一个车轮抱死后开始滑移时，ABS 控制模块会开始驱动这个轮的 ABS 压力电磁阀，这就调节了这个有问题的车轮的制动能力。

观察到可能的缺陷和判定性尺度的偏差是尖峰高度的变短，这可能说明电磁阀线圈短路，或完全没有信号（一条直线），也可能说明 ABS 控制模块的故障，ABS 系统工作条件不足（车轮速度等），或是线路及插头的故障。

三、 ABS 数据流故障案例精解

案例 1： 丰田雅力士轿车低速制动时异响

故障现象 一辆生产于 2012 年的丰田雅力士轿车，车辆型号为 ZSP91L-AHPHKC，发动机型号为 1ZR，行驶里程约为 3000km。驾驶人反映该车上次维修后在低速（20～50km/h）制动时车身前部有"咔咔"异响声。

故障诊断 接车后验证故障现象，正如驾驶人所述，但是车辆故障灯没有点亮。经多次试车，发现此响声与 ABS 泵工作响声很相似，但此时的车速较低，路面又是干燥的水泥路，制动力比较小，ABS 不应该起作用。根据故障现象初步判断：底盘松动异响；ABS 控制系统异常；其他。

升起车辆检查底盘，未发现有撞击变形、托底等迹象，对底盘所有的螺栓和螺母检查未发现异常，扭矩也在标准范围内。检查制动片、制动分泵和制动盘也未发现异常。用 GTS（专用诊断仪）检测车辆，没有当前故障码和历史故障码存在。再次试车，确认异响就是 ABS 工作响声。在用力踩下制动踏板或在光滑路面上制动时，ABS 才工作。但是车辆出现异响时并不在这些条件上，为什么 ABS 会工作呢？于是连接 GTS 进行试车，并且记录 ABS 的数据流，发现左前轮速出现异常，左前轮传感器开路检查为 Error（瞬间断路），如图 5-28 所示。如图 5-29 所示为左前轮数据流的线形图对比，通过对比可以判定左前轮速异常，所以 ABS 才异常工作。

参数	值	单位
FR Wheel Speed	32	km/h
FL Wheel Speed	20	km/h
RR Wheel Speed	32	km/h
RL Wheel Speed	32	km/h
FR Speed Open	Normal	
FL Speed Open	Error	
RR Speed Open	Normal	
RL Speed Open	Normal	
ABS Warning Light	OFF	
Brake Warning Light	OFF	
Stop Light SW	OFF	
Parking Brake SW	OFF	

图 5-28 ABS 数据流

故障排除 拆下左前轮速传感器检查，未发现异常。于是与同型号车辆的左前轮速传感器调换测试，发现故障依旧，因此也排除左前轮速传感器的故障。由于该车辆在其他修理厂进行过维修，并且左前轮的部分零件被更换过，因此怀疑是装配不好导致的故障。当拆下左前转向节总成时，发现在左前轮轴承的磁性转子上有铁屑附在上面（图 5-30）。清洁铁屑，重新安装后试车，发现所有数据流正常，故障彻底排除。

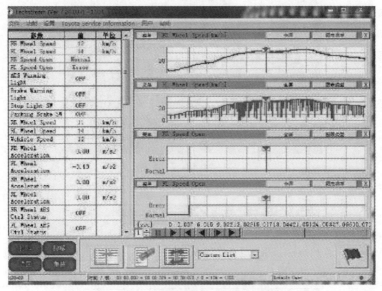

图 5-29 左前轮数据流的线形图对比

图 5-30 磁性转子上有铁屑

维修总结 雅力士轿车采用主动型轮速传感器（MRE：磁阻元件），当铁屑附在磁性转子上时阻碍磁场的变化，导致左前轮速传感器检测到错误的信号，在轻踩制动踏板时误认为左前轮被抱死，ABS 为了防止车轮抱死开始工作，发出响声。

案例 2： 奔驰 S350 轿车 ABS 故障灯和 ESP 故障灯异常点亮

故障现象 一辆 2012 年款奔驰 S350 轿车，行驶里程约为 11 万千米，搭载型号为 M272 的 V6 发动机，配有自适应制动系统（ABR，含 ESP 控制模块）。据驾驶人反映，车辆在正常行驶过程中，仪表上的 ABS 故障灯和 ESP 故障灯异常点亮，并出现"停止运作 参见用户手册"的提示信息（图 5-31），于是就将车开到修理厂进行检修。

故障诊断 接车后，试车验证故障，故障现象确实如驾驶人所述。连接故障诊断仪调取故障码，得到如图 5-32 所示的故障码。对故障码进行分析可知，多个控制单元内均存储有无法接收到 ESP 控制模块 CAN 信息的故障码，而且故障检测仪检测不到 ABR，由此判断，问题应该出在 ABR，决定重点对 ABR 及其相关线路进行检查。

图 5-31　故障车的仪表

ME9.7-发动机电控系统9.7				-F-
MB号码	HW版本	SW版本	诊断版本	插针
0034467740	07.38	08.08	8/21	101
FW号码	FW号码(数据)	FW号码(Boot-SW)		
0094489240	0064475940			
编码	文本		状态	
1425	车轮转速信号不可信		当前的和已存储的	

FSCU-燃油泵				-√-
MB号码	HW版本	SW版本	诊断版本	插针
2215401401	06.17	07.08	20/10	101
FW号码	FW号码(数据)	FW号码(Boot-SW)		
2214420671				

EGS-电子变速器控制系统				⬜
MB号码	HW版本	SW版本	诊断版本	插针
003446的10	47.2006	19.2008	84/2	101
FW号码	FW号码(数据)	FW号码(Boot-SW)		
0114482110				
编码	文本		状态	
D04A	未曾收到控制单元N47-5(ESP控制模块)的CAN信息		事件"当前"和已存储	

ISM-智能伺服模块				⬜
MB号码	HW版本	SW版本	诊断版本	插针
1642700352	06.11	07.39	0/5	101
FW号码	FW号码(数据)	FW号码(Boot-SW)		
0044486310				
编码	文本		状态	
1961	未曾收到控制单元N47-5(ESP控制模块)的CAN信息		事件"当前"和已存储	

ABR-自适应制动器				-!-
MB号码	HW版本	SW版本	诊断版本	插针
				101

EFB-电动驻车制动器				⬜
MB号码	HW版本	SW版本	诊断版本	插针
2214300649	05.02	05.50	0/2	101
FW号码	FW号码(数据)	FW号码(Boot-SW)		
2214420536				
编码	文本		状态	
584F	控制单元N47-5(ESP控制模块)的CAN信号"车轮转速"不可信		事件"当前"和已存储	

图 5-32　故障诊断仪读取到的故障码

　　查阅相关电路图（图 5-33），断开 ABR（N47-5）的导线连接器，测量其导线侧端子 1、端子 2 和端子 32 与搭铁（端子 16 或端子 47）之间的电压，均为 12.6V，由此说明 ABR 的供电是正常的。将导线连接器装复，用示波器测量导线连接器端子 18 和端子 19 的 CAN 波形（图 5-34），也正常。由此说明 ABR 的信号线路也是正常的。供电、搭铁和通信线路均正常，怀疑 ABR 故障。尝试更换 ABR 后试车，故障依旧，至此故障排除陷入僵局。

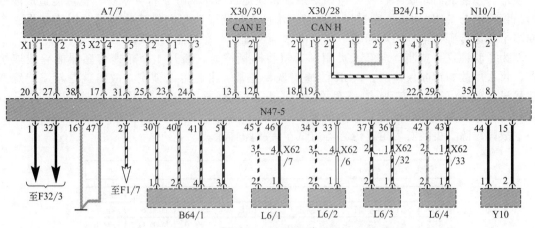

图 5-33　ABR 电路

A7/7—辅助制动系统（BAS）制动助力器；B24/15—角速度、横向和纵向加速度传感器；B64/1—制动真空传感器；
F1/7—仪表板左侧熔丝盒；F32/3—发动机室熔丝盒；L6/1—左前轮速传感器；L6/2—右前轮速传感器；
L6/3—左后轮速传感器；L6/4—右后轮速传感器；N10/1—前 SAM 模块；N47-5—ABR 控制模块；
X30/28—CAN H（动态行驶控制器区域网络）；X30/30—CAN E（底盘控制器区域网络）；
Y10—车速感应转向系统电磁阀

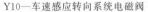

图 5-34　示波器检测到的 CAN 波形

仔细梳理故障诊断流程，新配件有问题的可能性不大，且供电、搭铁和 CAN 线通信均正常，为什么故障诊断仪始终无法检测到 ABR 呢？维修人员抱着怀疑的态度，用故障诊断仪查看底盘 CAN 总线中 ABR 的实际值，结果意外发现 ABR 的实际值显示为"有"（图 5-35），由此说明 ABR 是能够通信的，可是为什么故障诊断仪无法与其进行通信呢？

控制单元	CAN标准配置	CAN实际配置
EZS（电子点火开关）	有	有
发动机控制模块	有	有
AB-安全气囊	有	有
BSG（蓄电池控制模块）	有	没有
RevGUS-VL-左前可转换的安全带拉紧器	有	有
RevGUS-VR-右前可转换的安全带拉紧器	有	有
SGR-雷达测距传感器控制单元	没有	没有
ESP-电子稳定程序/ABR-自适应制动器	有	有
MRM（转向柱模块）	有	有
悬架	有	有

图 5-35　底盘 CAN 总线的实际值

查阅相关资料得知，出于安全考虑，在车辆行驶过程中 ABR 不允许故障诊断仪与其进行通信。虽然此时车辆未行驶，但如果系统错误地认为车辆处于行驶状态，也可能造成故障诊断仪无法与 ABR 通信。经过仔细思考，维修人员将矛头指向轮速传感器。因为如果一个或多个轮速传感器信号出现问题，则可能影响系统对行车状态的判断。

为了验证这一猜测，维修人员用举升机将车辆举升，断开 4 个轮速传感器的导线连接器，再次用故障诊断仪检测，ABR 的通信恢复正常。由此可以证实，故障就是轮速传感器信号异常导致的。将轮速传感器的导线连接器装复，用故障诊断仪查看其实际值(图 5-36)，显然右后轮速传感器数据异常。

故障排除 更换右后轮速传感器后试车，故障排除。

控制单元：ABR

编号	名称	标准值	实际值	单位
001	L61/1(左前轮速传感器)	[0.0...250.0]	0.6	km/h
002	L61/2(右前轮速传感器)	[0.0...250.0]	0.6	km/h
003	L61/3(左后轮速传感器)	[0.0...250.0]	0.6	km/h
004	L61/4(右后轮速传感器)	[0.0...250.0]	320.6	km/h

图 5-36 轮速传感器的实际值

案例 3：奔驰 GLE320 越野车行驶中仪表显示 ESP 报警，加速无力

故障现象 一辆奔驰 GLE320 越野车，配备 276.8 双涡轮增压发动机、722.5 九速变速器。行驶里程为 3207km。行驶中仪表显示 ESP 报警，加速无力，换挡发闯。

故障诊断 接车后，确认故障，确实仪表显示 ESP 报警。连接故障诊断仪对电控系统进行快速测试，得到相关故障码如图 5-37～图 5-39 所示。仔细分析故障码不难发现，发动机和变速器中的故障码都指向了 ESP 控制模块中的左前轮速传感器，发动机的加速无力可能是由它引起的。

N3/10 - 内燃机'M276 涡轮增压器'的发动机电子设备'MED177V6LA' (ME（发动机电子设备）) -f-

梅赛德斯－奔驰硬件号	276 901 61 00	梅赛德斯－奔驰软件号	000 904 10 00
梅赛德斯－奔驰软件号	276 902 73 00	梅赛德斯－奔驰软件号	276 903 92 02
诊断标识	022451	硬件版本	12/14 00
软件状态	12/26 00	软件状态	15/39 00
软件状态	16/41 00	引导程序软件版本	12/26 00
硬件供应商	Bosch	软件供应商	Bosch
软件供应商	Bosch	软件供应商	Bosch
控制单元型号	M276LA VC16		

故障	文本		状态
C003108	左前车轮转速传感器存在功能故障。存在一个信号故障或信息有错误。		S
	姓名	首次出现	最后一次出现
	控制器区域网络（CAN）总线的状态（总线关闭）	0.00	0.00
	研发数据（DA_Ecu_IgnSw_State)	28.00	28.00
	研发数据（DA_Ecu_NM_State)	0.00	0.00
	研发数据（DA_Ecu_SM_State)	118.00	103.00
	控制器区域网络（CAN）总线的状态（BMS)	0.00	0.00
	控制器区域网络（CAN）总线的状态（中央网关（ZGW））	0.00	0.00
	研发数据（DA_Sys_DCDC_State)	0.00	0.00
	研发数据（DA_Sys_DSI_State)	0.00	0.00
	控制器区域网络（CAN）总线的状态（制冷压缩机）	0.00	0.00
	控制器区域网络（CAN）总线的状态（电子点火开关（EZS））	0.00	0.00
	研发数据（DA_Sys_EM1_State)	0.00	0.00
	研发数据（DA_Sys_EM2_State)	0.00	0.00
	控制器区域网络（CAN）总线的状态（EFB)	0.00	0.00
	控制器区域网络（CAN）总线的状态（PSCU)	0.00	0.00

21.06.2017 08:53:54 05/2017 WDCDA6CB2HA901191
Copyright 1999 Daimler AG 166.062 第'1'页，共'8'页

图 5-37 故障码 1

首先通过实际值检查轮速传感器和信号发生器的间隙，是正常的，下一步进行导向测试。检查多极环的脏污情况，一般的做法是拆开轮速传感器，用手电筒观察其孔洞，未发现异常的情况，再观察其实际值，如图 5-40 所示。

Y3/8n4-9挡变速器的变速器控制系统（启动离合器油压传感器（VGS））　　　- i -

零件	文本			状态	
梅赛德斯-奔驰硬件号		000 901 50 00		梅赛德斯-奔驰软件号	000 000 00 00
梅赛德斯-奔驰软件号		000 902 84 33		梅赛德斯-奔驰软件号	000 000 00 00
诊断标识		000908		硬件版本	15/30 00
软件状态		14/49 00		软件状态	16/12 00
硬件供应商		Bosch		引导程序软件版本	14/49 00
软件供应商		MB		软件供应商	Bosch
控制单元型号		VGSNAG3_000908			MB

零件	文本		状态
U140000	接收到不可信的左前车轮速度信号。		
	姓名	首次出现	最后一次出现
	输出转速	982.00 r/min	861.00 r/min
	蓄电池电压	14.80V	14.80V
	变速器油温度	50.00°C	56.00°C
	实际挡位	4. Gang	4. Gang
	目标挡位	4. Gang	4. Gang
	涡轮转速	1604.00 r/min	1413.00 r/min
	用于研发部门的故障停帧数据	01 1B 01 1A 01 1B 01 16 FF FF FF FF FF FF	00 F7 00 F8 00 F8 01 F5 FF FF FF FF FF FF
	频率计数器		2
	总行驶里程	3200km	3200ka
	自上次出现故障以来的点火周期数		0
	点火开关被按随后已过去的时间[s]		387

S=已存储

图 5-38　故障码 2

N30/4 - 电控车辆稳定行驶系统（ESP®）　　　　- f -

梅赛德斯-奔驰硬件号		166 901 34 00		梅赛德斯-奔驰软件号	166 902 50 08
诊断标识		000004		硬件版本	10/44 00
软件状态		15/24 00		引导程序软件版本	10/05 00
硬件供应商		TRW		软件供应商	TRW
控制单元型号		000004			

故障	文本		状态
C00312F	部件'L6/1（左前轴转速传感器）'的信号有故障。		
	姓名	首次出现	最后一次出现
	控制单元的供电电压	——	14.90V
	左侧前轴上的车轮速度	——	36.00km/h
	制动压力	——	0.00bar
	油门踏板"位置	——	27.20%
	"制动灯"开关	——	未操纵
	持续	——	0.00"/s

21.06.2017 08:53:54　　　　06/2017　　　　WDCDA6CB2HA901191
Copyright 1999 Daimler AG　　166.062　　　　第'6'页，共'8'页

图 5-39　故障码 3

选择		车轮速度			
供电		实际值			
开关状态		编号	姓名	实际值	标准值
车轮速度		176	左侧前轴上的车轮速度	0.0km/h	[0.0 .. 250.0]
传感器		300	右侧前轴上的车轮速度	3.4km/h	[0.0 .. 250.0]
轮胎压力损失报警		159	左侧后轴上的车轮速度	3.7km/h	[0.0 .. 250.0]
车辆识别号（VIN）		288	右侧后轴上的车轮速度	3.5km/h	[0.0 .. 250.0]

图 5-40　实际值

　　观察实际值发现，左前轮速传感器确实没有实际值的变化，并且一直是零的状态。看来确实是有问题的，由于一时还无法断定哪里出现了问题，所以只能用对换配件的方式来确定故障的原因。由于两前轮的轮速传感器是一样的，所以果断对调两前轮的轮速传感器，对调后试车，故障依旧。看来这个问题不是想象的那么简单了，在 ESP 控制模块插头一侧，再进一步对调左前和右前的轮速传感器的针脚，测试故障依旧。难道真是 ESP 控制模块有故障？但是 ESP 控制模块的价格，确实昂贵，只有百分之百的把握才能更换。

　　故障排除　难道对多极环的检查有疏漏的地方吗？由于多极环位于左前轮轴承上，所以为了谨慎起见，还是把左前轮轴承拆开仔细检查一下了。拆开一看，果不其然有了重大的发现，如图 5-41 所示。

　　拆开发现多极环上有铁屑粘连在上面了，影响了信号的产生，从而产生了错误的信号。既然是错误的信号，为什么信号一直是零呢？那是因为 ESP 控制模块检测到了错误的信号，为了使错误的信号不影响其工作，ESP 控制模块就把左前轮速传感器供电关闭，所以信号显示一直是零。

图 5-41　左前轮轴承

维修总结 具体了解一下奔驰轮速传感器的功能原理：奔驰的轮速传感器是霍耳式的传感器，通过外部磁场的强度和方向的改变使转速传感器内部的电阻发生改变。通过整合在速度传感器中的电子分析系统（由电控车辆稳定行驶系统控制模块供电）产生了一个方波信号，其频率取决于转速，而振幅恒定不变。根据车轮向右和向左运动的不同方波可检测出运动方向。其多极环原理图和轮速传感器波形如图 5-42 所示。

这个故障看似简单，但其中所走的弯路是十分值得总结的。其实故障导向测试，很早就提示诊断思路了，由于维修工的疏忽，导致走了弯路，诊断故障还是要结合诊断仪和从系统的功能原理入手，千万不可马虎了事。

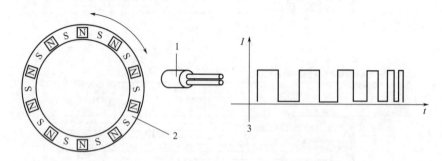

图 5-42　多极环原理和轮速传感器波形
1—传感器；2—信号轮；3—传感器产生的波形

第三节　自动空调系统数据流分析与案例精解

一、汽车自动空调数据流分析

1. 汽车空调（A/C）压力

A/C 压力为数值参数，单位为 kPa，也有用 psi（1psi＝6.89kPa）。A/C 压力的变化范围为 170～3170kPa，其数值是由 ECU 根据高压侧压力传感器的信号计算得出的，表示的是空调制冷剂在高压侧的压力。

在某些车型中，与空调压力相关的参数还有如下几种。

（1）A/C 压力（状态参数）　参数显示方式有正常或偏离，该 A/C 压力状态参数由 A/C 系统高压侧的压力开关提供，该参数反映制冷系统中压力正常或偏高。当参数值偏高时，空调 ECU 将会停止 A/C 系统的工作。

（2）A/C 压力（电压表示）　为数值参数，变化范围为 0～5.12V。在 A/C 系统的高压侧，有一个检测压力的传感器，用于将高压侧的压力转换为电压信号，并输送给空调 ECU。电压值高，表示的压力也高。本参数是传感器信号在检测仪上的显示。

（3）A/C 压力低　为状态参数，显示方式有 YES 或 NO。一些汽车的空调系统中，装有一个低压开关，当制冷管路中的压力降至低于最小限定值时，该开关就断开。在制冷系统压力正常时，A/C 压力低时参数值为 NO，如果该参数值为 YES，表示制冷系统内压力已低于最低限定值，空调 ECU 会断开压缩机电磁离合器，使空调压缩机停止工作。

（4）A/C 压力高　为状态参数，显示方式有 YES 或 NO，表示 A/C 压力开关是闭合（正常位置）还是断开。当 A/C 压力过高时，A/C 压力开关断开，并将此信号输送至空调 ECU。ECU 接收到 A/C 压力开关断开信号后，就会断开 A/C 继电器，使 A/C 压缩机停止工作。

（5）A/C 高压侧　该参数为数值参数，变化范围为 15～420psi。A/C 高压侧参数显示的是制冷剂的压力，反映了 A/C 压缩机给发动机增加的负荷量。此压力参数通过传感器转换为电压值后输送给空调 ECU，用于调整发动机怠速和控制冷却风扇。

（6）A/C 高压侧（电压表示）　该参数为数值参数，变化范围为 0～5V。A/C 高压侧参数显示的是制冷剂的压力，反映了 A/C 压缩机给发动机增加的负荷量。空调 ECU 根据此信号调整发动机怠速和控制冷却风扇。

2. 制冷剂压力传感器

制冷剂压力是一个数值参数，单位为 kPa，其变化范围为 150～3500kPa。制冷剂压力表示空调 ECU 根据高压侧压力传感器送来的信号，计算得出的制冷剂高压侧的压力。当制冷剂压力过高时，制冷剂压力开关断开，显示 OFF；当制冷剂压力正常时，制冷剂压力开关闭合，显示 ON。

3. 紧急情况空调切断

当汽车遇到紧急情况时，空调切断信号显示为激活，平时汽车正常行驶时该信号显示为未激活。例如，当发动机出现故障处于应急运行状态时，或发动机冷却液温度超过 120℃时，均被视为紧急情况。

4. 汽车空调（A/C）请求

A/C 请求为状态参数，其显示方式为 YES 或 NO。A/C 请求状态参数表示空调 ECU 控制 A/C 请求输入电路的状态。该参数显示为 YES 时，表示 A/C 开关已接通，或车身控制模块（BCM）已指令 A/C 系统工作。在某些情况下，即使 A/C 开关接通，压缩机电磁离合器也有可能并没有通电工作，这是因为电路中还有其他开关或传感器信号阻止空调 ECU 接通压缩机电磁离合器。A/C 请求参数仅表示 A/C 开关已经接通，或当所有必要条件均满足时，空调 ECU 已指令 A/C 系统工作。

5. 汽车空调离合器

A/C 离合器是空调压缩机工作状态的反馈参数，发动机 ECU 根据 A/C 离合器的反馈信号来显示空调压缩机的工作状态。A/C 离合器显示和空调压缩机的工作状态见表 5-11。

表 5-11　A/C 离合器显示和空调压缩机的工作状态

空调压缩机工作状态	显示状态	空调压缩机工作状态	显示状态
A/C 离合器接通	Compr ON(压缩机开)	A/C 离合器断开	Compr OFF(压缩机关)

A/C 离合器通电接合时，空调压缩机工作，此时发动机负荷增大。发动机 ECU 会根据 A/C 离合器的信号，对喷油时间和点火时间进行修正。通常是喷油时间（脉宽）增大，点火时间提前（提前角加大）。

有些车型会同时提供 A/C 请求和 A/C 离合器两参数读数值，两参数一起变化（同时为 ON 或 OFF），除非是 ECU 使仪表板的控制无效。有些车型仅提供 A/C 请求参数，没有 A/C 离合器反馈信号。

6. 汽车空调风扇请求

A/C 空调风扇请求也是一个状态参数，该参数的显示内容为 YES 或 NO。A/C 空调风扇请求参数反映 ECU 是否指令发动机冷却风扇工作。

当制冷系统高压侧的压力开关触点闭合时，就会将信号输入发动机 ECU。此时，冷凝器风扇控制参数为 ON，其他状态下此参数为 OFF。有些车型的汽车空调系统，与空调风扇相关的参数还有表 5-12 所列的几种。

表 5-12 与空调风扇相关的参数

参数名称	变化范围	参数含义
冷却风扇 1 冷却风扇 2	ON/OFF	一些车型有两个冷却风扇,ECU 通过两个继电器间接控制这两个风扇电动机工作,因此,仪器将显示出冷却风扇 1 和冷却风扇 2 两个参数 当冷却风扇 1 读数为 ON 时,ECU 接通低速继电器,该继电器同时控制两个风扇电动机低速运转。当冷却风扇 2 参数为 ON 时,ECU 接通高速继电器,两风扇电动机高速运转
风扇 1 请求 风扇 1 允许	YES/NO	一些车型有两个单独的风扇请求和风扇允许参数,有的车型则只有一个
风扇 2 请求 风扇 2 允许	YES/NO	一些车型有两个单独的风扇请求和风扇允许参数,有的车型则只有一个
风扇占空比	0～100%	该参数表示风扇接通的时间占一个工作循环的百分比,反映了风扇的转速。低百分比读数值时风扇的转速低,高百分比读数值时风扇的转速高。如果读数值为 0,则表示风扇不转
风扇继电器 风扇继电器 1 风扇继电器 2 风扇继电器 3	ON/OFF	该参数反映风扇继电器是否被 ECU 指令 ON 或 OFF。在装有三个继电器的车型上,当 ECU 指令继电器 1 接通(ON)时,两冷却风扇低速运转

二、汽车自动空调故障案例精解

案例 1: 2014 年款大众高尔夫轿车行驶中空调不工作

故障现象 一辆 2014 年款第七代高尔夫 1.4T 轿车,发动机型号为 CSTG,行驶里程约为 7700km。该车急速运转时空调能够正常工作,但是在车辆正常行驶时空调不制冷。另外,根据驾驶人反映,该车仪表上曾出现过"制动助力失效"的提示。

故障诊断 接车后,用 VAS 6150 故障诊断仪检测各系统,均显示正常,且无故障码存储。对车辆急速工况下的空调系统进行了常规检测,如系统压力、出风口温度等,也没有发现异常。

由于故障现象只出现在车辆行驶中,也就是加速踏板处于踩下的状态,而且仪表台上曾出现过"制动助力失效"的提示,因此,在试车过程中,对发动机数据组中真空助力器的真空压力进行重点监测,并将相关数据与正常车辆进行对比,如图 5-43 所示。

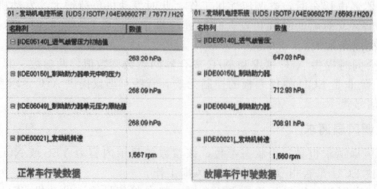

图 5-43 真空压力数据流对比

通过观察真空压力数据流发现,在行驶过程中,故障车制动助力器单元中的压力偏高,读取空调控制单元内压缩机关闭条件的数据流（图 5-44），显示"来自发动机控制单元（ECM）通过 CAN 的关闭"；松开油门踏板，并挂空挡滑行，空调控制单元内压缩机关闭条件的数据流（图 5-45）显示"压缩机启用不存在关闭条件"，空调恢复正常。通过数据对比基本可以确定导致该车的故障原因有：制动真空压力传感器及其线路、真空助力管路存在泄漏。

图 5-44　故障车空调压缩机被强制关闭时的数据流　　　图 5-45　故障车空调压缩机启用时的数据流

为核实故障原因，进一步检查制动真空助力系统，压力传感器及线路正常，相关管路也无泄漏情况。使用专用工具 VAS 6721 真空测试仪对故障车辆与正常车辆进行真空度对比检测。通过检测发现，怠速状态下，故障车辆真空助力系统的真空度虽然略高于正常车辆，且存在一定的波动，但也在正常范围值之内；发动机熄火 5min 后，故障车辆真空助力系统的真空度降为 0，系统不能保压，显然真空助力器本身存在泄漏问题。

由于真空助力器压力泄漏导致助力系统工作异常，严重情况下会造成真空助力失效。车辆在行驶过程中，如果出现此类故障，就会很容易引起交通事故、影响行车安全。因此，车辆行驶过程中，当发动机控制单元检测到真空压力无法保证充足的真空助力压力时，就会强制关闭空调系统，以降低发动机负荷或者提高真空助力器内部真空压力，以保证行车安全。这就是本故障案例，"制动助力失效"导致空调不制冷的原因所在。

故障排除　更换真空助力器后，故障被彻底排除。

案例 2： 2014 年款丰田 RAV4 越野车空调系统不制冷

故障现象　一辆 2014 年款丰田 RAV4 越野车，行驶里程 2971km，排量 2.5L，驱动方式为前置四驱 AT。驾驶人购车 2 个月，用作上下班和周末休闲，城市路况占 70%，乡村和高速路况占 30%。驾驶人近日发现空调制冷不足，有时还出自然风，于是来厂检查。

故障诊断　接车后经检查发现空调滤芯正常，无堵塞；散热器外部无脏污堵塞；GTS 数据制冷剂压力为 0.8MPa，满足空调工作条件；空调泵皮带正常转动，顺畅；用手转动泵感觉没有过多阻力。调取空调系统 DTC，如图 5-46 所示，接入压力表发现开空调 A/C 开关前后高低压压力相近，没有任何反映，再次试验，高压升至 1.1MPa 后就不再增加，远远低于 1.37～1.57MPa 的标准值，显然空调泵的压缩系统没有工作。

如图 5-47 所示读取数据，当打开 A/C 开关后，电磁阀电流由 0 增加到 0.82A，但空调高压侧的压力最高到 1.1MPa，而且蒸发箱温度不降反升。对于变排量泵来说，电磁阀的工作是直接影响压缩机排量和工作效率的，显然是排量控制机构出了问题。

图 5-46　压力表

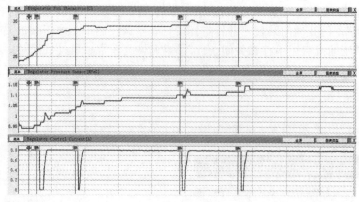

图 5-47　读取数据

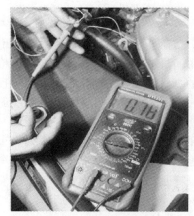

图 5-48　使用工具测量

测量电磁阀电阻为 10.2Ω，正常。将电流表串联在压缩机控制电磁阀线路中，打开 A/C 开关对比电流表显示诊断仪的数值，基本一致，如图 5-48 所示。说明空调放大器和线路正常。于是判断为压缩机电磁阀卡死或斜盘角度调节机构不能动作导致空调不制冷。

故障排除　更换空调压缩机，换后空调制冷正常，数据也正常，如图 5-49 所示。打开 A/C 开关，电磁阀电流逐渐增加，空调系统开始工作，蒸发箱温度逐渐下降到 7℃，系统恢复正常工作。

案例 3： 奔驰 E260 轿车空调不正常

故障现象　一辆奔驰 E260 轿车，底盘号为 LE4212147，装配 271 发动机，自动空调系统。驾驶人反映近日空调系统不正常，出风忽冷忽热。

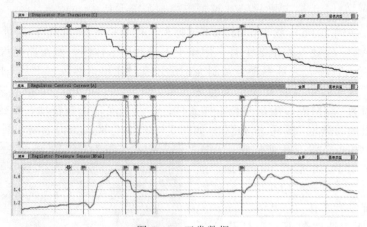

图 5-49　正常数据

故障诊断　接车后启动着车，打开空调，空调制冷正常。询问驾驶人得知，空调系统在制冷工作时，工作台上两边的出风口突然就出了热风，并且中间 2 个出风口还不出风。出现故障时，空调面板上的按键都能正常操作，但出风模式不受控制，几分钟后又正常，出现频繁，一两个小时就出现一次。连接诊断电脑进行快速测试，读取空调控制单元中的故障码，如图 5-50 所示。

N22/7 - 空调 (KLA)		- f -
梅赛德斯-奔驰硬件号	212 830 47 00	梅赛德斯-奔驰软件号 212 902 74 06
诊断标识	00011C	硬件版本 11/40 00
软件状态	12/40 01	引导程序软件版本 12/03 128
硬件供应商	Hella	软件供应商 Hella
控制单元型号	ECE_Kanada_2_Zonen_B_Mus ter_28	

故障	文本	状态
D00800	局域互联网络 (LIN) 总线1存在故障。	S
912B49	冲压空气风门/空气内循环风门伺服电动机存在故障。 存在一个内部电气故障。	S
90A949	右侧混合空气风门 伺服电动机存在故障。存在一个内部电气故障。	S
917849	空气分配风门 伺服电动机 存在故障。存在一个内部电气故障。	S
90F749	"左侧除霜出风口" 空气风门 伺服电动机存在故障。存在一个内部电气故障。	S
90A249	左侧混合空气风门 伺服电动机存在故障。存在一个内部电气故障。	S
90A987	右侧混合空气风门 伺服电动机存在故障。信息缺失。	S
90F787	"左侧除霜出风口" 空气风门 伺服电动机存在故障。 信息缺失。	S
917887	空气分配风门 伺服电动机 存在故障。 信息缺失。	S
90A287	左侧混合空气风门 伺服电动机存在故障。信息缺失。	S

S=已存储

图 5-50 空调控制单元中的故障码

故障码中显示 LIN 总线及所有风门电动机的故障码，这款车的风门电动机都是靠 LIN 线控制的，根据功能原理及维修经验，需要重点检查 LIN 总线系统。首先利用诊断电脑对第一个故障码进行引导检测，引导提示 "检查局域互联网 LIN 总线导线连接，并依次断开局域互联网 LIN 总线的参与部件，然后检查故障状态，检测结束"。对其他故障码进行引导检测，诊断电脑提示部件可能没有安装，忽略故障码，删除故障记忆。

故障引导并没有提供可靠有用的信息及方向，只有根据空调及 LIN 线的系统原理进行检查。大概过了半个小时后，故障现象再次出现，现象确如驾驶人所描述，进入空调系统实际值，发现制冷剂压力正常，压缩机耗电量正常，但蒸发箱温度传感器的实际值很高，如图 5-51 所示。尝试利用诊断电脑做制冷剂回路检测，诊断电脑提示测量蒸发箱温度传感器的阻值，实际测量阻值为 2690Ω，接着进行故障引导，提示将制冷剂抽出并按标准量重新加注，检测结束。但是按照要求抽出制冷剂，并按照标准量重新加注后，故障依旧。

气候控制系统 实际值			
编号	姓名	实际值	标准值
416	ℹ 制冷剂压力	15.60bar	[0.00 .. 35.00]
882	ℹ B10/6 (蒸发器温度传感器)	20.60°C	[-40.00 .. 90.00]
285	ℹ 部件'A9 (制冷剂压缩机)' 的耗电量	0.81A	[0.00 .. 1.00]
447	ℹ B14 (外部温度传感器)	46.50°C	[-40.00 .. 80.00]
439	ℹ 车外温度	35.50°C	
188	ℹ B10/4 (车内温度传感器)	30.10°C	[-40.00 .. 90.00]
395	ℹ N70b1 (带集成式风扇的车内温度传感器)	29.50°C	[-40.00 .. 90.00]
043	ℹ 冷却液温度	99.00°C	[-40.00 .. 125.00]
信息			

图 5-51 空调控制单元的实际值

打开发动机舱盖，用手触摸空调低压管路，很凉，说明压缩机正常工作，只是车内没有吹出凉风，说明故障点在车内空调风门的控制方面。

故障现象持续几分钟后，系统又一切正常。于是只好找出空调系统的电路图，分析 LIN 线走向及部件连接。从如图 5-52 所示的电路图中看出，LIN 线信号从空调控制单元发出后，一分为二，一路去了辅助加热器（这款车没有此配置）；另一路依次通过除霜风门电动机、空气分配风门电动机、左侧混合空气风门电动机、右侧混合空气风门电动机、最后结束于内外循环风门电动机。

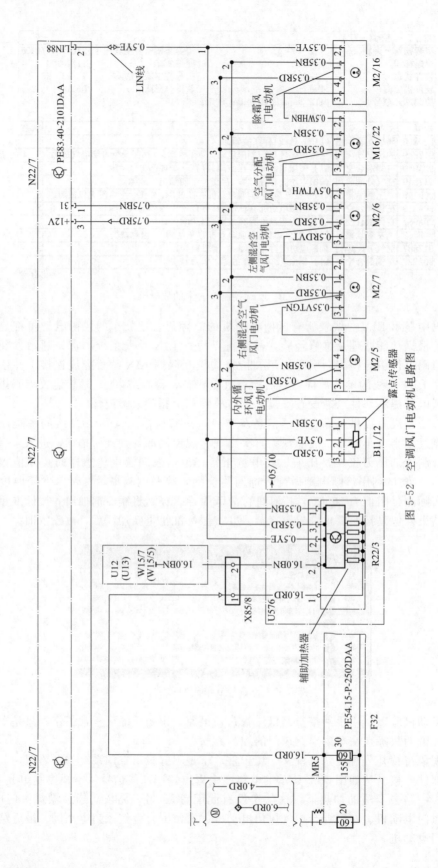

图 5-52 空调风门电动机电路图

在故障出现时，查看系统实际值，发现挡风玻璃的温度及露点温度都为－40℃，如图 5-53 所示，显然不正常，其实际值也是靠 LIN 线传输的，怀疑是该传感器有故障，造成系统紊乱。但将传感器上的插头拔掉后，发现空调故障依旧存在。

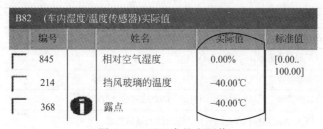

B82	(车内湿度/温度传感器)实际值			
编号		姓名	实际值	标准值
845		相对空气湿度	0.00%	[0.00.. 100.00]
214		挡风玻璃的温度	−40.00℃	
368	ⓘ	露点	−40.00℃	

图 5-53 不正常的实际值

当故障出现时，实际测量 LIN 线电压为 2.6V 左右，很不正常。怀疑 LIN 线有短路或者接触不良的地方。正常情况下，如果某个风门电动机出现故障，那么此风门电动机以后的部件都不能正常工作，而前面的风门电动机都可以工作，把故障码的顺序与风门电动机电路图进行比较，并没有规律性，只好逐个检查风门电动机，空气分配风门电动机（控制中间 2 个出风口）比较好拆卸，于是就先把空气分配风门电动机拆掉，测量 LIN 线阻值为 0.6Ω，正常。

故障排除 接下来相对比较容易检查的是 2 个混合空气风门电动机，当把 2 个电动机插头拔掉后，发现了问题所在，2 个风门电动机插头上都有进水痕迹，如图 5-54 所示。究其原因，是蒸发箱壳体温度较低，冷凝水长时间形成水滴，进入到插头里面。于是把插头吹干，并把插头进行防水处理后，清除故障码，系统恢复正常。

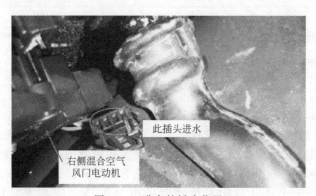

图 5-54 进水的插头位置

案例 4： 奔驰 R350 商务车空调不制冷

故障现象 一辆奔驰 R350 商务车，底盘号为 WDC251157，装配 276 发动机，自动恒温空调系统，行驶里程约为 44000km。驾驶人反映空调系统不制冷。

故障诊断 接车后打开空调，发现出风口出的是自然风，空调面板上的指示灯均正常，各个按钮都能正常操作。连接压力表测试，制冷剂压力高压侧为 8bar（1bar＝10^5Pa）左右，低压侧为 4bar 左右，说明压缩机没有工作。根据功能原理，造成压缩机关闭的原因可能为：制冷剂循环回路中压力过低或制冷剂压力传感器损坏；车外温度过低或车外温度传感器损坏；蒸发箱温度过低或蒸发箱温度传感器损坏；压缩机处于紧急关闭状态，此实际值应在冷却液温度超过 110℃；对发动机有高功率要求时 ME 控制单元关闭压缩机；压缩机故障及空调控制单元故障等。连接诊断电脑进行快速测试，发现空调控制单元中报了许多故障码，如

图 5-55 所示。

FW号码 2519021300		FW号码(数据)	FW号码(Boot-SW)
编码	文本		状态
9006	部件A9(制冷剂压缩机)有短路		当前的和已存储的
900C	B12(制冷剂压力传感器)：供电＞5.1V		已存储的
920A	B32/3(双阳光传感器)：供电＞5.1V		已存储的
9401	M2/6(左侧混合空气风门伺服电动机)：LIN总线的通信故障		已存储的
9402	M2/7(右侧混合空气风门伺服电动机)：LIN总线的通信故障		已存储的
9403	M2/12(后部封闭翻板伺服电动机)：LIN总线的通信故障		已存储的
9404	M16/23(左侧中部出风口空气风门伺服电动机)：LIN总线的通信故障		已存储的
9405	M16/24(右侧中部出风口空气风门伺服电动机)：LIN总线的通信故障		已存储的
9406	M2/10(左侧脚部空间风门伺服电动机)：LIN总线的通信故障		已存储的
9407	M2/11(右侧脚部空间风门伺服电动机)：LIN总线的通信故障		已存储的
9408	M2/8(左侧除霜风门伺服电动机)：LIN总线的通信故障		已存储的
9409	M2/9(右侧除霜风门伺服电动机)：LIN总线的通信故障		已存储的
9501	M2/5(新鲜空气和空气内循环风门伺服电动机)：LIN总线的通信故障		已存储的
9503	M2/21(后座区气体分配风门伺服电动机)：LIN总线的通信故障		已存储的
9607	升压鼓风机：存在对地短路或反馈电压导线断路		当前的和已存储的
9608	升压鼓风机：存在断路或反馈电压导线对地短路		当前的和已存储的
事件	文本		状态
900E	端子30本地电压过低(电压＜9V)		事件"当前"和"已存储"
900F	端子30本地电压过高(电压＞16V)		事件"已存储"

图 5-55　空调控制单元故障码

　　由于存在当前故障码 9006——制冷剂压缩机有短路，所以首先按照厂家维修指导（TIPS）要求，处理搭铁点及对空调控制单元进行升级，但故障没有改善。由于故障码太多并且多为存储故障码，先清除并刷新故障码，以确定故障范围。清除故障码并再次读取故障码时，存在故障码 9006——部件 A9 制冷剂压缩机有短路；900C——B12 制冷剂压力传感器供电＞5.1V；920A——B32/2 双阳光传感器供电＞5.1V。空调系统压缩机相关电路如图 5-56 所示。

　　根据以往的经验，测量空调控制单元后面 B 插头 26 号针脚和搭铁之间的阻值，为 9.6Ω，标准范围为 5～20Ω，正常。测量压缩机的供电线，发现没有电压，不正常，说明空调控制单元没有发出信号控制压缩机工作。查看压缩机关闭原因，发现实际值显示总线端 30 上的电压＜10.5V，持续时间超过 300s，如图 5-57 所示。对空调控制单元的供电进行测量，拔掉供电线插头，此时车没有熄火，实际测量供电电压为 13.6V，正常。测量 CAN 线电压，也正常。那为什么空调控制单元会报电压低的故障呢？进入空调控制单元的供电实际值中发现控制单元显示的总线端 30 上的电压只有 1.3V，显然和实际供电不符，且实际值会在 1～13V 之间来回变动。

　　故障排除　初步分析认为空调控制单元内部程序混乱造成其自身实际值不能正常显示，乱报故障码。于是把空调控制单元更换掉，空调系统恢复正常，故障排除。

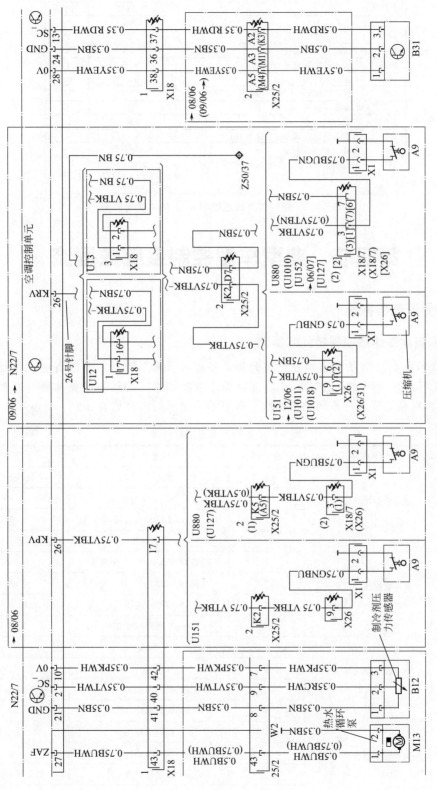

图 5-56　空调系统压缩机相关电路图

控制单元：KLA8			
编号	名称	实际值	单位
150	车内温度	24.5	℃
151	车外温度	5.5	℃
152	前部蒸发器温度	38.5	℃
153	后部蒸发器温度	24.0	℃
156	制冷剂压力	8.0	bar
165	对部件A9(制冷剂压缩机)的要求	0	%
210 CAN	冷却液温度	93	℃
209 CAN	发动机转速	608	1/min
169	Y67(后座空调制冷剂单向阀)	关闭/打开	
207	M13(热水循环泵)	关闭/打开	
211	压缩机状态或压缩机关闭的原因	总线端30上的电压-<10.5V，持续时-间超过300s	

图 5-57　压缩机关闭时总线端 30 上的电压实际值

第四节　典型车型控制系统数据流

一、自动变速器数据流

1. 大众自动变速器控制单元数据流

以大众车系 01V 自动变速器数据流为例，在进入所测系统后（若准备测试自动变速器系统，应选择地址代码 02），选择 08 功能，即读取控制单元的运行数据参数（以数据组形式显示），再根据需要选择不同的数据组。各显示组显示的内容见表 5-13。

表 5-13　各显示组显示的内容

显示组号	屏幕显示	显示区	参数含义	示例
01	测量数据块读值 1→ 1　2　3　4	1	变速杆位置	P R N D 3 2 1
		2	节气门电位计电压	0.8V
		3	加速踏板位置值	0
		4	开关状态	0000111
02	测量数据块读值 2→ 1　2　3　4	1	电磁阀 6-N93——实际电流	0.983A
		2	电磁阀 6-N93——规定电流	0.985A
		3	蓄电池电压	12.92V
		4	车速传感器 G68 电压	2.50V
03	测量数据块读值 3→ 1　2　3　4	1	车速	0
		2	发动机转速	900r/min
		3	换入的挡位	0
		4	加速踏板位置值	0
04	测量数据块读值 4→ 1　2　3　4	1	换挡电磁阀	100000
		2	换入的挡位	0
		3	变速杆位置	P R N D 3 2 1
		4	车速	0

续表

显示组号	屏幕显示	显示区	参数含义	示例
05	测量数据块读值 5→ 1 2 3 4	1	变速器油（ATF）温度	45℃
		2	换挡输出	0011011
		3	待换入的挡位	0
		4	发动机转速	900r/min
07	测量数据块读值 7→ 1 2 3 4	1	换入的挡位	1H
		2	锁止离合器打滑	200r/min
		3	发动机转速	900r/min
		4	加速踏板位置值	0

（1）显示组号"01" 显示组号"01"主要是利用故障诊断仪分析变速杆位置、节气门电位计电压、加速踏板位置值和开关状态的变化规律，其屏幕显示如图 5-58 所示。

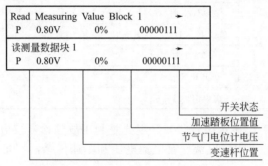

图 5-58 显示组号"01"屏幕显示

显示组号"01"上各参数的变化规律，见表 5-14。

表 5-14 显示组号"01"上各参数的变化规律

参数	检查条件		显示值	数值分析
变速杆位置	变速杆位置	P	P	如果显示异常,则应检查挡位开关 F125
		R	R	
		N	N	
		D	D	
		3	3	
		2	2	
		1	1	
节气门电位计电压	急速时最小值		0.156V	① 加速时,从急速到节气门全开,电压值应平滑升高 ② 检查发动机控制系统 ③ 检查节气门电位计 G69 ④ 调整或更换节气门电位计 ⑤ 进行系统基本设定
	急速时最大值		0.80V	
	节气门全开时最小值		3.50V	
	节气门全开时最大值		4.680V	
加速踏板位置值	急速时		0~1%	加速时,从急速到节气门全开,百分比值应连续升高,否则应进行系统基本设定
	节气门全开		99%~100%	

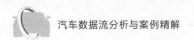
参数		检查条件	显示值	数值分析
开关状态	制动开关 F(第 1 位数字)	踩下制动踏板	1	如果显示异常,则应检查制动开关 F 及其电路
		未踩下制动踏板	0	
	驱动和滑动调节(第 2 位数字)	低速挡		无需考虑
	(第 3 位数字)与变速器无关	—	—	
	强制降挡开关(第 4 位数字)	工作时	1	如果显示异常,则应检查强制降挡开关
		未工作时	0	
	挡位开关 F125(第 5~8 位数字)	在 R N D 3 2 时	1	如果显示异常,则应检查挡位开关 F125
		在 P 或 1 时	0	
		在 P R 2 1 时	1	
		在 N D 3 时	0	
		在 P R N D 时	1	
		在 3 2 1 时	0	
		在 P R N 时	1	
		在 D 3 2 1 时	0	

（2）显示组号"02" 显示组号"02"主要是利用故障诊断仪分析电磁阀 6-N93——实际电流、电磁阀 6-N93——规定电流、蓄电池电压和车速传感器 G68 电压的变化规律,其屏幕显示如图 5-59 所示。

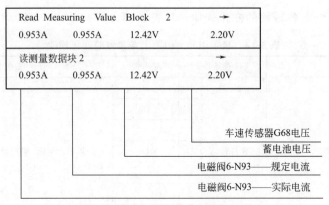

图 5-59 显示组号"02"屏幕显示

显示组号"02"上各参数的变化规律,见表 5-15。

表 5-15 显示组号"02"上各参数的变化规律

参数	检查条件	显示值	数值分析
电磁阀 6-N93——实际电流	节气门全开时	0.0A	如果显示异常,则应检查电磁阀 6-N93
	怠速时最大值(车静止时)	1.1A	
电磁阀 6-N93——规定电流	节气门全开时	0.0A	
	怠速时最大值(车静止时)	1.1A	

参数	检查条件	显示值	数值分析
蓄电池电压	最小值	10.8V	如果显示异常,则应进行以下检查 ① 检查蓄电池电压,必要时更换蓄电池 ② 检查至变速器控制单元 J217 的电压 ③ 更换变速器控制单元 J217 ④ 进行系统基本设定
	最大值	16.0V	
车速传感器 G68 电压	最小值	2.20V	如果显示异常,则应检查车速传感器 G68
	最大值	2.52V	

（3）显示组号"03"　显示组号"03"主要是利用故障诊断仪分析车速、发动机转速、换入的挡位和加速踏板位置值的变化规律,其屏幕显示如图 5-60 所示。

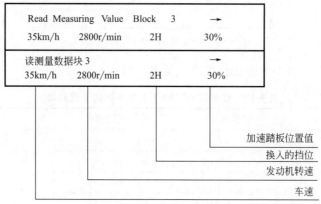

图 5-60　显示组号"03"屏幕显示

显示组号"03"上各参数的变化规律,见表 5-16。

表 5-16　显示组号"03"上各参数的变化规律

参数	检查条件		显示值	数值分析
车速	行驶中		当时车速	车速表读值应与诊断仪显示值相近,否则应检查车速传感器及其电路
发动机转速	发动机运转		当时发动机转速	如果显示异常,则必要时检修发动机
换入的挡位	行驶中	空挡	0	如果显示异常,则应检查换挡电磁阀
		倒挡	R	
		1 挡液压	1	
		2 挡液压	2H	
		2 挡机械	2M	
		3 挡液压	3H	
		3 挡机械	3M	
		4 挡液压	4H	
		4 挡机械	4M	
加速踏板位置值	行驶中	急速时	0～1%	加速时,从急速到节气门全开,百分比值应连续升高,否则应进行系统基本设定
		节气门全开	99%～100%	

（4）显示组号"04"　显示组号"04"主要是利用故障诊断仪分析车速、发动机转速、换入的挡位和加速踏板位置值的变化规律，其屏幕显示如图5-61所示。

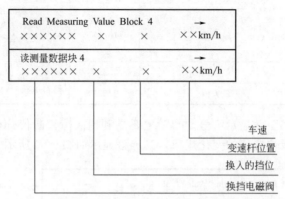

图5-61　显示组号"04"屏幕显示

显示组号"04"上各参数的变化规律，见表5-17。

表5-17　显示组号"04"上各参数的变化规律

参数	检查条件		显示值	数值分析
换挡电磁阀	N88-第1位 N89-第2位 N90-第3位 N91-第4位 N92-第5位 N94-第6位	P	101000	如果显示异常，则应检查不同行驶工况下各电磁阀的工作状态，或者根据故障症状与显示数据分析确定故障原因
		R	001000	
		N	101000	
		D　1H（1M）	001000	
		2H（2M）	011000	
		3H（3M）	000001	
		4H（4M）	110001	
		3　1H（1M）	001000	
		2H（2M）	011000	
		3H（3M）	000001	
		2　1H（1M）	001000	
		2H（2M）	011000	
		1　1H（1M）	001000	
换入的挡位	在行驶中	空挡	0	如果显示异常，则应检查电磁阀
		R挡	R	
		1液压	1	
		2液压	2H	
		2机械	2M	
		3液压	3H	
		3机械	3M	
		4液压	4H	
		4机械	4M	

续表

参数	检查条件		显示值	数值分析
变速杆位置	在行驶中	P	P	如果显示异常,则应检查挡位开关 F125
		R	R	
		N	N	
		D	D	
		3	3	
		2	2	
		1	1	
车速	行驶中		××km/h	显示值与车速表不应相差过大,否则应检修车速传感器及其电路

（5）显示组号"05"　显示组号"05"主要是利用故障诊断仪分析变速器油（ATF）温度、换挡输出、换入的挡位和发动机转速值的变化规律，其屏幕显示如图 5-62 所示。

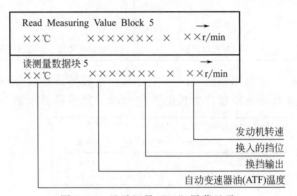

图 5-62　显示组号"05"屏幕显示

显示组号"05"上各参数的变化规律，见表 5-18。

表 5-18　显示组号"05"上各参数的变化规律

参数		检查条件		显示值	数值分析
自动变速器油（ATF）温度（自动变速器油温在 35～45℃时检查油面高度）		车辆静止,发动机运转		××℃	如果显示异常,则应检查变速器油温传感器
换挡输出	第 1 位	汽车行驶中点火正时控制	接通	1	如果显示异常,则应进行以下检查①检查点火正时控制电路②更换发动机控制单元③更换变速器控制单元 J217④进行系统基本设定
			关闭	0	
	第 2 位		接通	1	
			关闭	0	
	第 3 位	变速杆锁止电磁阀 N110	接通	1	如果显示异常,则应检查变速杆锁止电磁阀 N110 或其控制电路
			关闭	0	
	第 4 位		接通	1	
			关闭	0	
	第 5 位	速度调节装置	接通	1	如果显示异常,则应检查速度调节装置及其控制电路
			关闭	0	

续表

参数		检查条件		显示值	数值分析
换挡输出	第6位	空调	接通	1	如果显示异常,则应检查空调电路及空调开关
			关闭	0	
	第7位	P/N信号,变速杆位于	PN	1	如果显示异常,则应检查挡位开关 F125
			123D	0	
换入的挡位		在行驶中	空挡	0	①如果显示异常,则应检查电磁阀 ②若不能换挡,可能离合器或制动器损坏 ③更换变速器控制单元 J217
			R挡	R	
			1液压	1	
			2液压	2H	
			2机械	2M	
			3液压	3H	
			3机械	3M	
			4液压	4H	
			4机械	4M	
发动机转速		发动机运转		当时发动机转速	如果显示异常,则必要时检修发动机

（6）显示组号"07" 显示组号"07"主要是利用故障诊断仪分析换入的挡位、锁止离合器打滑、发动机转速和加速踏板位置值的变化规律，其屏幕显示如图 5-63 所示。

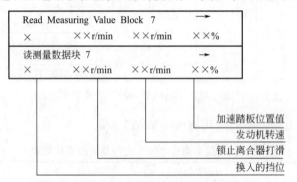

图 5-63　显示组号"07"屏幕显示

显示组号"07"上各参数的变化规律，见表 5-19。

表 5-19　显示组号"07"上各参数的变化规律

参数	检查条件	显示值		数值分析
换入的挡位	在行驶中	空挡	0	①如果显示异常,则应检查电磁阀 ②若不能换挡,可能离合器或制动器损坏 ③更换变速器控制单元 J217
		R挡	R	
		1液压	1	
		2液压	2H	
		2机械	2M	
		3液压	3H	
		3机械	3M	
		4液压	4H	
		4机械	4M	

参数	检查条件	显示值		数值分析
锁止离合器打滑（变矩器离合器滑移率电磁阀 4-N91 动作）	汽车行驶	液压挡位		①如果显示异常，则应检查电磁阀 4-N91 及其电路 ②检查变速器 ③更换变矩器
	变矩器锁止离合器锁止	在机械挡位发动机转速在 2000~3000r/min	0~130r/min	
发动机转速	发动机运转	当时发动机转速		如果显示异常，则必要时检修发动机
加速踏板位置值	行驶中	急速时	0~1%	加速时，从急速到节气门全开，百分比值应连续升高，否则应进行系统基本设定
		节气门全开	99%~100%	

2. 丰田自动变速器控制单元数据流

对于丰田自动变速器，可利用故障诊断仪在不拆卸任何零件的情况下，读取开关、传感器、执行器和其他项目的数值参数，然后对自动变速器的工作状态进行分析。丰田自动变速器控制单元数据流见表 5-20。

表 5-20 丰田自动变速器控制单元数据流

参数	解析	显示标准值
Stop Light Switch（制动灯开关）	制动灯开关状态：ON 或 OFF	踩下制动踏板：ON
		松开制动踏板：OFF
Neutral Prosition SW Sigal（空挡位置 SW 信号）	PNP 开关状态：ON 或 OFF	变速杆位置为 P 和 N：ON
		变速杆位置为 P 和 N 除外：OFF
Shift SW Status(P Range)（P 位域换挡 SW 状态）	PNP 开关状态：ON 或 OFF	变速杆位置为 P：ON
		变速杆位置 P 除外：OFF
Shift SW Status(N Range)（N 位域换挡 SW 状态）	PNP 开关状态：ON 或 OFF	变速杆位置为 N：ON
		变速杆位置 N 除外：OFF
Shift SW Status(R Range)（R 位域换挡 SW 状态）	PNP 开关状态：ON 或 OFF	变速杆位置为 R：ON
		变速杆位置 R 除外：OFF
Shift SW Status(D Range)（D 位域换挡 SW 状态）	PNP 开关状态：ON 或 OFF	变速杆位置为 D 和 S：ON
		变速杆位置 D 和 S 除外：OFF
Sports Mode Selection SW（运动模式选择 SW）	运动模式选择开关状态：ON 或 OFF	变速杆位置为 S，"+"和"-"：ON
		变速杆位置 S，"+"和"-"除外：ON
Sport Shift Up SW（运动挡换高速挡 SW）	运动挡换高速挡 SW 状态：ON 或 OFF	连续按压"+"（换高速挡）：ON
		松开"+"（换高速挡）：OFF
Sport Shift Up SW（运动挡换低速挡 SW）	运动挡换低速挡 SW 状态：ON 或 OFF	连续按压"-"（换低速挡）：ON
		松开"-"（换低速挡）：OFF
Shift Status（换挡状态）	换挡位置 D：1 挡、2 挡、3 挡、4 挡或 5 挡(O/D)	变速杆位置为 D：1 挡、2 挡、3 挡、4 挡或 5 挡
		变速杆位置为 S：1 挡、2 挡、3 挡、4 挡或 5 挡

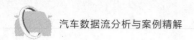

参数	解析	显示标准值
Lock up Solenoid status（锁止电磁线圈状态）	锁止电磁线圈状态：ON 或 OFF	锁止：ON
		锁止除外：OFF
SLT Solenoid Status（SLT 电磁线圈状态）	SLT 换挡电磁线圈状态：ON 或 OFF	踩下加速踏板：OFF
		松开加速踏板：ON
A/T Oil Temperature 1（A/T 油温 1）	ATF 温度传感器值 最小：-40℃ 最大：215℃	失速测试后大约为 80℃
		在冷却后等于周围温度
SPD（NC）	中间轴齿轮转速/显示：50r/min	当变速杆处于 D 位时为 3 挡（发动机暖机后）
		中间轴转速（NC）与发动机转速接近
SPD（NT）	输入涡轮转速/显示：50r/min	锁止 ON(在发动机暖机后)：输入涡轮转速（NT）等于发动机转速
		锁止 OFF(在 N 位息速)：输入涡轮转速（NT）接近发动机速度

二、 ABS 数据流及主动测试数据

1. 三菱轿车数据流

（1）数据流

① 将故障诊断仪连接到诊断插座上。

② 将点火开关转到 ON（IG）。

③ 根据故障诊断仪显示屏的显示，读取"数据流"，见表 5-21。

表 5-21　三菱轿车 ABS 数据流

序号	显示项目	技术规范	正常数据
1	ABS 警告灯	ABS 警告灯亮起	ON
		ABS 警告灯熄灭	OFF
2	制动警告灯	制动警告灯亮起	ON
		制动警告灯熄灭	OFF
3	制动灯开关	踩下制动踏板	ON
		松开制动踏板	OFF
4	驻车制动器开关	拉上驻车制动器	ON
		松开驻车制动器	OFF
5	车轮转速	车轮行驶	实际车轮转速
6	右前 ABS 控制状态	ABS 控制时	ON
		无 ABS 控制时	OFF
7	左前 ABS 控制状态	ABS 控制时	ON
		无 ABS 控制时	OFF
8	右后 ABS 控制状态	ABS 控制时	ON
		无 ABS 控制时	OFF

续表

序号	显示项目	技术规范	正常数据
9	左后 ABS 控制状态	ABS 控制时	ON
		无 ABS 控制时	OFF
10	右前 EBD 控制状态	EBD 控制时	ON
		无 EBD 控制时	OFF
11	左前 EBD 控制状态	EBD 控制时	ON
		无 EBD 控制时	OFF
12	右后 EBD 控制状态	EBD 控制时	ON
		无 EBD 控制时	OFF
13	左后 EBD 控制状态	EBD 控制时	ON
		无 EBD 控制时	OFF
14	ABS 电磁线圈继电器	ABS 电磁线圈继电器 ON	ON
		ABS 电磁线圈继电器 OFF	OFF
15	ABS 泵继电器	ABS 泵运行时	ON
		无 ABS 泵运行时	OFF
16	ABS 电磁线圈（SFRH）	运行时	ON
		无运行时	OFF
17	ABS 电磁线圈（SFRR）	运行时	ON
		无运行时	OFF
18	ABS 电磁线圈（SFLH）	运行时	ON
		无运行时	OFF
19	ABS 电磁线圈（SFLR）	运行时	ON
		无运行时	OFF
20	ABS 电磁线圈（SRRH）	运行时	ON
		无运行时	OFF
21	ABS 电磁线圈（SRRR）	运行时	ON
		无运行时	OFF
22	ABS 电磁线圈（SRLH）	运行时	ON
		无运行时	OFF
23	ABS 电磁线圈（SRLR）	运行时	ON
		无运行时	OFF

（2）主动测试

① 将故障诊断仪连接到诊断插座上。

② 将点火开关转到 ON（IG）。

③ 根据故障诊断仪显示屏的显示，执行"主动测试"，见表 5-22。

表 5-22　三菱轿车 ABS 制动系统主动测试

项目	驱动内容	检查状态	正常状况	分析
ABS 警告灯	将 ABS 警告灯从 OFF 切换至 ON	点火开关：ON	观察 ABS 警告灯，应该点亮	如果 ABS 警告灯与规定不符合，应排除 ABS 警告灯线束故障，必要时更换组合仪表
制动警告灯	将制动警告灯从 OFF 切换至 ON	点火开关：ON	观察制动警告灯，应该点亮	如果制动警告灯与规定不符合，应排除制动警告灯线束故障，必要时更换组合仪表
ABS 泵继电器	将 ABS 泵继电器从 OFF 切换至 ON	点火开关：ON	可听到 ABS 泵继电器的工作响声	如果与规定不符合，则说明 ABS 泵继电器或控制线路出现断路或短路
ABS 电磁线圈 (SFRH)	将 ABS 电磁线圈从 OFF 切换至 ON	点火开关：ON	可以听到电磁线圈工作响声（滴答声）	如果与规定不符合，则说明电磁线圈或控制线路出现断路或短路
ABS 电磁线圈 (SFRR)	将 ABS 电磁线圈从 OFF 切换至 ON	点火开关：ON	可以听到电磁线圈工作响声（滴答声）	如果与规定不符合，则说明电磁线圈或控制线路出现断路或短路
ABS 电磁线圈 (SFLH)	将 ABS 电磁线圈从 OFF 切换至 ON	点火开关：ON	可以听到电磁线圈工作响声（滴答声）	如果与规定不符合，则说明电磁线圈或控制线路出现断路或短路
ABS 电磁线圈 (SFLR)	将 ABS 电磁线圈从 OFF 切换至 ON	点火开关：ON	可以听到电磁线圈工作响声（滴答声）	如果与规定不符合，则说明电磁线圈或控制线路出现断路或短路
ABS 电磁线圈 (SRRH)	将 ABS 电磁线圈从 OFF 切换至 ON	点火开关：ON	可以听到电磁线圈工作响声（滴答声）	如果与规定不符合，则说明电磁线圈或控制线路出现断路或短路
ABS 电磁线圈 (SRRR)	将 ABS 电磁线圈从 OFF 切换至 ON	点火开关：ON	可以听到电磁线圈工作响声（滴答声）	如果与规定不符合，则说明电磁线圈或控制线路出现断路或短路
ABS 电磁线圈 (SRLH)	将 ABS 电磁线圈从 OFF 切换至 ON	点火开关：ON	可以听到电磁线圈工作响声（滴答声）	如果与规定不符合，则说明电磁线圈或控制线路出现断路或短路
ABS 电磁线圈 (SRLR)	将 ABS 电磁线圈从 OFF 切换至 ON	点火开关：ON	可以听到电磁线圈工作响声（滴答声）	如果与规定不符合，则说明电磁线圈或控制线路出现断路或短路

2. 丰田轿车数值参数与主动测试

（1）数值参数　以丰田轿车为例，根据故障诊断仪上显示的数据，在不拆卸零件的情况下可读取开关、传感器、执行器和其他部件的值。排除故障时首先读取数据，可以缩短故障排除时间。首先打开故障诊断仪，然后根据故障诊断仪显示屏的显示，读取"数据流"即可，见表 5-23。

表 5-23　丰田轿车 ABS 数据流

序号	显示项目	技术规范	正常数据
1	ABS Warning Lamp（ABS 警告灯）	ABS 警告灯：ON/OFF	ON：ABS 警告灯亮起
			OFF：ABS 警告灯熄灭
2	BBAKE Warning Lamp（制动警告灯）	制动警告灯：ON/OFF	ON：制动警告灯亮起
			OFF：制动警告灯熄灭
3	Stop Lamp SW（制动灯 SW）	制动灯开关：ON 或 OFF	ON：踩下制动踏板
			OFF：松开制动踏板
4	Parting Brake SW（驻车制动器 SW）	驻车制动器开关：ON 或 OFF	ON：拉上驻车制动器
			OFF：松开驻车制动器
5	FR Wheel Speed（右前轮转速）	车轮转速传感器（FR）读取值：最低 0，最高 326km/h	实际车轮转速
6	RR Wheel Speed（右后轮转速）	车轮转速传感器（RR）读取值：最低 0，最高 326km/h	实际车轮转速
7	RLWheel Speed（左后轮转速）	车轮转速传感器（RL）读取值：最低 0，最高 326km/h	实际车轮转速
8	Vehicle Speed（车速）	车速：最低 0km/h，最高 326km/h	实际车轮转速
9	FR Wheel Acceleration（右前轮加速度）	右前车轮加速度：最低 $-200.84\mathrm{m/s^2}$，最高 $199.27\mathrm{m/s^2}$	0
10	FL Wheel Acceleration（左前轮加速度）	左前车轮加速度：最低 $-200.84\mathrm{m/s^2}$，最高 $199.27\mathrm{m/s^2}$	0
11	RR Wheel Acceleration（右后轮加速度）	右后车轮加速度：最低 $-200.84\mathrm{m/s^2}$，最高 $199.27\mathrm{m/s^2}$	0
12	RL Wheel Acceleration（左后轮加速度）	左后车轮加速度：最低 $-200.84\mathrm{m/s^2}$，最高 $199.27\mathrm{m/s^2}$	0
13	FR Wheel ABS Ctrl Status（右前轮 ABS 控制状态）	右前 ABS 控制状态：ON 或 OFF	ON：ABS 控制时
			OFF：无 ABS 控制时
14	FL Wheel ABS Ctrl Status（左前轮 ABS 控制状态）	左前 ABS 控制状态：ON 或 OFF	ON：ABS 控制时
			OFF：无 ABS 控制时
15	RR Wheel ABS Ctrl Status（右后轮 ABS 控制状态）	右后 ABS 控制状态：ON 或 OFF	ON：ABS 控制时
			OFF：无 ABS 控制时
16	RL Wheel ABS Ctrl Status（左后轮 ABS 控制状态）	左后 ABS 控制状态：ON 或 OFF	ON：ABS 控制时
			OFF：无 ABS 控制时
17	FR Wheel EBD Ctrl Status（右前轮 EBD 控制状态）	右前 EBD 控制状态：ON 或 OFF	ON：EBD 控制时
			OFF：无 EBD 控制时
18	FLWheel EBD Ctrl Status（左前轮 EBD 控制状态）	左前 EBD 控制状态：ON 或 OFF	ON：EBD 控制时
			OFF：无 EBD 控制时
19	RR Wheel EBD Ctrl Status（右后轮 EBD 控制状态）	右后 EBD 控制状态：ON 或 OFF	ON：EBD 控制时
			OFF：无 EBD 控制时
20	RLWheel EBD Ctrl Status（左后轮 EBD 控制状态）	左后 EBD 控制状态：ON 或 OFF	ON：EBD 控制时
			OFF：无 EBD 控制时

序号	显示项目	技术规范	正常数据
21	Solenoid Relay(电磁线圈继电器)	电磁线圈继电器:ON 或 OFF	ON:电磁线圈继电器 ON OFF:电磁线圈继电器 OFF
22	ABS Motor Relay(ABS 电动机继电器)	ABS 电动机继电器:ON 或 OFF	ON:泵电动机运行时 OFF:无泵电动机运行时
23	ABS Solenoid(SFRH)(ABS 电磁线圈 SFRH)	ABS 电磁线圈(SFRH):ON/OFF	ON:运行
24	ABS Solenoid(SFRR)(ABS 电磁线圈 SFRR)	ABS 电磁线圈(SFRR):ON/OFF	ON:运行
25	ABS Solenoid(SFLH)(ABS 电磁线圈 SFLH)	ABS 电磁线圈(SFLH):ON/OFF	ON:运行
26	ABS Solenoid(SFLR)(ABS 电磁线圈 SFLR)	ABS 电磁线圈(SFLR):ON/OFF	ON:运行
27	ABS Solenoid(SRRH)(ABS 电磁线圈 SRRH)	ABS 电磁线圈(SRRH):ON/OFF	ON:运行
28	ABS Solenoid(SRRR)(ABS 电磁线圈 SRRR)	ABS 电磁线圈(RRR):ON/OFF	ON:运行
29	ABS Solenoid(SRLH)(ABS 电磁线圈 SRLH)	ABS 电磁线圈(SRLH):ON/OFF	ON:运行
30	ABS Solenoid(SRLR)(ABS 电磁线圈 SRLR)	ABS 电磁线圈(SRLR):ON/OFF	ON:运行

（2）主动测试　以丰田轿车为例，对 ABS 系统进行主动测试可以在不拆卸任何零件的情况下，运行继电器、VSV、执行器和其他项目。排除故障时首先进行主动测试，可以缩短排除故障工时。首先打开故障诊断仪，然后根据故障诊断仪显示屏的显示执行"主动测试"，见表 5-24。

表 5-24　ABS 系统主动测试

序号	显示项目	技术规范	正常数据
1	ABS Warning Lamp(ABS 警告灯)	ABS 警告灯:ON/OFF,通过观察组合仪表	警告灯 OFF→ON→OFF
2	Brake Warning Lamp(制动警告灯)	制动警告灯:ON/OFF,通过观察组合仪表	警告灯 OFF→ON→OFF
3	Motor Relay(泵电动机继电器)	ABS 电动机继电器:ON/OFF,可以听到电动机的工作响声	电动机继电器 OFF→ON→OFF
4	ABS Solenoid (SRLR)(ABS 线圈 SRLR)	ABS 电磁线圈(SRLR):ON/OFF,可以听到电磁线圈工作响声(滴答声)	电磁线圈 OFF→ON→OFF
5	ABS Solenoid (SRLH)(ABS 线圈 SRLH)	ABS 电磁线圈(SRLH):ON/OFF,可以听到电磁线圈工作响声(滴答声)	电磁线圈 OFF→ON→OFF
6	ABS Solenoid (SRRR)(ABS 线圈 SRRR)	ABS 电磁线圈(SRRR):ON/OFF,可以听到电磁线圈工作响声(滴答声)	电磁线圈 OFF→ON→OFF
7	ABS Solenoid (SRRH)(ABS 线圈 SRRH)	ABS 电磁线圈(SRRH):ON/OFF,可以听到电磁线圈工作响声(滴答声)	电磁线圈 OFF→ON→OFF

序号	显示项目	技术规范	正常数据
8	ABS Solenoid（SFLR）（ABS线圈 SFLR）	ABS 电磁线圈（SFLR）：ON/OFF，可以听到电磁线圈工作响声（滴答声）	电磁线圈 OFF→ON→OFF
9	ABS Solenoid（SFLH）（ABS线圈 SFLH）	ABS 电磁线圈（SFLH）：ON/OFF，可以听到电磁线圈工作响声（滴答声）	电磁线圈 OFF→ON→OFF
10	ABS Solenoid（SFRR）（ABS线圈 SFRR）	ABS 电磁线圈（SFRR）：ON/OFF，可以听到电磁线圈工作响声（滴答声）	电磁线圈 OFF→ON→OFF
11	ABS Solenoid（SFRH）（ABS线圈 SFRH）	ABS 电磁线圈（SFRH）：ON/OFF，可以听到电磁线圈工作响声（滴答声）	电磁线圈 OFF→ON→OFF

三、自动空调数据流

1. 汽车空调控制单元（ECU）数据流

以丰田轿车为例，故障诊断仪的数据参数可以在不拆卸任何零件的情况下，读取开关、传感器、执行器和其他项目的值。在故障排除过程中，提早读取数据可以节省诊断时间。首先打开故障诊断仪，然后进入车身/空调/数据表即可进行检查，见表 5-25。

表 5-25　丰田轿车空调控制单元（ECU）数据流

序号	显示项目	技术规范	正常数据
1	车室温度传感器（Room Temp）	车室温度传感器：最低−6.5℃，最高 57.25℃	显示实际车室温度
2	环境温度传感器（Ambi Temp Sens）	环境温度传感器：最低−23.3℃，最高 65.95℃	显示实际环境温度
3	调节后的环境温度（Ambi Temp）	调节后的环境温度：最低−308℃，最高 50.8℃	显示调节后的环境温度
4	蒸发器叶片热敏电阻（Ev Ap Fin Temp）	蒸发器叶片热敏电阻：最低−29.7℃，最高 59.55℃	显示实际蒸发器温度
5	阳光传感器（驾驶人侧）（Solar Sens-D）	驾驶人侧阳光传感器：最小 0，最大 255	驾驶人侧阳光传感器值随着亮度的增强而增加
6	阳光传感器（乘客侧）（Solar Sens-P）	乘客侧阳光传感器：最小 0，最大 255	乘客侧阳光传感器值随着亮度的增强而增加
7	发动机冷却液温度（Coolant Temp）	发动机冷却液温度：最低 1.3℃，最高 90.55℃	暖机时，显示实际发动机冷却液温度
8	设定温度（驾驶人侧）（Set Temp-D）	驾驶人侧设定温度：最低 18℃，最高 32℃	显示驾驶人侧设定温度
9	设定温度（乘客侧）（Set Temp-P）	乘客侧设定温度：最低 18℃，最高 31℃	显示乘客侧设定温度
10	驾驶人侧预测温度（Estimate Temp-D）	驾驶人侧预测温度：最低−358.4℃，最高 358.4℃	风挡在"MAX. COOL"：−358.4℃，风挡在"MAX. HOT"：358.4℃
11	乘客侧预测温度（Estimate TemP-P）	乘客侧预测温度：最低−358.4℃，最高 3584℃	风挡在"MAX. COOL"：−358.4℃，风挡在"MAX. HOT"：358.4℃
12	鼓风机电动机转速等级（Blower Level）	鼓风机电动机转速等级：最小 0 级，最大 31 级	鼓风机电动机转速在 0～31 级的范围之内提高

续表

序号	显示项目	技术规范	正常数据
13	调节器压力传感器（Reg Press Sens）	调节器压力传感器：最低−50kPa，最高3775kPa	显示实际压力
14	调节器控制电流（Reg Ctrl Current）	压缩机可变输出电流：最小0，最大0.996A	显示实际压缩机输出电流
15	空气混合伺服机构目标脉冲（D）（Air Mix Pulse-D）	驾驶人侧空气混合伺服电动机目标脉冲：最小0，最大255	MAX.COLD：5（脉冲） MAX.HOT：103（脉冲）
16	空气混合伺服机构目标脉冲（P）（Air Mix Pulse-P）	乘客侧空气混合伺服电动机目标脉冲：最小0，最大255	MAX.COLD：105（脉冲） MAX.HOT：7（脉冲）
17	空气出口伺服机构脉冲（D）（Air out Pulse-D）	驾驶人侧空气出口伺服电动机目标脉冲：最小0，最大255	FACE：8（脉冲） B/L：30～38（脉冲） FOOT：50～74（脉冲） FOOT/DEF：80（脉冲） DEF：97（脉冲）
18	进气风口目标脉冲（A/I Damp Targ Pls）	进气风口目标脉冲：最小0，最大255	再循环：7（脉冲） 新鲜：28（脉冲）
19	空调信号（A/C Signal）	空调信号：ON或OFF	ON：空调ON OFF：空调OFF
20	空调电磁离合器继电器（A/C Mag Clutch）	空调电磁离合器继电器：ON或OFF	ON：空调电磁离合器ON OFF：空调电磁离合器OFF

2. 汽车空调主动测试

以丰田轿车为例，使用故障诊断仪主动测试可让继电器、VSV、执行器及其他项目在不拆卸零件的条件下运行。在故障排除过程中，先进行主动测试可以节省时间。首先使用故障诊断仪，进入菜单车身/空调/主动测试即可，见表5-26。

表 5-26　丰田轿车空调主动测试

序号	显示项目	测试部件	控制范围
1	鼓风机电动机（Blower Motor）	鼓风机电动机：最小0级，最大31级	鼓风机电动机运行
2	除雾器继电器（后）（Defogger Rly-R）	除雾器继电器（后）：OFF/ON	除雾器继电器（后）OFF→ON→OFF
3	空气混合伺服机构目标脉冲（D）（Air Mix Pulse-D）	驾驶人侧空气混合伺服电动机脉冲：最小0，最大255	驾驶人侧空气混合伺服电动机运行
4	空气混合伺服机构目标脉冲（P）（Air Mix Pulse-P）	乘客侧空气混合伺服电动机脉冲：最小0，最大255	乘客侧空气混合伺服电动机运行
5	空气出口伺服机构脉冲（D）（Air Out Pulse-D）	驾驶人侧空气出口伺服电动机脉冲：最小0，最大255	驾驶人侧空气出口伺服电动机运行
6	进气风口目标脉冲（A/I Damp Targ Pls）	进气空气混合伺服电动机：最小0，最大255	进气空气混合伺服电动机运行
7	空调电磁离合器（Control the A/C Magnet Clutch）	电磁离合器继电器：ON或OFF	电磁离合器继电器OFF→ON→OFF